# 오늘 한 끼 어떠셨나요?

글·사진 이우석 놀고먹기연구소 소장

꿈의지도

## 여는 글

누구나 밥을 먹는다.
동서고금 남녀노소 막론하고 밥을 먹는다.
그건 어김없다.
그런데 밥에 대한 기억은 저마다 다르다.
누군가는 '맛있게' 먹고,
어떤 이는 그저 '때웠다'고 생각한다.
그래서 밥은 모두에게 공평하지 않다.

맛에 대해 진심인 나는
최소 하루 한 끼 맛있는 음식을 먹으려 했다.
그렇게 이십여 년 밥집을 찾아다니자 비로소 밥이 보였다.
눈으로 보고, 입으로 씹고, 머리로 삼켰던 밥이다.
수고는 위가 했는데 덩달아 혀가 복을 얻었다.

나에게 포만감을 안겨 줬던 밥을 나누고자 한다.
그동안 내가 누렸던 맛있는 밥과 음식을
글과 사진에 담아 이 책에 차렸다.
내가 차린 소박한 상을 독자들이 함께 누려준다면
그저 감사할 따름이다.

2022년 7월 어느 밥상머리에서 이우석

> 차례

## 따뜻한 밥 한 끼

**012p 국밥**
차리는 건 빠르게 먹는 건 느리게
한국인의 첫 패스트푸드

**024p 솥밥**
김치 올려 한술, 김에 싸 또 한술
갓 지은 밥의 힘

**032p 꽃게**
어서 맛보시게!
살 오른 밥도둑의 유혹

**040p 덮밥**
송이, 장어, 튀김, 잡채, 주꾸미…
요리가 살포시 덮은 밥, 완전체 되다

**046p 볶음밥**
뭘 넣고 볶아도 근사한 한 끼

**054p 달걀**
egg머니! 너희가 보양식이었네!

**062p 순대**
몽골 기마병 전투식량에서 유래한
서민의 든든한 한 끼

**070p 불고기**
달달한 듯 슴슴한 듯
한때 넋 쏙 뺐던 외식 최고 메뉴

**076p 닭곰탕**
영혼을 적시는 살코기에 뜨끈한 국물
몸과 마음을 덥힌닭

**084p 배추**
식탁 위 터줏대감 배추
옛날에는 약초였다

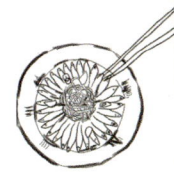

# Chapter 02

## 제철에 먹는 별미

**094p 도다리쑥국**
도다리 품은 쑥에서 가장 진한 봄날을
맛보다

**098p 봄나물**
볶고 데치고 무치고
손맛의 끝판왕

**106p 조개**
시원한 국물과 탱글탱글한 속살
바다 품은 봄맛

**114p 보리**
탱글탱글 알알이 씹히는 보리로
초여름 입맛 살려보리!

**122p 막국수**
설렁설렁 만들어 '막'?
금방 만들어 '막'이래요!

**130p 민물고기**
고소한 도리뱅뱅이, 얼큰한 매운탕,
진한 어죽, 캬~ 보약일세!

**140p 새우**
콜레스테롤 왕이라고?
억울함에 펄펄 뛰는 새우

**148p 추어탕**
때로는 통으로, 때로는 갈아서 팔팔
뜨끈한 한 그릇에 힘이 펄떡

**156p 버섯**
'일능이 이표고 삼송이'라더니
맛과 영양, 식감 모두 으뜸이네

**164p 굴**
날로 먹고, 찜쪄 먹고, 끓여 먹고
굴 맛이 꿀맛

**172p 냉면**
쩡한 육수와 짱짱한 면발
'이냉치냉' 한 사발로 속후련

**178p 대구**
겨울에 제철 맞는 대구 '魚生역정'
네가 있어 신대륙도 찾았다

# Chapter 03
## 한잔 술 부르는 일품요리

---

**188p 곱창**
고소한 곱, 탱글탱글한 창,
씹을수록 힘이 난다

**196p 양고기**
양꼬치 넘어 징기스칸, 훠궈까지
인기 절정이램~

**204p 복어**
죽음과도 바꿀 맛, 복 받으세요

**212p 소고기 특수부위**
가죽 빼고 못 먹을 게 없소

**220p 갈비**
뜯어라, 뼈까지 쪽쪽!
씹어라, 육즙이 뚝뚝!

**228p 전**
파전, 배추전, 육전
뜨거울 때 '煎'해야 제맛

**236p 오징어**
국 반찬 안주 간식
'맛의 팔방미인'이라 불러다오

**244p 족발**
쫀득한 껍질과 살코의 하머니
야식계 '발군의 맛'

**250p 육회**
야구는 '6회'부터 보는 맛
고기는 '육회'부터 먹는 맛

# Chapter 04

## 정식 부럽지 않은 분식

**260p 떡볶이**
몸도 마음도 데워주는 간식의 '훈'이자
만인의 솔푸드

**266p 오뎅**
쫀쫀한 어육, 뜨끈한 국물
'후후' 불어 한입, 추위야 물럿거라

**274p 만두**
영양 꽉 차고 먹기도 편해
세계인이 '사랑할 만두'하지

**282p 라면**
배고픔 달랬던 '한 봉지'
이젠 참기 힘든 '아는 맛'

**290p 국수**
새하얀 면발, 시원한 국물
사랑을 말아 후루룩

**298p 돈가스**
호프집도, 기사식당도 정복한
겉바속촉 국민 메뉴

**304p 햄버거**
패스트푸드의 지존
하나만 골라 먹기 버거~워'

**312p 부록**
맛집 찾아보기

Chapter
01

따뜻한 밥 한 끼

국밥

# 차리는 건 빠르게, 먹는 건 느리게
# 한국인의 첫 패스트푸드

주막, 장터서 출발해 화폐 통용 활발해지면서 인기
국물로 밥을 데우는 토렴은 국밥의 기본 조리법
딱히 다른 반찬 없어도 김치, 깍두기 하나면 충분
고기, 채소, 해산물 등 재료 다양해 '국밥로드' 가능

따뜻한 한 끼를 먹고 싶을 때 우선 떠올리는 게 국밥이다. 추운 계절에 뜨끈한 국물과 푸짐한 꾸미로 든든하게 배를 채우면 살 것 같다. 팬데믹 시대에 사회적 거리두기가 일상화된 요즘, 혼자 찾아가 먹기에도 좋은 메뉴가 바로 국밥이다.

국밥은 글자 그대로 국과 밥이다. 한식의 기본인 밥, 국, 그리고 찬을 투가리(뚝배기의 방언) 하나에 다 담아 넣었다. 주방에서는 빨리 차릴 수 있고, 먹는 이는 숟가락 하나만 들면 된다. 햄버거나 샌드위치와 같은 토종 패스트푸드 개념이다. 차려 내는 건 '패스트'지만, 보통 국밥은 뜨거운 국물

원래 국밥의 원리를 보자면 토렴이 기본이다.
국물에 밥을 데우는 토렴은 밥을 부드럽게 하고 국에는 맛을 더한다.

이라 천천히 먹게 된다. 열식熱食의 효과다.

국밥은 주막이나 장터에서 출발했다. 국밥집이 등장한 건 역원驛院이 무너진 대신 나루터나 대로에 민간 주막이 생기고, 화폐 통화가 활발해진 18~19세기쯤으로 본다. 대한민국 외식산업의 출발점이다. 이전에도 양반 많은 동리에 탕반湯飯이 존재했다. 탕반은 소고기와 나물, 전유어(부침개)를 넣고 끓여낸 것으로 지금의 다동, 무교동에 있었다는 무교탕반을 비롯해 개성탕반, 진주탕반 등 큰 고을마다 이름난 탕반집이 있었다고 전한다. 그러나 탕반은 보통 비싼 음식이 아니라서 서민들이 먹을 수 있는 음식이 아니었다.

탕반은 밥을 말아내니 국밥의 시원이 맞다. 최초의 탕반은 소고기국밥이었던 셈이다. '이팝(쌀밥)에 고깃국'이 필부의 소원이던 시기에 탕반은 폭풍적인 인기를 끌어 한양 곳곳에 탕반집이 생겨났다. 평양과 개성에는 온반溫飯이 그 지위를 차지했다. 밥에 고깃국물을 끼얹고 각종 고명을 올린 온반은 국밥의 일종이다. 이후 화폐 통용이 일반화되고 전국 유명 장터마다 저렴한 국밥들이 속속 등장했다. 그중 이름난 것이 경성 설렁탕과 담양 창평장 순댓국, 그리고 종로통에 등장한 해장국 등이다.

처음에는 딱히 상에 앉아 밥술을 뜰 수 있는 점포가 있었던 것은 아니다. 장터 한편에 천막을 치고 솥을 내걸었다. 화력이 하나뿐이니 밥을 미리 하고 국을 끓여 토렴했다. 토렴은 국밥의 기본 조리법이다. 뜨거운 국물로 식은 밥을 데울 수 있고 국물이 밥알에 스미니 맛도 더 좋아진다.

---

**1** 괴산 올갱이국밥.
**2** 국과 밥을 각각 차려내는 따로국밥.
**3** 선지해장국밥.

소고기 잡부위를 쓴 설렁탕은 양반의 권위에 맞지 않는다고 쉬쉬했다 지만 시나브로 인기가 넘쳐나게 됐다. 1902년 창업(대한제국 한성부 등록)한 국내에서 가장 오래된 노포老鋪인 종로 이문설농탕은 종로 조선 건달 김두한 패거리와 베를린 올림픽 금메달리스트 손기정 등이 단골이었다고 한다. 설렁탕의 인기가 확산하면서 1930년대 경성에는 100곳이 넘는 설렁탕집이 생겨났다. 특히 나무꾼, 지게꾼과 공무원, 점포 종업원 등 일자리가 몰려 있던 종로와 청계천 주변에는 점심으로 설렁탕 한 그릇 뚝딱 하고 일을 해야 하는 이들을 겨냥한 설렁탕집이 즐비했다.

시골 장터에도 맛있는 국밥집이 입소문을 탔다. 담양 창평장과 천안 아우내(병천)장터, 용인 백암장 순댓국이 맛 좋다고 소문나, 오일장을 순회하던 상인들로부터 인기를 끌었다. 해장국을 전문으로 파는 집도 생겨났다. 1937년 종로에 청진옥이 생겼다. 새벽에 장작을 팔러 나온 나무꾼들이 선지와 내장을 넣은 뜨끈한 국밥 한 그릇에 허기를 채우고 한기를 달랬다. 장작불에 끓여낸 국물은 이들에게 하루치 에너지를 줬다. 서민 메뉴 국밥으로 본격적인 외식산업이 태동하는 과정이었다.

그런데 왜 하필 국밥이었을까. 국은 순우리말이다. 한자로는 갱羹이라 쓴다. 음식 이름에는 탕湯을 갖다 쓰기도 한다. 탕이든 국이든 모두가 좋아했다. 좀 산다는 집은 찌개와 국을 따로 상에 올렸다. 찌개가 스튜처럼 자작하다면 국은 수프처럼 묽은 편이다. 얼마 되지 않는 식재료로 가능한 한 많은 이를 먹일 수 있는 음식이 국이다. 재료에 물을 넣고 끓이면 된다. 밥을 말면 훌훌 잘 넘어가는 데다 든든하게 끼니를 때울 수 있다. 그래서 국밥이

1 토렴해서 말아주는 부산 밀양집 돼지국밥.
2 곰탕 역시 국밥이다.
3 허드레 재료를 많이 넣어 만드는 현풍 현대식당 소구레국밥.
4 깍두기는 국밥의 영원한 동반자다.
5 고기를 푸짐하게 넣어주는 예산 소머리국밥.

3

4

5

017

널리 퍼져갔다.

　한국인은 국물을 좋아한다. 때로는 국물을 먹기 위해 식재료를 고르기도 한다. 좋은 재료가 있으면 일본인은 그대로 먹고, 중국인은 튀기고, 한국인은 국을 끓인다는 말이 나왔을 정도다. 국은 기본이다. 오죽했으면 '국물도 없다'는 말이 생겨났을까. 물을 넣고 끓이는 요리를 천시하는 대부분 문화권과는 식성이 다르다. 사진이나 화면에서 김을 피우는 뚝배기만 봐도 식욕이 돋아난다.

　요즘 국밥에는 건더기도 넉넉하게 들어간다. 푸짐히 올린 꾸미는 국밥이 완벽한 한 끼가 될 수 있도록 하는 기본 요소다. 있으면 더 좋겠지만, 딱히 다른 반찬이 없더라도 국밥 상은 완성된다. 깍두기 정도만 내주면 다들 알아서 숟가락으로 떠먹었다. 장사하는 입장에서는 더없이 편했다. 지금 한식에서 거의 모든 식재료는 국밥이 될 수 있다. 고기나 생선, 어패류는 물론이고 배추와 시래기, 우거지, 콩나물 등 푸성귀로도 국을 끓일 수 있다. 거기에 밥만 말면 된다. 미역이나 김, 매생이 등 해조류도, 김치와 젓갈, 황태, 만두, 순대같이 한 번 손이 간 식품도 국밥 재료로 변신한다.

　한국인은 남녀노소 불문하고 국밥을 사랑한다. 이같은 '국밥 사랑'은 지역별 생산물과 문화, 환경에 따라 특색 있는 국밥으로 자리를 잡았다. 설렁탕은 서울, 소고기국밥은 경북, 순대국밥은 호남, 다슬기국밥은 충북, 돼지국밥은 부산 경남, 황태국밥은 강원도 식으로 말이다.

　부산에서 '국밥'을 말하면 당연히 돼지국밥으로 알아듣는다. 대구에서 '국밥'은 소고기를 쓴 육개장 따로국밥이다. 따로국밥은 미리 밥을 말아내지 않고 따로 밥그릇째 내주는 것을 말한다. 전주에서 국밥을 먹으러 가자면 보통 콩나물국밥 아니면 피순대 국밥이다. 우시장이 있는 창녕과 대구 현풍에는 소구레(수구레) 국밥이 있고, 굴이 많이 나는 통영에는 굴국밥과 장어 대가리로 육수를 내는 시락국밥이, 덕장을 보유한 대관령에는 황태국밥이 있다. 매생이 주산지인 전남 장흥에는 매생이 국밥이 맛 좋다고 소문났다. 부산 기장에는 미역국밥, 제주에는 돼지고기와 모자반을 넣은 몸국이 특산 국밥으로 유명하다. 이처럼 지역의 맛있는 국밥을 콕콕 찍어 한 바퀴 순례하면 '국밥로드' 맛 기행이 가능하다.

어깨가 움츠러들 정도로 쌀쌀한 날이면 생각나는 국밥. 모락모락 김을 피우며 절절 끓는 국밥 한 뚝배기를 비우고 나면 오늘 하루를 살아갈 힘이 생긴다. 국밥은 한국인의 삶의 연료로 충분해 보인다.

한국인에게 국밥은 생활의 에너지를 주는 연료다.

## 여기가 맛집

### 신창국밥 _ 부산 서구

₩ 국밥 7,500원
☎ 051-244-1112
⌂ 보수대로 53

부산 토성역 인근에 있는 신창국밥 본점. 이른바 북한식 돼지국밥을 내는 집이다. 국제시장에서 20년, 이곳으로 옮겨 30년 영업했다. 사골을 슬쩍 고아 국물이 뽀얗지 않고 맑다. 대신 삼겹살과 앞다릿살, 순대 등을 넣고 된장과 생강 양념을 해 갈색이 난다. 그야말로 고깃국물이다. 여기다 십수 번 토렴하며 밥알에 진한 국물이 배게 하는 수고를 들인다. 부산에 부산역과 서면에도 지점이 있다.

### 다올콩나물국밥 _ 전북 전주시

₩ 콩나물국밥 6,000원
☎ 전화 063-254-1727
⌂ 완산구 풍남문2길 49

콩나물국밥의 격전지인 전주 남부시장에서 국밥 한 가지 메뉴로 두꺼운 단골층을 유지하는 집이다. 테이블 수도 적고 자리도 외진 곳에 있지만, 어찌들 알고 손님이 찾아든다. 이른 아침에 문을 열고 오후에 닫는 전통적 의미의 콩나물국밥집이다. 투실한 콩나물이 속 시원한 육수에 들었다.

## 밀양집 _ 부산 중구

₩ 돼지국밥 7,000원
☎ 051-245-5137
⌂ 중구로47번길 35

부평동 깡통시장에서 50년 이상 영업해온 경남 스타일 돼지국밥집이다. 온종일 우려낸 사골과 머리 고기 육수에 내장 등을 넣어 진한 육수가 입에 짝짝 붙는다. 밥은 미리 담아 국물에 토렴해서 낸다. 다진 양념장과 마늘을 섞고 부추 무침을 올려 먹으면 슬그머니 소주 한잔도 생각난다. 머리 고기에서 우러난 젤라틴 성분이 부담스럽지 않을 정도로 진하다. 미리 꺼내 살짝 건조한 살코기는 두툼하고 쫀득하다. 내장국밥이나 섞어국밥으로도 주문할 수 있다.

## 속초문어국밥 _ 강원 속초시

₩ 문어국밥 1만1,000원
☎ 0507-1382-8837
⌂ 중앙로147번길 43

딱 '탕국'의 느낌을 국밥으로 살렸다. 경상도와 강원도에서 제사를 지낼 때 올리던 탕국 문화를 뚝배기에 담았다. 매우 특별한 국밥이다. 속초관광시장 앞 문어국밥은 한우 양지(때로는 사태)와 참문어를 삶아 국밥을 차려낸다. 맛이 강하지 않고 심심하다. 시원하고 고소한 맛이 숨어 있다. 강원 고성에서 낚시로 잡은 참문어를 쓴다.

## 무쇠집 _ 서울 광진구

₩ 김치국밥 소 4,000원
☎ 02-446-5599
⌂ 뚝섬로 743

강변역 주변 맛집으로 등심, 소막창 등을 파는 구이집인데, 후식으로 나오는 김치국밥이 별미다. 영남 내륙 토속 음식 '갱시기'를 빼닮았다. 얼큰한 멸치육수 김칫국물에 콩나물, 밥을 넣고 양푼째 폴폴 끓여낸다. 고기를 구워 먹고 난 후 김치국밥이나 된장국밥을 주문하는 게 보통이다. 김치국밥의 시원하고 새큼한 국물이 고기의 잔맛을 싹 걷어낸다.

### 무교동북어국집 __ 서울 중구

북엇국 하면 '아! 그집' 한다. 다동 골목에서 단일메뉴 북엇국 하나로 전국구 입맛을 사로잡은 집이다. 아침부터 해장 행렬이 끊이지 않는다. 그냥 식사하러 오는 손님도 많다. 메뉴는 하나. 단지 '두부 많이' '건더기 빼고' 등으로만 주문을 달리할 수 있다. 뜨끈한 국물 속 매끈한 두부가 들었다. 육수는 구수하고도 시원하다. 채 썬 두부도 부담스럽지 않아 훌훌 마시면 그만이다. 국과 밥 모두 무한리필이다.

₩ 북엇국 8,500원
☎ 02-777-3891
🏠 을지로1길 38

### 청진옥 __ 서울 종로구

1937년 개업. 오랜 역사를 자랑하는 해장국 골목의 터줏대감이다. 오죽하면 '청진동식 해장국'이란 말이 전국적으로 유통되고 있을까. 신선한 내포와 선지를 넣고 고아낸 국물이 시원하다. 요즘 음식처럼 맵지도, 거하지도 않은 '상냥한' 해장국을 주욱 들이켜고 나면 배 밑이 뜨끈해지다가 곧 후련해진다. 안주로 좋은 내포도 따로 건져 파는데 해장하라는 소린지 술을 더 마시라는 건지 모를 지경이다.

₩ 해장국 보통 1만1,000원
☎ 02-735-1690
🏠 종로3길 32

### 채훈이네 __ 제주 제주시

₩ 해장국 몸국 각 9,000원
☎ 0507-1463-3558
🏠 한경면 두신로 69

몸국 맛집. 해초도 해장에는 빠지지 않는다. 매생이는 겨울에만 나지만, 모자반은 그나마 얼려놓아도 크게 변하지 않는다. 몸국의 육수는 돼지고기 국물이다. 사골과 살코기를 잘라 넣고 뭉근한 불로 오랫동안 끓여냈다. 모자반을 넣고 다시 한소끔 끓여낸 몸국 한 그릇이 몸을 팔팔하게 되살린다. 원래 선지와 소고기를 넣고 끓여내는 제주식 해장국집인데, 의외로 가족 단위 손님이 많다. 고사리육개장 등 밥집으로도 훌륭해서다.

### 청룡식당 _ 전남 광양시

섬진강 명물 재첩(갱조개) 주요 산지인 진월면에 있다. 이 집은 재첩국과 무침, 반찬 등을 상째로 들어 차려주는 집이다. 친척 집에 놀러 온 기분. 주메뉴인 재첩은 섬진강 일대에서 속풀이의 대명사로 통한다. 소금만 넣고 끓여도 뽀얀 육즙이 우러난다. 맑은탕으로 끓여 부추만 올려 먹어도 진한 맛이 혀끝을 감싼다. 국물이 식도를 타고 내려와 뱃속에 닿으면 마치 해독제라도 투약한 듯하다. 속 아리고 골 아픈 숙취를 싹 씻어낸다.

- ₩ 재첩국 7,000원
- ☎ 061-772-2400
- ⌂ 진월면 섬진강매화로 160-1

### 고바우해장국 _ 강원 원주시

원주를 대표하는 선지해장국집이다. 칼칼하고 시원한 국물의 비결인 탱글탱글한 선지가 일품인데, 원하면 무한정 가져다 먹어도 된다. 먼저 국물을 후루룩 마시고 내포와 선지 덩어리만 간장에 찍어 먹어도 심신이 깨어난다. 마시기 좋게 깔끔한 국물을 원하는 손님이 많아 밥을 미리 말지 않은 '따로 해장국'으로 판매한다. 터미널 부근 단계동 맛집으로 소문난 집이라 어찌들 알고 찾아온다.

- ₩ 따로 해장국 1만원
- ☎ 0507-1315-6722
- ⌂ 장미공원길 68

### 일억조고디이탕 _ 대구 남구

- ₩ 고디이탕 8,000원
- ☎ 053-474-4793
- ⌂ 이천로 60-2

곳곳마다 이름은 다르지만 다슬깃국이다. 호남은 대수리, 충청도는 올갱이, 대구는 고디라 부른다. 다슬기는 조그만 살집이지만 순수 단백질 덩어리다. 간에 좋다는 이른바 그린푸드로, 시원한 된장 국물에 우거지와 함께 폭 끓여낸다. 대구 음식 중 보기 드물게 빨갛지 않으며 맛 또한 자극적이지 않아 해장거리로 그만이다. 밥을 말면 부드러움이 더하다. 아침 식사로 좋아 많이들 찾아온다.

솥밥

# 김치 올려 한술, 김에 싸 또 한술
# 갓 지은 밥의 힘

밥심으로 사는 한국인에게 밥은 하늘
조선시대는 밥그릇이 지금 국그릇보다 커
한국전쟁 후 혼분식 장려하며 밥그릇 작아져
정성 가득한 솥밥 먹으면 제대로 대접받은 느낌

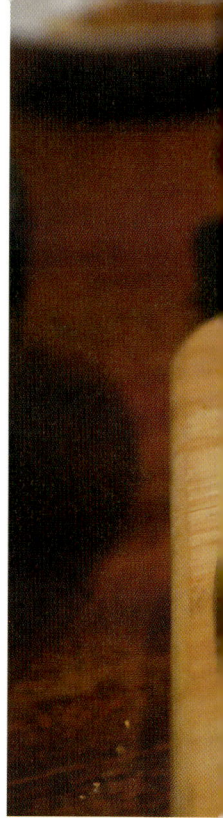

 괴상한 일이다. 밥을 먹자 해놓고 찌개나 반찬만 들입다 고민한다. 주인공은 밥인데도 말이다. 한국인은 예부터 중요한 것을 만들 때는 '짓는다'고 했다. 주로 의식주가 그러하다. 옷이며 집은 짓는다. 글도 시詩도 짓고, 부르는 이름도 짓는다. 밥도 만드는 것이 아니라 짓는다. 그래서 중요한 것이다. 국과 반찬은 만들거나 한다고 하지 절대 짓는다고 하지 않는다.
 쌀을 비롯해 보리, 잡곡 등을 물에 익혀 지은 것이 밥이다. 솥뚜껑으로 고압을 유지해 물기를 날리고 뜸을 들이면 비로소 부드러운 밥이 된다. 매우 독특한 조리 기술이다. 이 어려운 기술만 익히면 곡물 상태에서 빵이나 국수

밥은 언제나 한식의 기본이다. 그래서 무엇을 먹든 밥 먹으러 가자 한다.
갓 지은 밥은 반찬이 필요 없을 만큼 맛있다.

처럼 반죽을 거치지 않고도 바로 음식이 되기에 간편하다는 장점도 있다.

밥은 경제적이기도 하다. 쌀로 밥을 짓는데, 벼농사를 지으면 많은 사람이 먹고살 수 있다. 18세기 중엽 기준 유럽에서 빵을 빚는 밀을 1알 뿌리면 6알을 수확했다. 쌀은 1알이 25~30알 정도로 늘어난다. 벼농사는 매 시기 손이 가고 사람 품도 많이 들지만, 종자 당 수확량이 훨씬 좋다. 실학자 이중환은 《택리지》에서 볍씨 1말을 뿌려 60말을 거두면 풍요로운 곳이라 했고, 30말을 거두면 먹고살기 힘든 척지瘠地라 정의했다. 무려 30배를 거두는데도 작황이 좋지 않다니! 그만큼 쌀의 경제성은 우월했다. 게다가 필수 아미노산이 부족한 밀에 비해, 기본 영양소가 고루 든 쌀로는 맨밥만 지어 먹어도 당분간 버틸 수 있다는 장점도 있다.

과연 한국인에게 밥이란 무엇인가. 밥은 다른 음식과는 그 지위나 중요도가 다르다. 밥상의 주역이다. 이름조차 밥상(식탁)이다. 한국인의 식생활에서 밥은 기본이자 주역이다. 먹을 식食 자와 밥을 뜻하는 한자는 같다. 식사 자체가 밥으로 통한다. 빵이나 국수, 만두를 먹고도 밥을 먹었다고 한다. '밥 먹었냐?'는 인사말로도 쓰인다.

우린 밥을 먹기 위해 열심히 살아가고 또 살기 위해 밥을 먹는다. 세종대왕도, 동학교주 최시형도, 시인 김지하도 했던 '밥은 하늘'이란 말도 있듯, 밥은 한국인에게 생명이요, 이를 유지하기 위한 가장 거룩하고 소중한 존재다. 꼭 쌀이나 곡물을 이용하지 않아도 밥이다. 에너지의 의미로도 쓰인다. 강아지도 금붕어도 심지어 시계도 밥을 줬다.

우리말 '밥'은 고려가요 상저가에 처음 등장한다. 중세 한국어에서 '메(또는 뫼)'라고도 불렸지만 밥으로 통일됐다. 다양한 곡식을 활용한 잡곡밥이 있었지만 이젠 쌀밥이 밥의 가장 기본적인 이미지를 차지했다.

예전엔 밥을 참 많이도 먹었다. '한국인은 밥심'이란 말처럼 우리 선조들은 엄청난 양의 밥을 먹었던 것으로 확인되고 있다. 조선시대까지만 해도 조선인은 밥 먹는 양이 어마어마하다고 다른 나라에 소문났을 정도다. 실제 사진이나 기록을 보면 밥사발이 지금 국그릇보다도 컸다. 한·중·일 중에서도 가장 높은 고봉高捧밥을 먹어댔다. 조선 별칭이 '대식국'이었다. 조선 후기 밥그릇을 보면 밥이 약 480~640g 들어갔다. 그런데 고려와 고구려 때는 이보다 훨씬 더 컸다고 한다.

평소 얼마나 밥을 많이 먹었으면 조선 사신 홍대용이 중국에 다녀온 후 '청나라 밥그릇은 찻잔만 하더라'고 했고, 일본을 다녀온 사신은 '왜인들은 한 끼에 쌀 3줌밖에 먹지 않더라'고 놀라움을 전했다. 반대로 이익의 《성호사설》에는 일본 오키나와 지역의 옛 왕국 유구국琉球國 사람들이 '항상 큰 사발에 밥을 퍼서 먹으니 어찌 궁핍하지 않겠냐'고 했다는 구절도 나온다. 근대 조선을 찾은 서양인들도 조선인의 밥 먹는 양을 보고 하나같이 깜짝 놀란 일화들이 내려온다.

그러다 100년 후 현대에 들어와서 200g으로 확 줄었다. 공깃밥 도입의 영향이 컸다. 1970년대 고질적인 쌀 부족 현상을 빚자, 당시 박정희 정권은 혼분식 장려운동과 함께 식당에서 파는 밥의 규격을 통제하는 것으로 이를 해결하고자 했다.

그 과정을 보자. 1973년 1월 양택식 서울시장은 표준 식단을 공포하고 1974년 12월 4일부터 밥은 음식점에서 정해진 규격의 스테인리스 밥공기로만 팔 수 있도록 행정명령을 발동했다. 1976년 6월 29일 구자춘 서울시장은 밥공기의 규격과 양(지름 10.5㎝ 높이 6㎝, 80%만 담을 수 있다)까지 정했다. 위반 시 영업 정지와 허가 취소 등 강력한 행정조치 시행을 예고했다. 이른바 그릇을 불사르고 밥을 땅에 묻는 분기갱반焚器坑飯 정책이었다. 식당에서는 모자란 밥을 국수로 채울 수밖에 없었다.

50여 년 전 처음 시작한 '공깃밥 법(?)'은 지금 유명무실 사멸됐지만, 그릇만큼은 스테인리스 재질의 강인한 내구성으로 인해 여전히 대부분 밥집에서 만날 수 있다. 공깃밥의 지속가능성 때문인지 한국인의 지금 쌀(밥) 소비량은 과거보다 절반 이하로 줄어들고 말았다.

이처럼 홀대를 받을지언정 밥은 매우 과학적인 조리를 거쳐야 비로소 완성되는 음식이 분명하다. 밥물을 잡고 섬세한 불 조절을 해야 한다. 그래서 '짓는다'고 하는 것이다. 쌀은 굽거나 쪄도 먹을 수 있지만, 맛있는 밥이 되기 위해서는 상당한 노력을 기울여야 한다. 사실 찌고 삶고 굽는 과정이 밥 짓는 과정에 모두 들었다.

인류는 농경문화에 들면서 처음에는 곡물을 빻아 가루를 내 반죽하여 조리하거나 아예 물에 넣고 삶아 먹었다. 빵이나 떡, 국수, 죽이 밥보다 먼저다. 즉 밥이 최신 조리법인 셈이다. 인디카 쌀을 쪄내듯 익히는 방식은 인도와 스리랑카 등 서남아시아에도 있었지만, 지금과 같은 방식으로 밥을 짓는 것은 동아시아에서 처음 나왔다. 이후 밥 짓는 도구와 기술이 두루 발달해 요즘처럼 맛있는 밥을 먹을 수 있다.

밥 짓는 도구는 시루, 도기, 무쇠 가마솥, 양은냄비, 압력밥솥, 전기밥솥 등 순서로 발전했다. 전기밥솥의 진화도 놀랍다. 예전에는 일본 코끼리밥솥이 세계적 인기를 끌었다. 하지만 최근에는 한국산 밥솥의 인기가 세계적이다. 요즘 밥솥은 압력 조절은 물론이며 진밥, 된밥에 따라 뜸 들이는 시간 조정이나 잡곡을 넣어 지을 때 미리 불림, 누룽지의 유무까지도 선택할 수 있다. 취사선택取捨選擇에 따라 취사炊事를 선택할 수 있단 얘기다.

이처럼 밥 짓는 기술과 장비도 좋아지고, 쌀 품종도 예전과는 비교할 수 없을 정도로 개선됐지만, 여전히 식당에서 먹는 밥맛은 늘 그저 그렇다.

이유는 한 가지. 식당에서는 밥을 미리 지어놓는 탓이다. 바쁜(혹은 바쁠) 점심 때에 대비해 아침에 밥을 지어 예의 그 '스뎅 공기'에 나눠 담아놓는다. 아무리 좋은 쌀로 맛있게 지어도 소용없다. 뚜껑에 눌리고 온장고에 갇힌 밥은 모든 특성을 잃어버린다. 갓 지은 밥알의 매끄럽고 보드라운 식감과 구수한 향은 사라지고, 꽉 눌려 물방울 맺힌 척척한 밥만 남는다.

아무리 맛있는 국과 찬을 내는 집이라도 이런 과정을 거친 밥은 대부분 비슷한 맛이다. 사실 잘 지은 밥이라면 별 반찬이 없더라도 맛있다. 널리 퍼져나가는 구수한 밥 향기에 은은한 단맛까지 품은 뜨거운 밥 한술에는 총각김치 한 조각, 마른김 한 장, 간장 한술이라도 충분하다. 특히 햅쌀의 밥맛은 더욱 좋다. 바로 도정을 마쳐 수분을 충분히 머금은 햅쌀로 갓 지은 밥은 그야말로 보약이다. 밥심이 난다는 말뜻도 비로소 이해된다.

통닭 속에 찹쌀을 넣고 요리한 계류관 장작구이.

## 여기가 맛집

### 서울고기집 _ 서울 중구

₩ 돼지김치찌개 9,000원
☎ 02-722-1005
🏠 남대문로9길 12

제주 돼지 생고기를 파는 집인데, 점심에 김치찌개와 즉석 솥밥으로 손님들의 발길을 끌어모은다. 고깃집답게 돼지고기를 듬뿍 넣고 끓여낸 김치찌개는 뜨거운 솥밥과 잘 어울린다. 금방 지은 밥에 칼칼한 국물을 끼얹어 한술 뜨면 뜨거운 풍미가 금세 침을 고이게 한다.

---

### 정원순두부 _ 서울 중구

₩ 순두부 8,500원
☎ 02-755-7139
🏠 세종대로11길 33

50년 가까이 서소문에서 순두부를 팔아온 집이다. 야들한 순두부와 고기를 넣고 한소끔 끓여낸 뚝배기는 매콤하면서도 구수하다. 갓 지은 돌솥밥과 퍽 어울린다.

---

### 동귀리갈칫집 _ 제주 제주시

₩ 갈치 정식 1만4,900원~
☎ 0507-1342-3415
🏠 월랑로 83

제주산 갈치를 튀겨 무한리필 해주는 집이다. 갈치는 맛이 좋지만 가느다란 가시가 성가신데 튀겨내니 그냥 씹어먹을 수 있어 편하다. 1인 1메뉴 주문 시 추가로 얼마든지 더 준다. 갓 지은 솥밥을 곁들여 주니 밥도 좋고, 누룽지와 먹어도 맛있다. 파스타, 돈가스, 제육볶음 등 다양한 요리가 어울린 정식으로 나온다.

### 계류관 _ 서울 중구

화덕에서 장작으로 구워낸 닭을 파는 집으로 요즘 핫한 서울 신당동 중앙시장의 맛집이다. 장작으로 바삭하게 구운 닭 안에 든 찹쌀밥이 촉촉하고도 고소하다. 장시간 구워낸 시간의 힘이다. 닭 껍질과 살을 적당히 찢어 밥과 함께 곁들이면 세상 어느 '치킨'이 부럽잖다.

₩ 참나무능이장작구이 1만9,000원
☎ 0507-1351-6189
🏠 퇴계로87길 15-17

### 송도갈비 _ 인천 연수구

유명한 송도갈비 본점. 고기뿐 아니라 밥에도 신경을 썼다. 달지 않게 간장과 과일만으로 재워낸 뒤 숯불에 구운 양념소갈비는 숯으로 지은 솥밥과 함께 즐기면 좋다. 감자를 넣고 즉석에서 지은 밥에 부드럽고 짭조름한 고기반찬이면 누구나 입이 즐거워진다.

₩ 솥밥이나 냉면이 포함된 통 양념갈비 한상 2만9,000원
☎ 032-831-0000 🏠 능허대로 16

### 울엄마영양굴밥 _ 충남 서산시

₩ 영양굴밥 1만5,000원.
☎ 041-662-2072
🏠 부석면 간월도2길 74-19

안면도 가는 길에 있는 영양굴밥 맛집. 가게 앞 개펄에서 직접 굴을 캔다. 어리굴과 단호박, 밤, 대추 등을 넣고 지은 돌솥밥은 맛이 제대로 들었다. 그냥 퍼먹어도 황송하지만, 직접 재배한 채소와 담근 간장으로 만든 양념장도 빼놓을 순 없다. 쓱쓱 비벼 먹자면 자연과 계절의 맛을 제대로 느껴볼 수 있다.

( 꽃게 )

# 어서 맛보시게!
# 살 오른 밥도둑의 유혹

산란기 앞둔 4월은 살 꽉 찬 암게 가장 맛있는 시기
짭짤한 간장게장은 쌀밥과 찰떡궁합
비벼 먹어도, 찜 쪄먹어도, 끓여 먹어도 한 그릇 뚝딱
묵은지, 애호박 넣고 끓인 '게국지'도 입맛 자극

까먹기가 다소 번거롭지만 맛이 훌륭해 '국민 갑각류'로 불리는 꽃게는 4월이 제철이다. 꽃게는 봄꽃이 한창인 계절에 잡히고, 익으면 껍질이 꽃처럼 빨갛게 돼 이름에 '꽃'을 붙였다고 생각할 수 있다. 그러나 꽃게는 사실 '곶(串)게'에서 나온 말이다. 등딱지의 끄트머리가 가시처럼 뾰족하게 돋아난 까닭이다. 대신 희고 부드러운 살을 머금으면 혓바닥에서 당장 맛이 피어나니 꽃의 이름을 갖기에 모자람이 없다.

꽃게는 대게와 달리 알까지 먹을 수 있는 데다 향도 매우 진해 다양한 요리에 쓰인다. 쪄먹기도 하고 국물 재료로도 이용된다. 된장국에 넣으면

보기만 해도 보드랍고 탱글한 알배기 꽃게장. 봄에 맛보는 계절의 별미 중 별미다.

진한 풍미를 느낄 수 있으며, 아예 꽃게만 넣고 시원하게 끓여내는 꽃게탕도 있다. 태국 등 동남아시아에서는 비교적 껍데기가 얇은 연갑게를 통째로 볶거나 튀겨낸다. 태국의 뿌 팟퐁 까리, 싱가포르의 칠리크랩이 대표적이다.

꽃게의 제철은 봄과 가을. 사실 요즘에는 제철이란 게 별 의미가 없다. 산란기인 6월 중순부터 8월 말, 그러니까 제철이 아닌 때에 꽃게는 금어기이기 때문이다. 알배기 암꽃게는 봄, 수꽃게는 가을에 주로 먹는다. 게장에는 알배기가 좋아 보통 게장 전문식당은 봄에 잡은 오월 꽃게를 잔뜩 사다가 얼려 놓고 1년 내내 쓴다. 꽃게는 달빛에 민감하다. 보름에 살이 빠지고 그믐에 살이 가득 차, 그믐에 잡은 꽃게로 게장을 담그면 훨씬 맛있다고 한다.

간장게장은 역사가 오랜 음식으로 원래는 게젓 또는 동난지라 불렀다. 《청구영언》에는 게장을 파는 장사꾼을 다룬 시가 등장한다. '겉은 뼈요, 속은 고기/두 눈은 하늘을 향하고, 앞으로 가고 뒤로 가고/작은 다리 여덟 큰 다리 둘, 간장 맛이 아스슥한 동난지 사시오.' 교과서에도 실릴 정도로 유명한 이 시는 게의 특징을 잘 묘사하고 있다.

옛날에는 게장을 참게로 담갔다. 한자로 해蟹라고 하면 대부분 참게를 지칭했다. 최근 개봉해 화제가 됐던 영화 '자산어보'의 원전 《자산어보》에도 '참궤'가 등장한다. 이처럼 참게는 여러 고서에 요리법이 소개될 정도로 진귀한 음식이었다. 꽃게로 대체된 현대에는 인기 해물요리, 신한류 음식에 등극했다. 일본인들은 한국식 간장게장이라면 사족을 못 쓴다.

게장은 복합 양념을 한 간장을 달여 게를 산 채로 담가 절인 음식이다.

1 살을 발라내고 매콤하게 무친 꽃게장을 내주는 목포 장터본가.
2 충청도 내륙이지만 게장 맛은 결코 뒤지지 않는 공주 서해꽃게장.

태안, 서산 등 서해안 지방에서 참게보다 살이 푸짐하고 달달한 꽃게로 장을 담가 지역 향토음식으로 유명해졌다. 충남 서해안에는 소금게장, 된장게장도 있는데 간장게장이 가장 대중적이다.

남해안에서는 돌게, 동해안에선 홍게로 게장을 담그기도 한다. 신안 섬마을이나 전남 남해안에서는 칠게나 방게, 벌떡게 등으로 담근 게장도 반찬으로 자주 먹는다. 원래는 그냥 게장이라 불렸는데 빨간 고추 양념에 재운 양념게장이 나오면서 이와 구별하기 위해 사족이 붙었다.

간장게장은 간장도 중요하지만 꽃게의 선도가 핵심이다. 선도가 떨어져 내장이 녹아버린 게로 담근 게장은 맛이 없고 비리다. 특유의 비린내를 없애기 위해 간장에 양파나 파뿌리, 마늘, 고추 등을 넣고 단맛을 더하기 위해 과일을 넣기도 한다. 게를 발라 먹은 뒤 감칠맛이 진하게 밴 간장을 떠서 먹으면 맛이 퍽 좋다. 밥을 비벼도 먹고 나물을 무칠 때 조미료 대신 넣기도 한다. 생선회 간장으로도 쓴다. 남은 간장에 묵은 김장김치를 넣고 끓여낸 것이 충남 향토음식인 게국지다.

게장을 두고 밥도둑이란 말은 괜히 나온 게 아니다. 짭짤하고 감칠맛이 도니 밥 한두 공기는 그냥 들어간다. 게다가 게딱지에 든 내장은 어떤 젓갈보다 감칠맛이 뛰어나다. 게장 내장을 싹싹 긁어 밥을 비비면 다시 한 공기의 밥이 필요하다. 특히 알배기 꽃게는 알까지 맛볼 수 있어 값은 비싸지만, 개체 보존을 위해 알을 먹을 수 없는 대게의 지위까지 단숨에 뛰어넘는 맛이다. 4월의 바다는 꽃비 내리는 땅 위의 봄보다 더욱 풍요롭고 감칠맛 난다.

1 상다리가 부러지게 차려낸 꽃게장 정식. 꽃게장은 보통 한정식 형태로 차려내는 집이 많아 더욱 밥을 축낸다.
2 손질해 나온 게장은 손에 들고 주욱 짜내면 그걸로 끝이다.
3 게장에 밥을 비벼 김이나 감태에 싸먹으면 그것도 별미다.

## 여기가 맛집

### 솔밭가든 _ 충남 태안군

₩ 게장백반 2만9,000원
☎ 041-673-2034
🏠 안면읍 장터로 176-5

꽃게장의 본향을 자처하는 안면도에서 게장 잘하기로 소문난 집. 달달한 게 향을 오롯이 간직한 봄철 암꽃게를 사다 1년 내내 쓴다. 그리 짜지 않아 실컷 먹을 수 있다. 게장백반을 주문하면 게장 한 마리와 갖은 반찬을 깔아준다. 꽃게탕과 게국지, 우럭젓국도 파는데, 게장을 함께 주는 세트가 있어 가족 단위로 찾기에 좋다.

### 박보연 간장게장 _ 서울 종로구

사장이 직접 이름을 내걸고 하는 집. 직접 담근 간장게장이 아주 실하다. 함께 내주는 솥밥과 궁합이 좋다. 뜨거운 밥에 올린 차가운 게장이라니. 후루룩 떠먹어도 될 정도로 그리 짜지 않아 곁들여 차려낸 갖은 찬과 함께 한 끼 제대로 맛보기에 딱이다. 게장은 솥밥에 남은 누룽지에도 안성맞춤이다.

₩ 간장게장 정식 3만5,000원, 새우장 세트 3만8,000원
☎ 0507-1401-9729
🏠 종로5길 42-5

### 장터식당 _ 전남 목포시

꽃게의 유일한 단점인 '귀찮음'을 극복해낸 집이다. 게살을 미리 발라 매콤하게 양념해 접시에 담아낸다. 사발에 밥을 담아 쓱쓱 비벼 먹으면 끝이다. 달달한 게살에 칼칼한 양념이 버무려져 있어 바로 밥에 스며든다. 이런 밥도둑도 없다. 3~4만원쯤 하는 간장게장보다 가격도 헐하다. 껍데기째 버무려낸 것도 있다.

₩ 꽃게살 2인 2만7,000원
☎ 0507-1420-8880
🏠 영산로40번길 23

## 서해꽃게장 _ 충남 공주시

₩ 꽃게장 1인 3만2,000원
☎ 042-823-6388
🏠 반포면 사봉길 77-2

공주는 분명 내륙인데 꽃게장이 맛있다. 실한 암꽃게를 골라 게장을 담그는데 손질한 후 파채를 잔뜩 얹어 내온다. 게장집인데 산채정식집이라 해도 믿어질 정도다. 계룡산에서 나는 나물이며 부침개, 두부, 묵 등 반찬 접시가 스무 개 가까이 된다. 그 중심에 게장이 올려진다. 바로 썰어낸 파채가 맛을 더 끌어올려 준다.

---

## 전라도벌교고흥소문난집 _ 경기 시흥시

₩ 시가
☎ 031-318-7338
🏠 월곶해안로 199

송도 신도시를 마주 보는 시흥 월곶 해변 회타운에 위치한 횟집. 훌륭한 횟감 생선과 이를 에워싼 소찬(小餐) 안줏거리로 이름난 곳. 봄에는 꽃게찜을 낸다. 살이 꽉 찬 제철 꽃게로 찜을 내는데 푸짐한 살이 입에 가득 찬다. 횟감을 차릴 때 한두 마리는 그냥 내주기도 한다. 따로 주문하면 값을 받는다.

---

## 서산꽃게 _ 서울 마포구

₩ 간장게장 1인 3만6,000원
☎ 02-719-9693
🏠 도화길 12-3

살이 꽉 찬 싱싱한 암게와 화려하게 깔리는 반찬으로 유명한 집. 한정식을 방불케 하는 반찬의 진용이 가히 역대급이다. 먹기 좋게 손질한 게장에 참깨와 청양고추를 올려 정갈하게 담아낸다. 김과 감태에 밥을 올리고 게장 속살을 얹어 싸먹으면 좋다. 게딱지는 1인당 하나씩 주니 성급하게 굴지 말고 마지막에 비벼 먹는 것이 좋다.

## 솔밭식당 _ 인천 강화군

₩ 게장백반 4만원
☎ 032-932-3138
🏠 삼산면 삼산남로 828번길 14

석모도 해변가 솔밭 사이에 있다. 석모도 안에서 게장 맛집으로 소문난 곳이라 주말이면 문전성시를 이룬다. 꽃게장에 홍고추와 대파, 각종 채소를 얹어 내는데, 부드러운 게살에 씹는 맛을 더해준다. 옛날식 전통 간장게장 맛으로 적당히 짭조름하다. 강화도답게 순무김치와 나물 등 반찬들이 에워싼다.

## 풍미식당 _ 충남 보령시

₩ 게국지 5만원
☎ 0507-1420-6442
🏠 해수욕장4길 74

조개구이집으로 가득한 대천해수욕장 먹거리 골목에서 향토음식 게국지로 인기를 모으고 있는 집. 묵은지에 게국(게장의 간장)을 넣고 끓인 것이 게국지다. 애호박과 김치 등을 넣어 끓인, 시원하면서도 구수한 게국지 한 냄비를 앞에 두면 밥그릇을 뚝딱 비우게 된다. 두부부침과 김치전 등 반찬도 훌륭하고 진한 풍미의 전복죽도 인기다.

## 서해수산 _ 충남 태안군

₩ 시가
☎ 041-675-3579
🏠 태안읍 시장5길 18-3

꽃게찜은 신선도와 쪄내는 기술이 중요하다. 오래 삶으면 게 맛이 그득 밴 '육즙'이 빠져버린다. 태안읍의 서해수산은 각종 횟감 등을 파는 해산물집. 간장게장과 게국지로도 이름났지만, 초여름까지는 꽃게찜을 찾는 손님이 몰린다. 보기에도 탐스러운 꽃게를 한 접시 가득 쪄준다. 반씩 툭툭 잘라 살을 바르고 내장 속까지 긁어 먹으면 '아 정말 봄이구나' 하게 된다.

**덮밥**

## 송이, 장어, 주꾸미…
## 요리가 살포시 덮은 밥 완전체 되다

'북경' 송이덮밥은 양송이, 죽순에 소스 감칠맛 더해
'마루심' 장어덮밥은 바삭하게 구운 장어 일품
'시타마치 텐동…'은 압도적 비주얼의 튀김덮밥이 인기
'서원반점' 잡채밥은 칼칼한 잡채와 볶음밥 완벽 조화
'이층횟집' 미더덕 회덮밥은 멍게보다 고소, 바다향 터져

 이상하다. 그저 반찬거리를 밥에 얹어 내올 뿐인데, 사람들이 열광한다. 그게 요리였든 소스였든 똑같다. 먹는 이들이 먼저 반겼다. 만들기 좋고 먹기 편하다. 설거지는 더욱 즐겁다. 짜장밥, 잡채밥, 규동(소고기덮밥), 카레라이스, 오므라이스, 제육덮밥, 불고기덮밥, 회덮밥. 모두 다른 듯하지만 사실 죄다 덮밥의 종류다. 주인공이 밥이니 아시안 식문화를 담은 요리다. 주식과 부식 섭취가 한 그릇 안에서 모두 이뤄진다. 식사의 형태를 완전체로 그릇 하나에 담아낸 것이 덮밥이다.
 덮밥은 원래 이 땅에 없던 음식이다. 그래서 사실 이름도 문법에 맞지

어떤 요리든 밥 위에 얹으면 먹기 좋고 맛있는 덮밥이 된다. 그게 덮밥의 묘미다.

않는다. 어간을 바로 명사에 붙였다. 볶은 밥처럼 '덮은 밥'이라 해야 할 것을 그냥 덮밥이라 불렀다. 물기가 많은 국밥에 대응하려는 의도였을지도 모른다. 국밥, 덮밥, 볶음밥, 비빔밥, 눌은밥, 초밥 등 밥 종류 메뉴는 조리방법이나 그 형태를 연상할 수 있다. 비빔밥(골동반)이야 오래전부터 있었지만, 덮밥은 근래에 생긴 요리다.

요리를 밥 위에 얹어내는 것은 중국음식점에서 시작됐다. 짜장소스를 밥 위에 얹어준 짜장밥이 그 효시다. 이후 잡채밥, 마파두부 덮밥, 유산슬 덮밥 등이 나왔다. 고추잡채밥도, 야키우동밥도 나왔다. 덮밥 덕에 메뉴가

든든해졌다. 그전에도 분식집에 오징어덮밥, 제육볶음덮밥 등이 있긴 했지만, 일식 돈부리どんぶり가 들어오면서 덮밥의 세계는 더욱 다양해졌다. 우물 정井에 '점' 하나를 찍은 이른바 '퐁당 퐁' 자를 쓰는 돈부리. 밥 위에다 찍은 '점'은 생각보다 다채롭다. 소불고기를 얹은 규동, 튀김을 올린 덴동(튀김덮밥), 닭고기와 달걀을 볶아 끼얹은 오야코동, 돈가스를 얹은 가츠동, 해산물의 가이센동 등 헤아리기 어렵다. 일본의 대표적 대중식사인 돈부리는 별 반찬 없이 그저 쓱쓱 밥과 함께 떠먹으면 되니 편리하고 나름 푸짐해 한국에 상륙해서도 당장 인기를 끌었다.

　　규동이야 널리 알려졌고, 최근에는 덴동이 인기다. 어찌 튀김을 밥에다 먹을까 궁금하겠지만 일본에서는 덴동의 위상이 의외로 높다. 일본식 튀김 요리 덴푸라를 밥 위에 올려 먹는 덴동은 가격이 놀랄 정도로 비싸다. 규동과는 비교가 되지 않을 정도다. 제법 알려진 덴동 전문점에서는 재료의 면면이 스시에 뒤지지 않는다.

　　반찬을 이불 삼아 덮고, 사발(또는 접시) 안에 포근히 들어앉은 덮밥. 요리와 밥의 절묘한 궁합을 자랑하는 덮밥 맛집들을 챙겨봤다.

## 📖 여기가 맛집

### 북경 _ 서울 중구

중국음식점에는 실로 다양한 덮밥이 있다. 특히 찐득한 요리를 밥 위에 끼얹으면 대부분 덮밥이 된다. 고추간짜장으로 유명한 무교동 북경에는 송이덮밥이 있다. 자연산 송이는 아니고 양송이를 채소와 함께 볶아내 밥에 얹어준다. 부드러운 버섯과 아삭한 죽순, 청경채가 씹는 맛을, 짭조름한 소스는 감칠맛을 더한다. 채식주의자도 쌍수 들고 환영할 만한 덮밥이다. '식사부의 제왕' 잡탕밥의 채식 버전이라 생각하면 이해가 쉽다.

- ₩ 송이덮밥 8,000원
- 📞 02-752-8434
- 🏠 세종대로20길 23

### 마루심 _ 서울 마포구

덮밥의 제왕이라 불러 마땅한 장어덮밥 맛집. 마루심은 일본 나고야식 히쓰마부시를 잘한다. 나고야식 히쓰마부시는 보통의 우나동(장어덮밥)과는 약간 다르다. 바삭하게 구운 뱀장어 가바야키를 나무그릇에 담아낸다. 장어를 얹은 밥을 그냥도 먹고 밥과 섞어서도 즐긴다. 우나동보다 좀 더 가늘게 썰어내 밥과 비벼 먹기에 좋다. 마지막에 녹차를 부어 오차즈케로 먹는 방식이다. 마루심은 일본인이 직접 전통 방식으로 운영한다. 반포에도 있다.

- ₩ 장어덮밥 3만6,000원
- 📞 02-711-1378
- 🏠 토정로 316

### 시타마치 텐동 아키미츠 _ 서울 종로구

### 짱이네 _ 서울 중구

일본 덴동 전문점의 한국 직영점. 튀김덮밥으로 입소문이 자자하다. 그저 분식집 튀김 정도로 생각했다면 이곳에서 정통 덴동의 화려함에 놀라게 된다. 다양한 덴동을 취급하는데, 마니아들의 줄이 길다. 붕장어 살점과 뼈를 분리해 따로 튀겨내고 굴, 새우, 연어, 채소 등을 얹은 '고다이메 덴동'이 시그니처 메뉴. 보기만 해도 입이 벌어진다. 여의도점도 있다.

₩ 2만2,000원
☎ 02-720-0770
🏠 종로 51 종로타워 지하 1층

서울시청 뒤에 있는 분식집이다. 오징어덮밥과 함께 주꾸미덮밥을 내는데, 주꾸미를 칼칼하게 볶아 얹었다. 한국인은 덮밥도 보통 비벼 먹는 까닭에 이 집은 주꾸미를 섞어 먹기 좋도록 촉촉한 상태로 볶아내고 김가루도 올려준다. 주문과 동시에 볶으니 탱글탱글한 주꾸미 살과 아삭한 양파의 씹는 맛이 살아 있다. 매콤한 양념이 밥알에 스미면 입맛이 당장 살아난다.

₩ 주꾸미덮밥 9,000원
☎ 02-318-0819
🏠 무교로 6 금세기빌딩 지하 1층

### 이층횟집 _ 경남 창원시

₩ 미더덕덮밥 1만2,000원
☎ 055-271-3456
🏠 진동면 미더덕로 345-1

미더덕을 넣은 회덮밥으로 유명하다. 미더덕은 창원 마산 합포구 진동면에서 국내 생산량의 70%가 난다. 진동면에 있는 이층횟집은 제철에 미더덕 회를 팔고, 연중 미더덕 덮밥을 차려낸다. 미더덕을 양념해 젓갈 형태로 만들어 놓았다가 밥 위에 얹고 쓱쓱 비비는 덮밥이다. 멍게덮밥(우렁쉥이)에 비견되지만, 사실 맛은 전혀 다르다. 미더덕은 멍게보다 아린 맛이 덜 나는 대신 고소한 맛이 훨씬 강하다. 밥에 비비면 좀 더 잔잔한 향기를 느낄 수 있다. 배추를 넣고 끓여낸 된장국도 시원하다.

### 효계 _ 서울 강남구

닭고기를 부위별로 숯불에 구워 먹는 집이다. 세세하게 저며낸 닭고기를 직접 구워줘 고급스럽게 즐길 수 있다. 다양한 부위를 맛보고 마지막에 잘 지은 밥 위에 생 특란을 올린 계란밥을 먹는데 이게 또 별미다. 밥에는 따로 살짝 간을 했고, 쪽파와 유기농 특란을 올려 한 그릇으로 기분 좋은 마무리를 할 수 있도록 했다. 을지로점도 있다.

- ₩ 계란밥 4,500원. 닭숯불구이 모듬(대) 3만7,000원
- 📱 0507-1330-9215
- 🏠 도산대로15길 15

### 기후 _ 서울 성동구

듣기만 해도 호사스러운 생참치회덮밥을 파는 곳으로 성수동에 있다. '보양 다이닝'을 내세우는 이 집은 신선 제철 재료를 일식 요리법으로 재해석해 오마카세(맡김메뉴)로 낸다. 초고추장을 짜 넣는 한국식 회덮밥과는 다르지만, 생참치를 저며 올려낸 덮밥도 새로운 매력으로 다가온다. 한 번에 비비지 말고 고추냉이를 잘 섞어가며 참치를 밥에 얹어 먹으면 하나하나가 초밥이 된다.

- ₩ 생참치회덮밥 1만6,000원
- 📱 070-7576-4824
- 🏠 동일로 139

### 서원반점 _ 전북 군산시

- ₩ 잡채밥 8,000원
- 📱 063-445-7718
- 🏠 구시장로 63

짬뽕으로 이름난 군산에 잡채밥으로 유명한 집이 있다. 주문 즉시 밥과 잡채를 따로 볶아 뜨거운 잡채밥을 낸다. 다소 진한 양념을 한 당면잡채를 볶음밥에 얹어준다. 절묘한 궁합이다. 뜨거운 잡채는 오히려 칼칼해 볶음밥의 느끼함을 감싼다. 아삭하게 볶아낸 채소와 부드러운 고기가 당면과 잘 섞여든다. 젓가락으로 잡채를 살살 얹어가며 밥을 조금씩 떠넘기다 보면 어느새 큰 접시를 비우고 만다. 따로 내주는 짬뽕 국물 역시 명불허전 군산의 짬뽕 맛이다.

( 볶음밥 )

## 뭘 넣고 볶아도
## 근사한 식사

거창한 재료 없어도 밥과 기름, 계란만으로 OK
차오판, 나시고렝, 필라프… 이름 달라도 조리방식 비슷
짜장소스와 찰떡궁합, 돼지고기와 젓갈 넣어도 일품

　차오판, 차항, 나시고렝, 카오팟, 껌랑, 타민 쪼, 플롭, 필라프, 시낭각, 졸로프, 캅사, 비리야니, 잠발라야, 파에야, 아로스 차우파, 플라티요 모로스 이 크리스티아노스…. 이처럼 수많은 이름을 가진 음식이 있다. 우리말로는 '볶음밥'이다. 이름이 많은 것은 그만큼 세계인 모두가 즐겨 먹는다는 얘기다.
　볶음밥은 가장 유명한 쌀 음식이다. 우리에게는 지은 밥 Steamed Rice이 익숙하지만, 세계인은 사실 볶음밥Fried Rice을 가장 많이 먹는다. 볶음밥은 조리도 간편하고 먹기도 좋다. 무엇보

요리를 먹고 난 후 밥을 볶아먹는다는 것!
외식의 또 다른 별미가 아닐 수 없다.

다 맛있다. 2017년 미국 CNN이 선정한 '세계 맛있는 음식World's 50 Best Foods'에 인도네시아의 볶음밥 나시고렝이 2위로 꼽혔다.

　기름기가 당긴다. 반찬이 살짝 남았다. 아니, 밥이 남았다. 이런 경우에는 볶음밥을 하면 딱이다. 기름을 두르고 고기와 채소를 익히다 밥을 넣고 들들 볶으면 완성된다. 그저 밥알을 볶았을 뿐인데 근사한 식사도, 요리도 된다니 놀랍다.

　볶음밥을 먹는 나라가 많은 이유는 편의성 때문이다. 볶음밥에는 채소나 고기가 들어 먹기 편하고 보존성도 높다. 한 번에 조리해 많은 사람에게 나누기도 좋다. 그래서 많은 쌀문화권 국가에서 밥을 볶아먹었다. 나라마다 볶음밥을 부르는 이름이 있으며 다들 전통식이라 주장한다. 쌀을 주식으로 하지 않는 나라에도 볶음밥이 있다. 아랍, 서남아시아, 아프리카, 유럽 일부 지역도 고유한 볶음밥 문화를 자랑한다. 단순해 보이는 볶음밥에는 이처럼 다양한 문화가 녹아 있다.

　대대로 기름 쓰는 음식이 귀했던 한국인은 볶음밥을 다르게 해석한다. 전골이나 찌개를 먹고 남은 양념에 밥을 볶아 먹는 일종의 '철판 비빔밥' 형태

**1, 2** 퓨전 레스토랑 '돼장'은 목살과 바닷장어구이를 먹고 나면 기름에 고추장을 넣어 돼장 고추장 볶음밥을 만들어 먹는다.

3. 4 돼지고기를 이용한 어메이징농카이 카오팟 무.
태국 역시 볶음밥의 나라답게 요리를 먹으면 마지막은 볶음밥이다.

가 친숙하다. 재료의 맛이 녹아난 국물이 아까워 밥을 넣어 바닥 끝까지 비우자는 의미도 있어, 대부분의 전골 요리는 '끝내기 볶음밥'으로 마무리된다.

보통 남은 양념 국물에 김치와 김가루, 계란, 대파 등을 넣고 비비듯 볶아내는데, 남은 건더기를 가위로 잘라 넣기도 한다. 삼겹살이나 곱창, 불고기 등 육류 요리는 물론, 생선이나 떡볶이까지 볶음밥으로 만들 수 있다. 조리 도중 전체적으로 잘 섞어줘야 하지만 숟가락으로 꾹꾹 눌러 누룽지처럼 만들어야 좋다는 이들도 있다. 가장 대중적인 메뉴는 김치볶음밥. '김치볶음밥을 잘 만드는 여자'가 희망사항이란 노래도 있을 정도다. 재료는 한국적이지만 중화풍 조리법으로 볶아낸다. 기름에 녹아든 김칫국물이 밥알에 잘 스미고 고슬고슬한 식감 또한 살아있어 가벼운 점심 메뉴로 많이 찾는다.

한편 집에 있는 잉여 식재료와 찬밥 등을 이용하면 누구나 간편하게 볶음밥을 만들 수 있다. 아무 재료나 썰어 넣고 함께 볶으면 된다. 다만, 우리에게 익숙한 자포니카 품종 쌀로 볶음밥을 하려면 밥의 수분을 미리 제거해줘야 한다. 즉석밥이라면 전자레인지에 돌리지 않고 볶는 게 더 낫다.

## 여기가 맛집

### 홍복성 _ 서울 종로구

₩ 볶음밥 9,000원
☎ 0507-1303-2591
🏠 삼봉로 81

중국 후난(湖南)식 볶음밥 맛집. 하얀 밥에 노릇한 계란만 입힌 양저우 볶음밥과는 다른 비주얼이다. 후난 사람들은 매콤함(쓰촨성과는 조금 다른)을 즐겨서 그런지 볶음밥에 강렬한 풍미가 있다. 즉석에서 센 불에 빠른 웍 작업으로 볶아내 식탁에 올린다. 볶음밥은 뜨겁게 먹어야 맛있다. 영락없는 현지 맛인데, 차이점이라면 짬뽕 국물을 곁들여 준다는 점. 각종 요리와 딤섬류도 잘한다.

### 청키면가 _ 서울 중구

홍콩에서 출발한 집이라 광둥(廣東)식 중식요리를 선보인다. 광둥식 볶음밥(차오판)은 고슬고슬한 밥에 고기와 완두콩, 튀긴 계란, 대파 등을 썰어 넣고 큰 웍에 들들 볶아낸다. 밥알이 살아있으며 중간에 노계(老鷄) 육수를 넣어 감칠맛이 뛰어나다. 고기도 살짝 건조시킨 허퇴이(火腿) 스타일이라 씹는 맛과 진한 육향이 좋다. 양도 푸짐하다. 완탕미엔과 곁들이면 잘 어울린다. 여의도점도 있다.

₩ 청키볶음밥 1만4,000원
☎ 02-538-3913
🏠 다동길 33

### 리우 _ 서울 마포구

리우(劉)는 연남동~연희동 볶음밥 벨트에서 단연 인정받는 화상(華商)집이다. 이집은 미리 수분을 제거한 밥, 숙련된 웍 작업과 강한 화력 등 맛있는 볶음밥의 3박자를 모두 갖췄다. 새우볶음밥도 있지만 계란볶음밥을 많이 주문한다. 밥알을 들여다보면 미세하게 부서진 계란이 골고루 코팅하듯 묻어 있다. 파 향 가득한 기름도 좋아 느끼하지 않다. 갑오징어 완자 등 특별한 메뉴도 즐길 수 있다.

₩ 계란볶음밥 6,000원
☎ 02-322-3201
🏠 동교로 271

## 돼장 — 서울 강남구

돼지고기와 장어(붕장어)라는 이색 조합 콘셉트로 인기몰이 중인 레스토랑. 파인다이닝 셰프가 직접 메뉴를 개발, 서프앤드터프(육류와 해산물의 이상적 조합)의 장점을 살린 다양한 아이템을 맛볼 수 있다. 매콤한 장어탕을 먹고 난 후 밥을 볶으면 환상적인 감칠맛을 품은 볶음밥이 된다. 식사 메뉴로 개발했지만 '마지막 안주'로도 좋다.

₩ 붕장어탕 1만8,000원
📱 0507-1358-9278
🏠 선릉로155길 14

## 어메이징 농카이 — 서울 마포구

주방부터 홀까지 전원 태국인이 운영하며, 현지와 똑같은 맛으로 입소문이 났다. 요리부터 식사까지 다양한 메뉴를 맛볼 수 있다. 태국식 볶음밥 카오팟도 돼지고기(무), 새우(꿍), 닭고기(까이) 등 기본 메뉴와 파인애플을 썰어 넣고 볶은 카오팟 쌉빠롯까지 선택할 수 있다. 채소와 계란, 돼지고기를 넣은 카오팟 무는 가장 일반적인 메뉴로 입맛에 잘 맞는다. 피시 소스와의 궁합이 훌륭하다.

₩ 카오팟 무 1만원
📱 02-322-0567
🏠 동교로 156-11

### 부암갈비 _ 인천 남동구

₩ 젓갈볶음밥 3,000원
☎ 032-425-5538
🏠 용천로 149

인천뿐 아니라 전국구로 유명한 돼지갈비집이다. 양념육이 아닌 생돼지갈비 맛집으로 언제나 긴 줄을 세운다. 고기를 먹고 나면 젓갈에 볶아주는 젓갈볶음밥이 맛있다. 풍미의 보고인 갈치속젓을 베이스로 참기름과 부추 등을 넣고 들들 볶아낸 젓갈볶음밥을 먹기 위해 일부러 찾는다는 이들도 있을 정도. 젓갈 품질도 좋아 전혀 비리지 않고 구수한 맛만 한가득이다.

### 연희미식 _ 서울 서대문구

₩ 새우볶음밥 8,000원
☎ 02-333-2119
🏠 연희맛로 22

대만 가정식 요리로 화교들 사이에서 인기를 모으고 있는 집. 가게는 아담하지만 요리와 식사류, 만두 등 꽤 많은 메뉴가 있다. 새우볶음밥이 시그니처인데, 정통식으로 볶아낸 밥이 훌륭하다. 새우는 토핑이니 그렇다 치고 계란과 당근, 대파, 소금으로 이처럼 풍미가 좋게 밥을 볶을 수 있다는 것이 신기할 정도다. 식감도 좋아 몸에 기름기가 충분히 채워졌는대도 계속 들어간다.

### 진진 _ 서울 마포구

₩ XO볶음밥 9,500원
☎ 0507-1447-8879
🏠 잔다리로 123

국내 중식계의 대부로 꼽히는 왕육성 셰프의 50년 철학이 담긴 볶음밥. 수제 XO소스로 볶아낸 밥이 중독과 결핍을 일으킬 정도로 맛이 빼어나다. 볶음밥을 편애하는 단골이 많은 이유다. 골고루 섞인 재료의 융합을 그윽한 불 향과 소스가 책임진다. 입안에서 한 톨씩 돌아다니는 밥알이 먹는 재미를 준다. 물만두와 곁들이면 더욱 풍성한 식탁이 된다.

## 순심원 _ 전남 여수시

₩ 볶음밥 8,000원
☎ 061-663-5482
🏠 교동남1길 5-17

미식의 도시 여수에서도 중식 맛집으로 소문난 식당. 철판 짜장면으로 입소문이 났지만, 볶음밥을 먹어본 이들은 쉬쉬하며 몰래 챙긴다. 딱히 특별할 것도 없는 '옛날 볶음밥' 형태. 그래서 감칠맛의 비결이 더 궁금하다. 잘게 썬 당근과 대파, 계란, 소금이 호위무사처럼 밥알을 둘러싸서 그 권위를 옹호하는 모양새. 향긋한 대파 기름이 밥 전체의 풍미를 지배한다. 짜장 소스를 곁들여 주는데 그냥 놔둬도 좋다. 김치도 예술이다. 남도니까.

## 행진 _ 서울 마포구

₩ 볶음밥 3,000원
☎ 02-336-4275
🏠 월드컵로 49

생고기를 급속 냉동한 냉삼(냉동삼겹살)집으로 유명한 곳. 냉삼을 먹고 난 기름을 이용해 김치볶음밥을 만들어 준다. 튀긴 듯 바삭한 '중국집 프라이'를 올려주는데, 노른자를 깨뜨려 비비면 한층 고소한 맛이 난다. 김치 양념이 유난히 진해 돼지기름과 겨뤄도 이길 만큼 강하고 깔끔하다. 고슬고슬한 식감을 원한다면 번철에 올려 좀 더 익히면 된다.

달걀

# egg머니!
# 너희가 보양식이었네!

달걀은 가장 저렴하면서 훌륭한 단백질 공급원
영양 높고, 조리 편하고, 쉽게 변형되는 최고의 식재료
나라마다 특색 있는 달걀 요리 한두 가지 있어
최근 외식업계의 화두로 떠오른 분자요리도 달걀이 핵심

    이제 유월, 제법 더워져 벌써부터 땀이 난다. 순도 높은 단백질과 적절한 비타민 공급이 필요하다. 스스로 단백질이 부족하다고 느껴지면 응당 달걀요리를 먹어야 한다. 달걀은 저렴한 비용으로 질 좋은 단백질을 얻을 수 있는 가장 경제적인 식재료인 까닭이다.

    계란鷄卵은 단백질蛋白質의 어원이다. 영어로 단백질을 의미하는 프로틴Protein은 희랍어 '프로테이오스'에서 나왔다. '제일 중요한'이란 뜻이다. 그만큼 신체를 구성하는 중요 영양분이라 인식했다. 그런데 '새알의 흰자'가 완벽하게 이 영양소에 해당돼 아예 단백질이라 이름을 붙였다. 독일어

식재료의 완전체로 달걀만한 것이 또 있을까. 달걀은 예나지금이나 가장 저렴한 단백질 공급원이다.

아이바이스슈토프Eiweißstoff를 중국과 일본에서 각각 단백질, 난백질로 번역했다. 독일어도 '새알Ei의 흰Weiß 성분stoff'을 말한다.

이름만큼 달걀은 단백질과 필수아미노산을 많이 함유해 영양가도 높고 맛도 좋다. 조리가 쉽고 다양한 형태로 변형이 가능해 식재료로 가치가 월등하다. 몇 해 전부터 외식업계의 화두가 된 '분자요리'의 기본이 달걀이다. 달걀은 그 자체로 물성을 변화하기 좋고 다른 식재료의 형태도 쉽게 바꿀 수 있다. 다른 조류의 알도 식용하지만, 닭이 낳은 알을 따로 일러 달걀이라 한다. 인간이 가금류로 닭을 사육하면서 달걀은 영양의 상징이 됐다.

1 달걀로 만든 대표적인 간식 에그타르트.
2 '부모와 자식'이란 끔찍한 뜻의 오야코동.
3 어느 요리와 곁들여도 잘 어울리는 계란 프라이.
4 달걀노른자를 넣고 비비면 흰쌀밥도 영양만점.

현대의 인류는 1인당 연평균 약 10㎏의 달걀(한국은 11~12㎏)을 섭취한다. 달걀 무게를 생각하면 얼마나 많은 양을 먹는지 짐작할 수 있다. 단백질뿐 아니라 다양한 미네랄이 피로 해소 및 세포 생성에 도움을 줘 동서양을 막론하고 값싼 보양 식재료로 쓰였다.

할리우드 영화 '록키'에서 가난한 복서 록키 발보아(실베스터 스탤론 분)는 아침마다 운동 후, 우유에 날달걀을 5개나 깨 넣고 들이켰다. 한국 영화 중에는 1986년 작 '뽕'에서 안협댁(이미숙 분)과 만나기로 한 촌부가 스태미나 보강을 위해 날달걀을 깨 먹는 장면이 나온다.

각국에는 달걀로 만든 다양한 음식이 있다. 중국 시훙스지단(토마토계란볶음), 미국 스크램블드에그와 에그 베네딕트Egg Benedict, 프랑스 오믈렛과 머랭, 홍콩 계란면Cantonese Egg Noodle, 일본 차완무시(달걀찜)와 오야코동, 포르투갈 에그타르트 등 언뜻 떠오르는 달걀 요리만 해도 굉장히 많다. 간단히 삶는 것부터 볶음, 부침, 과자, 케이크, 빵, 국수, 소스, 탕 등 대부분의 요리 형태가 가능한 만능 식재료가 달걀이다. 참고로 떡국이나 잡채 등에 올리는 '지단'은 사실 중국어다. 닭의 알을 뜻하는 계단鷄蛋의 중국어 발음 그대로다. 화교로부터 유입된 외래어로 '알고명'이라 순화해서 쓰면 된다. 달걀이 주된 맛집을 소개한다.

## 여기가 맛집

### 티엔미미 _ 서울 종로구

₩ 황금볶음밥 9,000원
☎ 02-732-0719
🏠 서울 종로구 자하문로7길 19 1층

원래 장안에 소문난 서울 최고 딤섬(點心)집이지만 광둥식 요리와 황금 볶음밥도 잘한다. 황금 볶음밥은 팬에 밥과 달걀을 깨 넣고 웍(팬을 흔드는 작업)으로 섞는 여느 볶음밥과는 조리법이 다르다. 미리 생달걀 물을 밥에 부어놓았다가 볶으면 전체가 샛노란 황금색 볶음밥이 된다. 대파 향과 불 향이 잘 스며든 고슬고슬한 볶음밥은 다양한 딤섬으로 잔뜩 일으켜 세운 미각의 완성을 돕는다. 살짝 모자란 탄수화물에 대한 욕구도 채워준다. 정통 대륙식 중식을 전공한 정지선 셰프가 운영한다.

### 전주풍남회관 _ 서울 중구

₩ 계란찜 8,000원
☎ 02-736-2144
🏠 양화로10길 15

펄펄 김을 피우며 뚝배기 위로 솟구치는 용암 같은 계란찜. 이 집의 시그니처 메뉴다. 누구나 상 위에 하나씩 놓고 있다. 전주식 양념으로 제육과 오징어볶음, 각종 찌개 등 식사와 안줏거리를 파는 집인데, 여기에 계란찜을 더하면 그야말로 금상첨화가 된다.

### 오자와 _ 서울 마포구

₩ 오야코동 9,000원
☎ 0507-1395-5554
🏠 세종대로21길 48

오야코(親子)동이라니, 이런 이름이 어딨나. 닭(부모)과 달걀(자식)이 한데 들어간 덮밥이라고 이처럼 잔인한(?) 이름이 붙었다. 닭다리살에 달걀을 두르고 볶아낸 것을 사발에 담은 밥 위에 얹은 기본적 '돈부리'다. 닭고기는 한입 크기로 잘라내 먹기에 좋고 부드러운 달걀이 고소한 맛을 더한다. 슴슴한 양념장(쓰유)이 이미 밥알에 배어 달걀과 살살 섞어 먹는 맛이 좋다. 친절하고 맛있는 정통 일식 덮밥집으로 소문나 긴 줄을 드리운다.

### 모던 _ 서울 마포구

### 정김밥 _ 서울 서대문구

주택가에 숨어 있는 작은 베이커리인데 사람들로 바글바글하다. 에그타르트는 포르투갈의 디저트다. 달걀노른자에 설탕을 가미하고 충분히 저어 차완무시처럼 부드럽게 만든 필링을 오목한 타르트 빵에 채워 넣은 것으로 그리 달지 않고 고소한 맛을 낸다. 에스프레소 커피나 밀크티와 잘 어울린다. 이곳 에그타르트는 타르트 빵이 두툼해 보디감이 있지만 필링이 매끈하고 부드러워 목이 메지 않는다. 인기가 많아 1인당 2개로 판매를 제한한다.

- ₩ 에그타르트 3,500원
- 없음
- 동교로19길 52-7

얇게 부친 지단을 채 썰어 김밥 속으로 쓴다. 재료 중 거의 절반이 달걀인 계란김밥은 식감이 부드럽고 푹신하며 고소한 맛이 좋다. 충남에서 가져다 쓰는 김이 향기를, 우엉과 당근, 단무지는 아삭함을 담당한다. 짜고 강한 맛이 아니라 전반적으로 가정식처럼 슴슴해 많이 먹어도 질리지 않는다. 마포 연남동과 상수동에서 닭튀김 맛집 정닭을 운영하다 김밥집으로 업종을 바꿨다. 부모(닭)에서 자식(달걀)으로 주업종을 바꾼 셈이다.

- ₩ 계란김밥 4,000원, 멸추 4,000원
- 0507-1353-4856
- 수색로 138

### 운암콩나물국밥 _ 전북 전주시

- ₩ 6,000원
- 063-286-1021
- 풍남문2길 63 남부시장 2동 80호

남부시장 안에 많은 콩나물국밥집이 있지만, 토렴과 수란(반숙란) 때문에 이 집을 찾는 손님이 많다. 밥공기에 적당히 익힌 반숙란에 국물과 김가루를 부셔 넣고 후루룩 마시듯 떠먹으면 국밥을 먹기도 전에 해장은 이미 끝나는 셈. 달걀에는 메티오닌 성분이 있어 숙취 해소에 좋다. 국밥은 담백하고 칼칼해 배배 꼬인 속을 확 풀어준다.

## 연희일품향 __ 서울 서대문구

'가정식'을 강조한 중식으로 사랑받는 곳. 달걀과 대파로만 볶아낸 달걀볶음밥 한 접시에는 정통 중화요리사의 솜씨가 고스란히 녹아 있다. 웍 솜씨가 얼마나 좋은지 밥알 하나하나에 적당히 익은 달걀이 한결같이 붙어 있다. 불 향이 배어 있어 아무런 소스 없이도 금세 한 접시를 비워낼 수 있다. 화상이 운영하는 집으로 오랫동안 자리를 지켰던 명동에서 연희동으로 옮겨 일품향을 다시 열었다.

₩ 계란볶음밥 6,500원
📱 0507-1346-9588
🏠 연희로 143

## 신승관 __ 서울 종로구

계란탕이라 하면 보통 볶음밥 주문할 때 곁들여 주는 국물을 떠올리기 쉽지만 사실 아주 오래전부터 중화 요릿집에 있던 안주 메뉴다. 새우나 오징어 등 해산물과 버섯을 볶다가 물을 붓고 달걀을 한가득 풀어내는 수프 요리다. 게살수프처럼 부드럽고 구수해 볶음 종류 안주와 곁들이면 좋다. 시원한 노계 육수라 남녀노소 꺼리는 사람이 없다. 고소한 계란탕을 차리는 신승관은 종로1가에서 가장 오래된 중식당 노포다. 1964년에 개업했다.

₩ 계란탕 2만5,000원
📱 02-735-9955
🏠 종로 34 알파빌딩 지하 1층

## 후라토식당 _ 서울 종로구

스테이크덮밥(스테키동)을 파는 집인데 반숙 오므라이스도 인기다. 포크를 갖다 대면 겉면이 쩍 갈라진다고 해서 이른바 '쩍므라이스'로 불리는 인기 메뉴다. 잘게 썬 채소를 넣고 밥을 볶아 두툼한 반숙 오믈렛을 따로 얹었다. 달걀을 깨뜨려 흘러나온 노란 속을 밥에 살살 섞어 먹으면 고슬고슬한 밥알과 잘 어울린다. 짭조름하고 새콤한 특제 소스를 곁들여 준다. 처음엔 그냥 먹다가 나중에 소스를 끼얹으면 치즈처럼 눅진한 오믈렛이 당장 새로운 맛으로 살아난다.

₩ 반숙오므라이스 1만1,000원
☎ 0507-1410-0956
🏠 새문안로5길 19 로얄빌딩 아케이드 B1

## 시골집 _ 전남 장흥군

다양한 반찬을 상에 깔아주는 백반집이다. 아는 사람만 주문하는 '계란말이'가 있는데 이게 비주얼을 지배한다. 다른 반찬도 많지만 거의 달걀 한 판(요즘은 10알이다)을 깨서 부쳐낸 계란말이를 도저히 외면할 수 없다. 반드시 케첩을 뿌려 먹어야 한다. 달걀에 별로 없는 비타민C, K를 토마토가 보강해준다. 게다가 토마토에 대량 함유된 리코펜 성분은 달걀노른자와 섞이면 흡수와 영양이 증가한다고 한다. 그런데 케첩에 토마토가 얼마나 들었을까. 보통 토마토 페이스트가 50% 정도 들었다.

₩ 계란말이 1만원, 백반 6,000원
☎ 061-863-2657
🏠 장흥읍 토요시장3길 15

# 순대

## 몽골 기마병 전투식량에서 유래한 서민의 든든한 한 끼

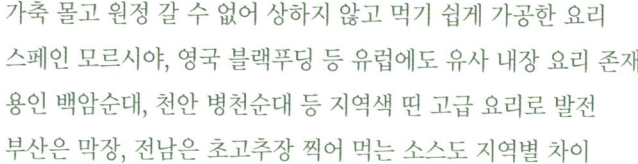

가축 몰고 원정 갈 수 없어 상하지 않고 먹기 쉽게 가공한 요리
스페인 모르시야, 영국 블랙푸딩 등 유럽에도 유사 내장 요리 존재
용인 백암순대, 천안 병천순대 등 지역색 띤 고급 요리로 발전
부산은 막장, 전남은 초고추장 찍어 먹는 소스도 지역별 차이

    인류가 전쟁할 때는 늘 새로운 음식이 탄생했다. 건빵과 비스킷이 그랬고, 인스턴트 라면도 포화 속에 등장했다. 세상 모든 일이 그렇듯 전쟁 역시 식후에나 가능한 것이었다. 전쟁 기간에 탄생한 대부분의 전투식량MRE은 현재 일상 메뉴가 됐다. 식품공학은 전쟁 때 가장 눈부시게 발전한 셈이다.

    육포와 순대는 한때 세계를 제패했던 몽골의 유럽 침략전쟁에서 생겨난 대표적인 전투식량이었다. 당시 느린 가축 떼를 끌고 원정을 갈 수 없던 몽골 기마병들은 가축을 모두 도축해서 육포와 순대를 만들어 이를 둘둘 말아 안장에 차고 출정했다고 한다.

가축의 내장에 곡물과 선지를 채워 만드는 순대는 몽골 기마병의 전투식량에서 비롯됐다.

육포와 순대는 고기가 상하지 않게 보관하고 간편하게 섭취할 수 있는 고열량 음식이어서 전투식량으로 더할 나위 없었다. 18세기 병조림과 통조림이 개발되기 전까지 순대(소시지)는 동서양에 매우 유용한 병참 물품으로 각광받았다. 순대의 제조 원리는 매우 그로테스크하다. 동물을 도축해 살을 발라낸 뒤 피와 함께 내장에 집어넣는다. 가축 입장에서는 겉과 속이 뒤집히는 셈이다. 상상이나 했을까. 자신의 살코기와 혈액이 되레 제 창자에 들어가는 일을.

가축의 운명이야 어찌 됐든 유목민들은 가축에게 먹일 풀이 바닥나는 추운 겨울을 앞두거나, 전쟁 등 장거리 이동을 해야 할 때 늙고 병든 가축을 잡아 순대를 만들었다. 지금까지도 훌륭히 활용될 만큼 창자는 최고의 포장재였다. 수분을 적당히 유지해주고 끈으로 양쪽을 밀봉하면 휴대하기 편했다. 그을려 두면 조리하지 않고 그대로 썰어 먹을 수도 있었다. 현대의 '콜라겐 케이싱'은 도저히 따라잡을 수 없는 '맛'까지 있다. 영양가도 충분했다. 고기의 단백질과 지방의 열량, 피에 든 무기질에다 함께 넣은 푸성귀로 섬유소까지 챙겼다. 가축의 내장 속에는 소화효소도 남아 있었다. 초원에서 쉽게 구할 수 없는 염분까지 핏속에 있으니 한마디로 완전식품이었다.

로마제국을 침략했던 훈Hun족이나 최강 몽골 기마병의 가공할 만한 진격 속도는 당시 최고의 전투식량 '순대'가 있었기에 가능한 일이었다. 동고트 에르마나리크왕이나 아바스의 칼리파 알무스타심은 인정하기 싫었겠지만, 고작 순대에 당했다. 휴대성 좋은 순대를 먹으며 속전속결로 진격하는 몽골 기마병에 견고한 유럽의 성곽은 힘없이 무너져내려 속절없이 당할 수밖에 없었다.

몽골 기마병에 의해 잿더미가 된 유럽에는 순대만 남았다. 유럽판 순대(소시지)의 탄생이었다. 사실 이 대목에서는 의견이 분분하다. 아시아 전래설과 배치되는 의견은 유럽 자생설이다. 애초 그들도 낙농과 유목을 했고 육식을 했다. 또한, 기나긴 겨울을 나야 했기 때문에 창자에 고기를 넣어 보관하는 법을 스스로 터득했다는 주장이다. 이에 맞춰 그리스 로마 시대에 이미 피순대와 유사한 내장 요리가 생겨났다는 기록도 있다. 하지만 유럽과 아시아가 침략과 전쟁이라는 상호 접촉을 통해 서로 영향을 줬을 것이라는 가설은 소시지와 순대 사이에 여전히 유효하다. 특히 곡물과 채소를 넣고 창자를 말리는 방식은 중앙아시아에서 만들어져 전해졌을 것이란 견해가 지배적이다. 덕분에 현재도 매우 유사한 원리로 만들어진 각국의 전통 순대를 찾아볼 수 있다.

오랜 세월 순대를 연구해온 육경희 씨가 3년 6개월 동안 한국, 중국, 유럽 등을 다니며 취재해 집필한 《순대실록》을 보면 순대의 존재감을 한눈에 알 수 있다. 이 책은 우리 찹쌀순대와 외양이 비슷한 모르시야(스페인), 부댕(프랑스), 피순대 격인 블랙푸딩(영국), 비롤도, 부리스토(이탈리아), 해기스(스코틀랜드), 슈바르츠부어스트(독일) 등 세계 각국의 다양한 순대에 대해 서로 비교하며 기술했다.

육경희 씨의 주장처럼 소시지와 순대는 제조와 섭취법에 있어 그 궤를 같이해 왔다. 특히 선지와 곡물을 함께 넣은 소시지는 누가 봐도 순대와 똑같다고 느낀다. 유럽의 '유사 순대'는 독자적 발전을 통해 훌륭한 식문화 장르를 개척했고, 지금은 그들의 '전통'이 됐다.

몽골은 명색이 제국인데 자국령에 특별한 영향을 준 곳이 어디 유럽뿐이랴. 북방 민족에 여러 차례 중원을 내준 덕에 자연스레 중국에 전파된 순대는 샹창香腸과 라창臘腸의 형태로 각각 발전했다. 동북 지방의 샹창은 그곳에 살고 있던 조선족의 피밥(선지찹쌀순대)과 함께 별미로 인기를 끌고 있다. 광둥廣東지방의 라창은 촉촉한 샹창과는 달리 바싹 말라 있어 소시지처럼 잘게 잘라 볶음밥 재료로 쓰거나 삶아 먹는다.

몽골의 군대는 한반도에도 내려왔다. 이때 순대가 전해졌다. 만주어로

셍지 두하senggi duha(피와 창자)는 발음조차 비슷한 '순대'가 됐다. 한국의 순대는 농경민족답게 곡물과 푸성귀를 많이 넣는 형태로 발전한다. 메밀이나 찹쌀을 넣고 아예 채소를 듬뿍 썰어 넣기도 하는데 대부분 선지가 들어간다. 선지와 쌀만 넣거나(혹은 오직 선지만 굳혀 넣는다), 케이싱으로 대창을 쓰는 등 지역에 따라 다양한 모습으로 진화했다. 근대에 들어 시꺼먼 당면순대가 등장하면서 순대 하면 떠오르는 지금의 형태가 대중에 인식됐지만, 구황식품에 가까운 당면순대는 기나긴 한민족의 순대 역사에서 매우 작은 사례에 불과하다.

세계적으로 순대가 상용되고 있지만 거의 유일하게 탕류로 끓여 먹는 나라가 한국이다. 순댓국은 든든한 한 끼를 책임지는 서민들의 별미로 사랑받고 있다. 시장이 서면 늘 순댓국집이 붐빈다. 고깃국 중에 가장 저렴하고 푸짐하기 때문이다. 푸짐한 전골은 안주로서 별미의 지위를 인정받고 있다. 이것저것 넣어 먹을 것이 많기 때문이다.

경기 용인 백암순대, 충남 천안 병천순대, 전북 피순대, 전남 암뽕순대, 강원 속초 아바이순대, 제주 메밀순대(수애) 등이 지역색을 선명히 드러내며 자리를 잡은 경우다. 지역에서 많이 나는 재료를 이용해 각각 특색 있는 순대를 고안했고 세월이 흐르며 뿌리를 내렸다. 이 중 대창이나 막창을 쓰는 것은 속초 아바이순대와 전남 암뽕순대, 제주 수애인데, 실제 창자 부위라 두툼하고 고기 맛이 강해 고급 요리로서 이미지가 강하다.

아바이순대는 사실 함흥의 것이다. 6·25전쟁 당시 실향민이 대거 월남하며 고기소가 꽉 찬 아바이순대를 이남에 알렸다. 돼지가 귀할 때 쓰는 오징어순대나 명태순대는 생선에 속을 채워 넣는다는 뜻만 빌려 왔다. 암뽕순대는 사실 암뽕(새끼보)과는 상관없다. 순대집에서 막창으로 순대를 만들어 내주는데 곁들이는 고기류에 따라 암뽕을 끼워줘서 그런 이름이 붙었다고 한다. 수애는 막창에 메밀이나 보릿가루를 선지에 섞어 넣어 겉은 쫀득하며 속은 부드러운 것이 특징이다.

백암순대는 선지 대신 다진 고기와 채소를 터질 듯 많이 넣은 것이 특징이며 담백한 맛으로 사랑받는다. 한입 깨물면 마치 고기만두처럼 가득한 소가 입안에서 터지며 만족감을 준다. 선지를 거의 넣지 않아서 색도 밝아 순대에 거부감이 있는 이들에게도 문턱이 낮다. '아우내竝川 장터순대'로 유명한 병천순대는 채소가 많이 들어 깔끔한 맛이 특징이다. 신선한 선지에 채소와 찹쌀 등을 다져 넣어 부담 없이 먹을 수 있고 국밥에 넣으면 풍미가 더욱 좋아진다.

뱀파이어가 좋아할 듯한 피순대는 처음 맛보는 이들에게는 아주 두려운 존재감이다. 막창 순대 안에 선지 덩어리만 들었다. 전주한옥마을을 방문한 관광객들의 입소문을 타고 널리 퍼졌지만, 사실 전북에서는 순대 하면 피순대를 떠올리는 게 보편적이다. 쫄깃한 막창과 부드러운 선지 덩어리를 함께 씹을 때 터져 나오는 진한 풍미에 길들여지면 고기나 채소를 넣은 순대는 싱겁게 느껴진다.

워낙 국민 간식거리로 인기를 끌다 보니 순대를 어떤 조미료(소스)에 찍어 먹느냐에 대한 논쟁도 벌어졌다. 서울 사람들에게는 '순대 소금'이라 불리는 고춧가루 소금이 보편적일지 몰라도 부산에서 자란 사람들에게는 아니다. 부산에서는 순대를 막장(된장)에 찍어 먹는다. 서울에서 순대를 시켰는데 소금만 준다고 화를 냈다는 사례도 이따금 들려온다. 전남에서는 순대를 초고추장에 찍어 먹는다는 사실도 놀랍다. 충남 해안가에서는 새우젓, 제주에서는 간장이라 답한다. 저마다 순대를 먹는 방식이 있다. 순대가 폭넓은 영역에서 사람들의 입맛을 점령해 버린 까닭이다. 안장에 순대를 둘둘 말아 차고 대륙을 달린 12세기 몽골제국 기마병처럼.

## 🍴 여기가 맛집

**순대실록** __ 서울 종로구

₩ 순댓국 정식 1만3,000원
☎ 0507-1407-5338
🏠 동숭길 127

최고의 전투식량이던 순대. 몽골 군대에 입대하지 않고도 맛볼 수 있는 곳이 요즘에는 많다. 서울 대학로에 위치한 순대실록은 그야말로 '순대의 모든 것'을 맛볼 수 있는 집이다. 직접 빚은 순대를 삶아 먹거나 심지어 구워 먹을 수도 있다. 철판에 구워 먹는 순대스테이크는 독일 명품 소시지처럼 매우 훌륭한 음식이다. 쫄깃한 케이싱과 부드러운 소가 철판 위에서 지글지글 익어가면 군침이 순대 기름처럼 흐른다. 순댓국은 담백하고 고소한 맛을 내 남녀노소 모두 좋아한다. 특히 순대연구가 육경희 대표가 《시의전서》에 근거해 복원한 '1877순대'와 《주방문》의 고증으로 만든 '소순대' 등은 이곳에서만 맛볼 수 있는 순대 요리다. 순대실록은 프렌차이즈로 서울 곳곳에 분점이 있다.

### 병곡순대 _ 경남 함양군

₩ 순대국밥 7,000원, 피순대 1만원
☎ 055-964-2236
🏠 함양읍 중앙시장길 2-27

직접 만든 피순대를 낸다. 거의 겔(Gel) 타입에 가까운 선지를 얇은 창자 속에 가득 채웠다. 베어 물지는 못한다. 그대로 집어 한입에 쏙 넣으면 짭조름한 선지가 팥죽처럼 입안에 흩어진다. 경남식 돼지국밥을 머리국밥 이름으로 팔고, 따로 피순대를 판다. 시장 안에 있다.

### 곡성한일순대국밥 _ 전남 곡성군

₩ 순대국밥 7,000원
☎ 061-363-8859
🏠 곡성읍 읍내리 218

얼마나 신선한지 선지가 아예 진한 선홍색을 낸다. 직경 굵은 순대를 탄탄하게 채운 선지가 초콜릿 크림빵처럼 부드럽게 입맛을 자극한다. 순댓국 한 그릇만 주문해도 건더기가 푸짐해 별다른 메뉴가 필요 없을 정도. 우거지를 넣고 끓여낸 국물도 시원하고 끝까지 고소한 맛을 내 밥을 말아 후루룩 넘기면 잘도 넘어간다.

### 2대째순대 _ 전북 순창군

두툼한 대창에 선지만 가득 채운 전라도식 피순대를 파는 집이다. 지역민들에게 인기가 많아 장날이든 평일이든 인산인해를 이룬다. 대창은 씹는 맛이 좋아 속에 부드러운 선지만 채워 넣어도 식감 대비가 아주 좋다. 한 번에 툭 터지는 선지와 씹을수록 고소한 육즙을 뿜는 대창이 맛의 조화를 이룬다.

₩ 순대국밥 8,000원, 새끼보전골 4만원
☎ 0507-1392-0456
🏠 순창읍 남계로 58

> 불고기

# 달달한 듯 슴슴한 듯
# 한때 넋 쏙 뺐던 외식 최고 메뉴

평양서 태어나 서울 맛 가미한 을지면옥
버섯만 넣어 고기 맛에 충실한 남포면옥
채 썬 대파의 아삭한 맛 일품인 신촌 형제갈비
고기에 밥 볶으면 군침 절로 평가옥
매실 소스에 재운 고기 최고 광양 금목서회관
단맛, 불맛 스민 '바싹불고기' 언양불고기

    지글지글 불고기가 불판째 상에 오른다. 가족 모두 침을 꿀꺽 삼킨다. 손으론 젓가락만 만지작, 모두 상만 주시하고 있다. 밥상 위 '스타탄생'의 순간이다. 그랬다. 불고기는 그동안 한식의 슈퍼스타였다. 조용필이나 앙드레김급이었다. 가정에서 최상의 반찬이자 외식 최고봉이었다. 외국에서는 더 알아줬다. 한식 하면 불고기였다. 일제강점기에도 그랬다. 지금으로 따지자면 BTS에 비견할 수 있겠다.

    불고기는 소고기 뒷다릿살, 목심, 설도 등을 저며 미리 양념에 재웠다가 흥건한 육수와 함께 전용 불판에 올려 구워 먹는다. 흘러나온 국물에 밥

달달하고 고소한 불고기는 남녀노소 동서고금을 막론한 한식계의 스타다.

을 비벼 바닥까지 싹싹 긁어먹는 그 맛에 감히 따를 요리가 없었다. 양파와 설탕을 넣어 달콤하고, 살짝 탄 간장이 내는 구수한 향기는 불고기의 상징으로 자리 잡았다.

불고기는 이제 대중적 '구이' 요리의 대명사가 됐다. 돼지 불고기와 닭 불고기, 오리 불고기에 이어 해산물까지 끼어들었다. 어떨 때는 정작 주재료인 소고기는 빠진 채 삼겹살에 오징어를 섞어 오삼불고기, 주꾸미를 넣고 쭈삼불고기가 됐다. 불낙(불고기 낙지전골) 등 이름만 남았다가, 그나마 '불'자의 소유권도 매운 양념(불닭, 불족발 등)에 빼앗길 지경이다.

고기구이가 값비싼 재료인 꽃등심, 생갈비 등 고급 로스구이로 상승 엘리베이터를 타는 사이, 양념육인 불고기는 예전 최고 외식의 지위를 내준 채 대중의 눈높이로 내려온 것은 아쉬운 일이다. 그나마 '최고 회식 메뉴' 자리도 삼겹살에 밀려난 형국이다. 이제 불고기는 술보다는 밥과 더 친숙하게 됐다. 대학가나 기사식당에 값싼 1인 메뉴로 '뚝배기 불고기'가 등장했을 정도다. 익숙한 불고기 향은 롯데리아, 맥도날드 등 패스트푸드에도 적용돼 불고기 버거가 됐고, 김밥집에선 불고기 김밥으로 남았다. 심지어 불고기 시즈닝까지 등장했을 정도로 김치와 함께 한식 대표메뉴가 됐다. '최상'을 내려놓고 '일상' 메뉴로 자리 잡았다.

하지만 외국인에게는 여전히 불고기의 명성이 드높기만 하다. 2020년 6월 서울관광재단의 조사 발표에 따르면 외국인 관광객이 만족한 한식 순위에서 불고기는 절반에 가까운 41.9%가 만족했다고 응답 1위에 꼽혔다. 비빔밥(35.0%), 치킨(24.2%), 삼겹살(20.9%), 김밥(12.4%) 등이 뒤를 이었다. 외국 군대의 전투식량에도 당당히 이름을 올렸다. 미국 군사전문 신문 '성조지Stars & Stripes'에 따르면 미 육군의 차세대 전투식량에 불고기를 포함시키기로 했다. 불고기를 에너지바 형태로 개발, 2023년부터 보급할 예정이라고 밝혔다. 불고기가 한식의 스타 지위만큼은 놓치지 않고 있다는 얘기다.

외식거리가 천지인 지금도 너비아니부터 평양식불고기, 서울불고기, 언양불고기, 광양불고기 등 다양한 불고기가 그 존재감을 과시하고 있다. '단짠'의 매력으로 세계인의 입맛을 단숨에 사로잡은 불고기. 맛있는 한 끼를 원한다면 시중 이름난 불고기 집을 찾아 식도락 여행을 해보자.

## 🏠 여기가 맛집

### 을지면옥 _ 서울 중구

₩ 불고기 5만2,000원
📱 02-2266-7052
🏠 충무로14길 2-1

평안도에서 내려와 서울의 명물이 되기까지 그리 오랜 시간이 걸리지 않았다. 원래 불고기는 면옥에서 많이 판다. 예전부터 평양에서 유행하던 불고기를 월남한 냉면집에서 팔았으니 그렇다. 그래서 평양식 음식집에는 보통 어복쟁반과 불고기가 메뉴에 있다. 을지면옥은 월남해서 2대째 장사(의정부계 평양냉면집)를 하다 서울 입맛이 가미된 경우. 당시 가장 많은 직장이 있던 을지로 회사원들이 몰렸다. 저녁에 불고기를 집어 먹으며 작은 사치를 누렸다. 그렇게 불고기는 서울에 토착했다.

국물 흥건한 불고기를 가져다 불판에 부으면 금세 '치익' 타들어 가는 향기에 벌써 매료된다. 양은 불고기판을 쓴다. 대충 거뭇거뭇 익어가면 가장자리 고인 국물에 냉면 사리를 만다. 고기와 메밀, 선주후면(先酒後麵)의 그 치밀한 조합과 구성에 미각적 포만을 느낀다. 요새 한창인 냉면 탓에 점심때 불고기를 사 먹기가 눈치는 좀 보이겠지만, 구수한 고기 맛에 계속 찾게 되는 집이다.

---

### 남포면옥 _ 서울 중구

₩ 한우불고기 2만9,000원
📱 02-777-3131
🏠 을지로3길 24

서울 한복판에서 '불고기 외식집'으로 대대로 인기를 이어가는 집이다. 양념을 건건하게 해 고기 맛으로 먹는다. 고기는 한우를 쓰고 채소라 해도 달랑 버섯밖에 넣지 않았다. 대부분 한식에 빠지지 않는 대파조차 절제한 그 맛은 이 집 냉면과 똑 닮았다. 심심하면서 담백하고 구수하다. 구운 고기를 양념에 푹 담갔다가 우물우물 씹자면 달콤한 맛이 끝까지 묻어난다. 미리 오래 재워놓지 않아 선홍색이 선명한 불고기는 양념보다는 고기 본연의 맛을 살리는 데 중점을 둔 듯하다. 여느 집보다 '서울식'이란 느낌이다. 다른 집보다 덜 달다. 고기는 부드럽지만 씹는 느낌은 살렸다. 역시 면옥(麵屋)이라 냉면 사리를 꼭 넣어서 먹는 게 낫다.

## 형제갈비 _ 서울 서대문구

₩ 1인분 1만2,000원
☎ 02-365-0001
🏠 명물1길 2

생갈비 등 고기로 유명한 서울 신촌의 외식 명소가 이 집이다. 이 부근에 많이 모인 대학가 졸업과 입학식에 빠질 수 없던 불고기가 바로 형제갈비 불고기다. 학생들이야 언감생심. 어쩌다 취업한 선배가 찾아와 사주기도 했겠지만, 그러기에는 벅차게 고급이다.(뭐 소개팅이라도 시켜줬다면 그럴 법하다.) 젊은 층이 몰리는 대학가 주변이라 그런지 양념에 단맛이 강하다. 미리

양념에 재워놓아 한없이 부드러운 불고기. 그야말로 옛날식이다. 대신 채 썬 대파를 가득 올려 단맛을 잡아준다. 고기야 금세 익으니 아삭한 대파를 함께 맛보면 식감의 대비가 좋다. 넓적한 새송이버섯도 고기를 싸먹기에 딱 맞다. 당면도 들었지만 역시 메밀냉면이 있어 곁들이기 좋다. 가격도 착하다. 메뉴별로 층이 정해져서 불고기를 먹으려면 4층으로 가야 한다.

## 평가옥 _ 경기 성남시

₩ 불고기 3만2,000원
☎ 031-786-1571
🏠 느티로51번길 9

성남(분당)에서 시작해서 '강남'이라고 이름을 붙였지만 평양 음식 계열이다. 당연히 불고기도 냉면, 어복쟁반 등과 함께 대표메뉴에 이름을 올렸다. 북쪽 입맛 특유의 진하지 않은 양념에 재운 불고기. 고기는 육향이 진하고 씹는 내내 구수한 맛이 감돈다. 얼핏 봐도 핑크색 고기가 그대로 드러날 정도로 양념은 색이 옅은 대신 짭조름하다. 팽이버섯과 양파 등이 들어가 맛을

보조한다. 양파가 함께 익어가면서 은근한 단맛을 내니 비로소 종합적인 맛이 완성돼 입에 짝짝 붙기 시작한다. 얇게 저며낸 고기는 의외로 기름기가 충분해 나중에 밥을 볶아먹거나 비벼 먹기에도 좋다. 어르신이나 아이가 있어도 가족 모두가 좋아할 맛이다. 돈 낼 사람만 많이 주문하는 것이 꺼려질 뿐이다. 서울 여러 곳에 지점이 있다.

## 금목서 _ 전남 광양시

₩ 갈비살불고기 2만4,000원
☎ 061-761-3300
🏠 광양읍 읍성길 199

광양 하면 불고기를 떠올릴 정도로 대표 음식이 바로 광양불고기다. '마로화적(馬老火炙)'으로 조선시대 이미 명성을 얻었다. 혹자는 '불고기'란 말이 원래 우리말에 없었다지만, 이미 화적(火炙)이 있었다. 이 집은 숯, 구리 석쇠, 즉석 양념 등 광양불고기의 특성을 제대로 살렸다. 여기에 광양 특산물 매실과 효모를 써 진하지 않은 양념을 바로 버무려내는 불고기를 맛볼 수 있다. 이 집은 숯부터 좋다. 참숯에 놋 석쇠를 올리고 얇게 썰어낸 불고기를 구워 먹는다. 불고기판이 아니라 석쇠다. 하나씩 뒤집지 않고 집게로 한 방향으로 몰아 굴리듯 구우면 좋다. 살짝 양념만 타들어 갈 정도면 바로 먹어도 좋다. 각종 나물 등 반찬도 좋아 불고기 한상차림에 딱 어울린다.

## 공원불고기 _ 울산 울주군

₩ 석쇠불고기 2만1,000원
☎ 052-262-0421
🏠 언양읍 헌양길 32

KTX 울산역 근처에 있는 전통식 언양불고기 맛집이다. 언양불고기는 1960년대 경부고속도로 건설 현장 주변에서 인기를 얻다가 입소문을 타서 전국으로 명성이 퍼졌다. 흔히 알던 불고기 형태가 아니라 '바싹불고기'의 별칭이 붙었다. 고기를 다지듯 저며 칼집을 낸 후 간장 양념을 한다. 물기 없이 넓적하게 빚어 놓은 것을 생선 굽듯 뒤집어 익힌다. 이 때문에 보통 석쇠는 2장짜리 양면 석쇠를 쓴다. 양념에 양파나 대파 등 채소를 거의 쓰지 않고 마늘과 버섯 정도만 고명으로 올려 순수한 고기 요리다운 면모를 과시한다. 공원불고기는 딱 싫지 않을 만큼의 단맛에다 향기로운 불맛이 스며들어 젓가락의 넋을 쏙 빼놓는다. 곁들여내는 반찬도 밥과 함께 주는 된장도 모두 잘한다.

> 닭곰탕

# 영혼을 적시는 살코기에 뜨끈한 국물
# 몸과 마음을 덥힌 닭!

동서양 막론하고 몸이 허할 때는 닭고기 수프가 진리
푹 고아 만든 닭곰탕 한 그릇은 보약 한 첩
찰떡궁합 인삼에서 전복, 문어 넣은 해신탕 등장
밥 대신 면 넣은 닭칼국수나 기스면도 사랑 듬뿍 받아

    몸과 마음에 허기가 들 때가 있다. 몸의 에너지를 모두 쓴 것처럼 힘이 달리고, 온갖 스트레스에 머릿속이 텅 빈 느낌. 특히, 감기나 병을 앓고 나면 몸을 보하고 싶은 마음이 간절하다. 따뜻한 밥 한 끼로 허기와 온기를 채우고 싶을 때 우리는 닭고기 국물을 떠올린다. 진한 닭 육수를 그릇째 들고 후루룩 마시면 보약 한 첩 먹은 기분이다.

    예부터 몸을 보할라치면 보통 닭을 먹었다. 소나 돼지는 귀하고 비쌌기 때문이다. 그마저도 굽거나 튀기지 않고 삶아 먹었다.

가장 값싼 고깃국인 닭고기 육수는
서민들의 입맛을 단숨에 사로잡았다

익은 고기를 먹고 또 남은 국물을 마셨다. 덩치 큰 씨암탉이나 장닭 한 마리 잡으면 여럿이 넉넉하게 고깃국물을 마실 수 있었다. 날씨가 덥거나 추운 날 닭 국물 한 사발이면 당장 몸이 거뜬해지고 힘이 났다.

동서양을 통틀어 시름시름 감기 앓이를 할 때 먹는 음식이 비슷하다. 미국 가정에서 환자를 위해 만드는 것도 닭고기 수프다. 여기서 착안해 잭 캔필드와 마크 빅터 한센이 《영혼을 위한 닭고기 수프Chicken Soup for Soul》라는 자기계발서를 써서 베스트셀러가 되기도 했다. 닭은 유럽에서도 '좋은 식사의 최소 조건'에 해당했다. 프랑스 앙리 4세는 '모든 국민이 일요

---

**1** 칼국수가 푸짐하게 들어간 파주닭국수. 닭육수에는 국수를 말아도 맛이 좋다.
**2** 닭다리 하나를 통째로 넣어주는 닭진미 강원집.

일에 닭고기를 먹을 수 있도록 하겠다'고 선언했다. 농목축업이 그렇게 발달한 프랑스에서도 닭은 기본 고기였다.

닭은 매년 600억 마리 이상이 도축되는, 인류가 가장 많이 기르고 또 죽이는 동물이다. 인간에게 일상에서 쉽사리 접할 수 있는 맛은 물론, 주요한 단백질 공급원으로 건강에도 도움을 주고 있다. 닭국물은 맛있고 든든하며 소화도 잘된다. 아침저녁으로 차가운 기운이 스미는 때 뜨거운 닭 국물은 몸과 마음을 덥힌다.

요즘은 닭 하면 치킨을 떠올리지만, 본래는 국물 요리가 근본이다. 백숙이나 곰탕처럼 닭을 푹 고아 국물을 우려서 먹었다. 맑고 담백하게 끓여낸 닭곰탕에 따뜻한 쌀밥을 말거나 국수를 넣고 끓였다. 제대로 된 닭백숙은 닭의 품 깊이 찹쌀을 넣어 오랜 시간 끓여서 만든다. 붉고 매운 요리를 좋아한다면 얼큰하게 닭개장을 만들어 먹었다. 닭을 푹 고아 낸 육수로 만든 닭개장은 소고기로 육수를 낸 육개장과는 비교할 수 없는 깊은 맛이 있다.

닭 육수 맛을 더 좋게 하는 식재료들이 있다. 최고의 파트너는 역시 인삼이다. 삼계탕은 약으로 쓰였을 만큼 닭과 잘 어울린다. 요즘에는 해산물도 좋은 궁합을 보인다. 특히, 전복이나 낙지 등은 해신탕이란 신조어를 만들면서 닭과 완벽한 '케미'를 보인다. 그야말로 보신 요리의 대명사 되시겠다.

## 📍 여기가 맛집

### 닭진미강원집 _ 서울 중구

₩ 닭곰탕 8,000원. 통닭 1만8,000원
📞 02-753-9063
🏠 남대문시장길 22-20

1962년도에 개업해 60년을 남대문시장과 함께 한 닭곰탕 노포다. 양은냄비에 육수를 붓고 잘게 찢어놓은 닭고기를 듬뿍 넣어 팔팔 끓여 낸다. 닭곰탕 한 그릇에 다리 한쪽씩 기본으로 넣어준다. 먼저 고기를 먹고 따뜻한 국물에 밥을 말아 든든한 한 끼를 채울 수 있다. 이 집은 프라이드치킨이나 삼계탕처럼 작은 닭이 아니라 중닭 이상을 써 고기에 맛이 잔뜩 들었다. 양념장에 찍어 먹으면 쫄깃쫄깃 씹을수록 진한 맛이 난다. 기름지고도 구수한 국물은 대파만 넣었는데도 그 풍미가 물기 품은 밥을 만나도 당최 꿀리지 않는다. 결국 냄비 바닥을 보게 만든다. 삶은 닭을 한 접시 수북하게 내오는 통닭 메뉴도 인기 만점.

## 사랑방칼국수 _ 서울 중구

₩ 닭곰탕 6,500원. 백숙 백반 8,000원
☎ 02-2272-2020
🏠 퇴계로27길 46

원래 닭곰탕과 닭칼국수를 팔던 집인데, 백숙 백반도 아주 인기다. 백숙 백반은 삶은 통닭 반 마리에 뜨끈한 국물까지 내준다. 점심 이전부터 문전성시를 이루며 오후는 반주를 즐기는 낮술 손님으로 채워진다. 2인분을 시키면 한 마리 통째로 내준다. 중닭을 잡내 없이 잘도 삶아냈다. 육수를 많이 냈을 텐데도 그리 질기지 않다. 살을 젓가락으로 찢어 함께 곁들여낸 초고추장에 대파를 섞어 찍어 먹으면 맛이 확 살아난다. 닭고기살에서 육즙이 배어나오는데, 초고추장이 이 맛을 고출력 앰프처럼 증폭시킨다. 백숙에 함께 내는 국물도 허투루 한 것이 아니다. 밍밍해 봬도 진한 풍미가 첫입에서 느껴진다. 1968년 개업했으니 연륜이 오십을 훌쩍 넘어섰다. 오랜 세월 사랑받는 식당은 다 이유가 있다.

## 다락투 _ 서울 마포구

₩ 닭곰탕 7,500원, 닭칼국수 8,000원
☎ 02-336-2918
🏠 와우산로21길 4-3

홍대 거리에서 담백하고 깔끔한 맛을 대대로 지켜온 집이다. 1980년대까지 정문 앞 다락집이었는데, 골목으로 숨어들며 다락투가 됐다. 보드랍게 찢어낸 살을 깔끔한 국물에 말아낸다. 깔끔하고 담백한 맛은 자리를 옮겼어도 그대로 '상속'되어 남녀노소가 즐겨 찾는 단골집이 됐다. 반찬이라고는 마늘과 김치밖에 없지만, 한 뚝배기 안에 모든 맛이 들었다. 잘게 찢어낸 폭신한 고기와 진하면서도 부담스럽지 않은 국물, 그리고 그 위에 얹은 특유의 다진 양념이 갓 지어내 부드러운 밥과 섞여 완벽한 조화를 이룬다. 대파와 마늘장아찌를 얹으면 한 숟가락 위에 작은 세계가 펼쳐진다. 닭칼국수도 맛이 좋다.

## 무교삼계탕 _ 서울 중구

₩ 삼계탕 1만5,000원, 인삼튀김 1만8,000원
☎ 0507-1381-8832
⌂ 다동길16

복중에 삼계탕을 먹으면 손해다. 손님이나 주인이나 모두 바빠 정신이 없고 덥기까지 하니 말이다. 삼계탕은 연중 좋지만, 쌀쌀한 계절이 딱 좋다. 삼계탕 맛난 집은 수두룩하다. 이 가운데 다동과 무교동 노포 사장들이 의기투합해 낸 무교삼계탕도 빼놓을 수 없다. 이 집은 찹쌀을 많이 넣고 고아 걸쭉한 국물이 과연 '약' 같다는 첫인상을 준다. 진한 삼향(蔘香)을 풍기며 용암처럼 팔팔 끓어오르는 그 빡빡한 국물을 떠먹기자면 목을 타고 넘어가는 향과 느낌이 황송하기까지 하다. 깍두기며 김치 뭐하나 빠지지 않는다. 경북 문경 가정식 찜닭과 바삭한 인삼튀김도 별미다. 저녁에 삼계탕 한 그릇에 더불어 안줏감으로 안성맞춤이다.

## 미성중국관 _ 서울 용산구

₩ 기스면 7,000원
☎ 02-790-3034
⌂ 한강대로84길 8

닭을 많이 쓰는 중식에서도 닭 육수 하면 기스면이다. 국내에서는 해산물을 넣기도 하지만, 중국에서는 노계와 닭발을 쓴 육수에 얇은 면을 마는 것이 특징이다. 이름에 다 들었다. 닭 계(鷄)에 실 사(絲)를 쓰는 기스면(鷄絲麵)이다. 미성중국관은 요즘 뜨는 먹자골목 숙대 앞 중국음식점으로 기스면을 잘한다. 짜장면과 짬뽕보다는 얇은 면을 쓰지만, 정통 기스면처럼 가늘지는 않다. 닭 육수에 계란을 풀어 국물을 낸다. 일본 오야코동(親子井)처럼 모자(母子)가 함께 있는 셈이다. 국물 색은 밝지만, 그 안에는 진한 풍미가 숨었다. 닭 국물 특유의 향이 부드러운 계란과 어울려 입안에 흐른다. 닭곰탕 국물보다야 진하고 짭조름하지만, 또 그래야 면에서 제맛을 느낄 수 있다. 만두와 짬뽕도 유명하다.

## 홍대포 _ 서울 마포구

₩ 해물닭한마리(대) 4만5,000원, 해천탕(소) 8만원
☎ 02-706-3534
⌂ 토정로 284

간판에는 문어와 조개라 쓰여 있는데, 낮에는 닭의 출현이 더 잦다. 이른바 시그니처 메뉴로 '해천탕'을 팔기 때문이다. 이 집은 해천탕과 문어연포탕으로 이름값을 떨친다. 커다란 양푼에 홍합과 가리비, 바지락, 대합 등 조개가 한가득 들어간 그 중심에 닭이 도사리고 앉는다. 닭과 조개가 어우러진 육수가 팔팔 끓으면 살아있는 문어가 뛰어든다. 닭 육수의 감칠맛이 조개의 그것과 만나 시너지를 낸다. 조개에는 없는 지방의 맛도 있어 더욱 풍미가 좋다. 가리비 껍데기를 뒤집어 조갯살과 '레고' 블록 모양의 문어를 차곡차곡 얹어 안주로 즐기면 된다. 얼추 건져 먹고 나면 만두나 칼국수, 볶음밥 등을 만들어 단백질만으로는 허전한 배를 채울 수 있다. 양도 대단해 네댓 명도 만족스럽다. 무교동과 여의도, 강남에 분점이 있다.

---

## 파주닭국수 _ 경기 파주시

₩ 매운 닭국수 9,500원
☎ 0507-1335-8793
⌂ 새꽃로 307

이곳도 닭 반 마리를 그대로 넣는다. 진한 육수에 닭 다리까지 그대로 든 닭고기를 푸짐하게 찢어 넣은 칼국수를 판다. 닭백숙 국물에 칼국수 사리가 만난 셈이다. 아삭한 숙주나물과 배추, 진한 닭 국물 그리고 쫄깃한 사리만 담았다. 맛이 들 대로 든 중계 이상을 사용해 면에 잘 배어든 만큼 진하고 풍미가 좋은 국물이다. 면발에도 쫄깃함이 살아있어 찢어 넣은 닭살과 함께 씹는 느낌이 좋다. 국수를 대충 건져 먹고 닭 다리를 손에 들고 뜯노라면 시각적, 물리적 포만감이 최고로 치닫는다. 닭개장처럼 매콤한 육수에 말아낸 매운 닭국수도 있다. 여러 곳에 분점이 있다.

> 배추

# 식탁 위 터줏대감 배추, 옛날에는 약초였다

1인당 연간 소비량 47.5kg, 전체 채소 소비량 3분의 1
칼슘, 칼륨, 식이섬유 풍부하고, 비타민U는 시원한 맛의 비결
국, 전골, 전, 쌈 등 두루 활용하는 채소의 팔방미인
말린 우거지는 감자탕, 생선조림 등과 찰떡궁합

한국인들은 유난히 배추를 즐긴다. 배추는 김치의 주재료이자 다양한 형태로 취식할 수 있는 채소의 팔방미인이다. 한국인 1인당 배추 연간소비량은 47.5kg(농림축산 주요통계 2020년 기준)이다. 채소류 소비량의 3분의 1을 배추로만 채운다. '식탁 위 터줏대감'이란 별명이 괜히 생긴 게 아니다. 배추는 쌈으로도, 국거리로도 쓰이고, 간단히 절이는 겉절이 반찬으로 요모조모 사용되는 장바구니의 필수 아이템이다.

특히 11월에 나는 배추는 더욱 긴요하다. 겨우내 반찬의 근원이자 식탁에 비타민과 무기질을 공급하는 김장김치의 주재료이기 때문이다. 그래

한국인에게 배추는 채소 그 이상의 작물이다. 배추는 언제 어디나 함께 하는 식탁 위의 터줏대감이다.

서 작황이 좋지 않으면 '배추가 아니라 금추!'라는 말을 한다. 배춧값이 뛰면 덩달아 물가가 들썩인다. 배추가 채소 물가의 바로미터라고 할 수 있다. 배추가 비싸면 당연히 김장도 그만큼 줄여 담글 수밖에 없다.

 배추는 원래 민간에서 약초로 분류됐을 정도로 유용한 채소다. 비타민C와 비타민A, 칼슘, 칼륨, 식이섬유가 많아 건강에 좋다. 자상이나 화상을 입거나 독이 오를 때 데친 배추를 붙이면 좋다.《규합총서》에도 '배추씨 기름을 머리에 바르면 머리카락이 빠지지 않는다'고 했다. 게다가 아미노산(시스틴) 성분도 들어 맛을 내는 데도 유용하다.

085

1 겉배추를 말린 우거지.
2 추어탕용 배추. 배추는 한식 어느 곳에도 쓰이지 않는 곳이 없다.
3, 4 남해 지방에서는 배춧국을 시락국으로 판다. 시래기는 무청을 이르는 말이지만 겉배추를 지칭하기도 한다.

배추의 이름은 '백채白菜'에서 온 말이다. 생채生菜 역시 발음이 추로 변해 상추라 부른다. 배추는 중국 북부가 원산지다. 중국식 절임 반찬 파오차이泡菜 역시 배추를 쓴다. 그러나 우리나라 김치가 세계적으로 유명해지면서 원재료인 배추 역시 중국을 벗어나 '한국 배추'의 명성이 드높다. 2012년 제44차 국제식품규격위원회CODEX는 국제 식품 분류 상 차이니즈 캐비지Chinese Cabbage에 속했던 한국 배추를, 김치 캐비지Kimchi Cabbage로 분리 등재한 바 있다. 지금 우리가 먹고 있는 배추는 과거에는 없던 새로운 종자이기 때문이다. 토종 배추는 길쭉하고 배춧속이 반 정도만 뭉쳐지는 반결구 배추였다. 결구結球 배추란 잎사귀가 고갱이를 중심으로 공처럼 둥글게 뭉쳐지는 배추를 말한다. 결구 배추는 잎이 단단하고 달아 김치 담그기에 좋은 배추다.

해방 이후 1947년 설립된 '우장춘 박사 귀국추진위원회'는 당시 일본 종묘회사에서 연구원으로 지내던 세계적 농학자 우 박사를 맞이해 농산물 종자 개량과 보급에 박차를 가하기 위한 목적으로 결성한 단체다. 정부는 1949년 한국농업과학연구소를 만들고 이듬해 귀국한 우 박사를 모셨다. 그는 이곳에서 국민 식생활에서 없어서는 안 될 벼와 감자, 배추, 무 등의 품종을 연구했다. 우 박사는 배추의 일대 잡종 품종을 육성해 원예 1, 2호 등 새로운 결구 배추 품종을 탄생시켰다. 세계인이 김치로 접하고 있는 한국 배추의 탄생이다.

배추는 쌍떡잎식물 십자화목 십자화과의 두해살이풀이다. 서늘하고 강수량이 많은 곳에서 재배가 잘된다. 품종에 따라 50일에서 90일 정도 자라며 잎이 꽃처럼 뭉쳐지는 결구 현상을 보인다. 개량종은 단맛과 매운맛을 함께 가지고 있으며 재래종보다 통통하게 성장한다. 분류학상 '친척'으로는 순무와 청경채가 있다. 양배추와는 또 다르다. 배추 잎사귀를 꺾으면 달큰한 맛이 나는 뽀얀 즙이 나오는데 여기 포함된 비타민U 성분이 위장에 좋다. 국물에 넣으면 시원하고 구수한 맛을 내는 것도 이 성분이다.

가을배추로는 주로 김치를 담그지만 다른 요리에도 많이 쓴다. 국이나 전골에 넣어 맛을 더하거나 메밀이나 밀가루로 풀을 쒀 잎사귀로 배추전을 해 먹어도 시원한 맛이 좋다. 그대로 쌈을 싸먹는 경우도 많은데, 특히 속대의 경우 과메기나 보쌈 등에 곁들여 아삭한 맛을 더한다.

일본에서도 국물 요리인 찬코나베ちゃんこ鍋, 요세나베寄せ鍋와 샤부샤부에 많이 넣어 먹는다. 일본식 채소절임 쓰케모노漬物에도 여러 채소 중 배추가 들어간다. 중국에서도 배추를 절여 파오차이를 만들거나 훠궈火鍋 같은 전골 요리에 넣는다.

배추의 겉잎 부분은 질기고 매운맛이 강해 떼버리는 경우가 많다. 이를 말린 것이 우거지다. 우거지는 특유의 식감과 구수한 맛이 좋고 영양가도 우수해 이를 활용한 음식이 많다. 씹는 맛이 탁월해 감자탕이나 조림 요리에 쓰면 생잎보다 낫다. 우거지는 배추뿐 아니라 푸성귀 종류의 겉 부분이나 윗부분을 의미한다. 어원도 '웃걷이'에서 나왔다. 따라서 걷어낸 것을 재활용한다는 의미다. 저렴하고 쓸모 있는 자투리다.

우거지를 시래기와 헷갈리는 경우가 있는데, 표준국어대사전에 따르면 시래기靑菜는 무청이나 배추 겉잎을 생으로 쓰거나 삶은 후 말린 것이다. 배춧잎이나 무청을 모두 '시락(시래기)'이라 부르는 경상도 방언에서처럼 배춧잎을 말린 것도 시래기라 불러도 된다는 뜻이다. 하지만 실상에선 으레 말린 무청 시래기만을 지칭한다. 대중적으로 먹는 배추와 무에서도 허드레 부분이라 흔하고 값싸게 취급했다. 하지만 우거지와 시래기는 섬유소가 많고 무엇보다 맛이 좋아 조리 시 여러 용도로 쓴다. 밥을 짓거나 국을 끓이고 생선을 조릴 때 많이 쓰는 식재료로 인기가 높다. 특히 섬유소가 부족한 뼈다귀해장국이나 매운탕, 선짓국 등에는 빠질 수 없는 재료다.

이처럼 한국인의 생활에서 빼놓고 말할 수 없는 채소가 배추다. 친숙하니 배추머리(코미디언 김병조)나 배추도사(만화 옛날옛적) 같은 캐릭터도 등장했다. 배추의 초록색에 비유해 과거 지폐 중 최고액권이었던 만원짜리를 지칭하는 별칭으로 쓰이기도 했다. 분명한 것은 배춧값이 안정돼야 장바구니 물가도 안정된다는 것이다. 그리고 또 우리네 식탁도 한결 풍성해진다.

## 🏠 여기가 맛집

### 한성식당 ─ 서울 중구

- ₩ 곱창전골 1만5,000원
- ☎ 02-752-2056
- 🏠 서소문로11길 8

얼큰한 곱창전골이 유명한데, 채소는 배추와 쑥갓만 넣었다. 잘게 썬 배추가 상큼함과 함께 식이섬유를 공급한다. 처음에는 얼큰하고 시원하다. 곱창 내 곱이 국물에 흘러 들어가면 부드럽고 고소해진다. 팔팔 끓인 후 숨죽은 배추와 곱창을 함께 집어 먹으면 궁합이 좋다. 배추는 면 사리와도 잘 어울린다.

### 부두식당 ─ 제주 제주시

- ₩ 갈치국 1만원
- ☎ 064-799-0029
- 🏠 애월읍 애월로13길 21

갈치와 배춧속을 넣고 맑게 끓이는 갈치국을 잘한다. 소금 간만 하고 끓여내니 감칠맛은 갈치가, 시원한 뒷맛은 배추가 각각 책임지는데 담백하고 부드러운 국물이 훌륭하다. 갈치의 연한 살을 수저로 살살 긁어 국물과 함께 떠먹는 게 요령. 맑은 국이라 밥을 말아도 쉽사리 탁해지지 않는다. 매운맛을 원하면 청양고추 다대기를 넣으면 된다. 옥돔국도 맛나다.

### 남도술상 야당점 ─ 경기 파주시

- ₩ 갑오징어보쌈 4만2,000원
- ☎ 0507-1356-2038
- 🏠 소리천로 8번길 60

배추쌈을 준다. 과메기에도, 문어와 갑오징어가 수육과 함께 나오는 접시에도 사철 배추쌈이 나온다. 쫄깃한 보쌈을 묵은지와 함께 샛노란 배추 속잎에 올려 먹으면 아삭하고 그리도 달다. 그냥 배춧잎만 된장에 찍어 먹어도 막걸리 안주로 좋다. 상호처럼 전라남도 요리를 파는 주점이다. 당연히 병어와 홍어, 꼬막도 있다. 서울과 수도권에 몇 집 있다.

## 방천찌짐 — 대구 중구

₩ 배추전과 부추전 각 3,500원
☎ 053-421-4494
🏠 달구벌대로446길 3

배추전을 판다. 배추전은 무미(無味)에 먹는 음식이다. 아무 맛도 나지 않는 듯하지만 갓 부쳐낸 전을 씹으면 배추의 달달하고 시원한 맛을 느낄 수 있다. 반들반들한 번철에 기름을 두르고 배추 이파리 한 장을 숨죽여 부쳐낸다. 부드럽고 시원한 배추전에 고소한 양념장을 찍어 먹으면 허겁지겁 들어간다.

---

## 외남반점 — 경북 상주시

₩ 우거지 짬뽕 7,000원
☎ 054-533-1303
🏠 외남면 석단로 926-1

'우거지 짬뽕'이라는 새로운 영역을 구축한 곳이다. 보기에는 여느 붉은 짬뽕 국물인데, 떠먹어보면 시원하고도 구수하다. 짬뽕에 우거지만 넣었다고 이런 맛이 나진 않는다. 매끄러운 면발도 인기에 한몫했다. 외딴 시골에 위치했지만 어찌들 알고 찾아온다. 청정한 식당 옥상에서 우거지를 일일이 널어 말려 쓴다. 그래서 하루 50인분을 다 팔면 영업이 끝난다.

---

## 합정옥 — 서울 마포구

₩ 속대국 8,000원
☎ 02-322-4822
🏠 양화로1길 21

양지와 내포를 고아내는 이름난 곰탕집으로, 속대국이 별미다. 속대국은 이름처럼 배추속대를 쓴 고깃국이다. 곰탕에 살짝 간을 더하고 부드러운 배추속대를 넣어 끓여낸다. 색만 붉어졌지 국물은 여전히 심심하다. 속대의 달달한 맛이 녹아들어 속이 편안하다. 고소한 양지 육수가 배추속대의 뽀얀 국물과 어우러져 시원한 맛으로 매조진다.

---

## 상주식당 — 대구 중구

₩ 추어탕 9,000원
☎ 053-425-5924
🏠 국채보상로 598-1

배추에 진심인 추어탕 노포다. 1957년에 문을 열었다. 대문 입구부터 배추를 전시했다. 노지(露地) 배추가 나지 않는 겨울에는 아예 가게 문을 걸어 잠근다. 추어탕인데 배추밖에 보이지 않는 것이 맑기도 하다. 삶아서 갈아 넣은 미꾸라지의 살점이 보드라운 배추에 섞여 있다. 뻑뻑하지 않고 시원한 경상도식 추어탕이다.

## Chapter 02

# 제철에 먹는 별미

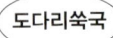

# 도다리 품은 쑥에서
# 가장 진한 봄날을 맛보다

도다리는 살 오르는 가을에는 횟감,
살이 부드러워지는 봄에는 국거리로 사랑받아
갯바람 속 훈풍 맞고 자란 '해쑥'은 해독에도 특효
국물 먼저 먹고, 도다리살 발라 쑥과 함께 먹어야 제대로

　봄을 먹는다. 봄은 겉으로는 매우 따뜻하고 나른한 이미지. 하지만 무척 성급하다. 금세 떠나버린다. 향긋한 꽃바람을 몰고 온 듯하면 휘리릭 지나간다. 우물쭈물하다가는 곧 선풍기 커버를 벗기고 있는 초라한 자신을 발견하고 만다. 그래서 봄은 먹어야 한다. 눈과 코, 귀로 즐기는 봄이야 슬쩍 묻었다가 사라진다지만 입으로 삼킨 봄은 몸에 남아 오래간다.

　봄을 가장 닮은 음식은 바로 도다리쑥국이다. 미항美港이자 미항味港 통영을 위시해 거제, 사천 등 경남 남해안 쪽에서 봄철 국으로 끓여 먹던 가정식 메뉴다. 도다리가 앞에 붙었지만 사실 주인공은 쑥이다. 쑥국에 도다

바다와 육지의 봄 향기를 한 그릇에 담은 도다리쑥국.
남해의 봄은 도다리쑥국으로 연다.

리를 넣은 것이다. 봄은 도다리가 최고로 맛있을 때가 아니다. 가자미목 가자밋과에 속하는 도다리는 산란기를 앞둔 가을에 가장 살이 오른다. 사실 쑥만 있으면 도다리 대신 가자미를 써도 상관없다는 얘기다(실제 이렇게 끓이기도 한다). 하지만 어떤 이들은 도다리는 산란을 마친 겨울에는 뼈가 약하고, 봄에 부드러운 새살이 올라 국을 끓이기에는 봄철이 제일 좋다고도 한다. 결론적으로 도다리는 횟감으로는 가을, 국거리로는 봄에 맛이 가장 좋다는 얘기다. 제철이 두 번이다. '봄도다리 가을전어'란 말도 괜히 생겨난 것은 아니다. 참고로 해양수산부는 최근 '3월의 해산물'로 주꾸미와 함께 도다리를 꼽았다.

　도다리쑥국은 잘 손질한 도다리를 뭉텅뭉텅 잘라 육수에 넣고 된장을 풀어 끓여 쑥을 듬뿍 얹으면 되니 집에서도 쉽게 먹을 수 있다. 그러나 통영 사람들의 생각은 다르다. 통영 토박이 박정욱 통영시티투어 대표는 "통영 것은 아무케나 끼리는기 아이고 딱 정해진 대로 해야 한다(통영식 도다리쑥국은 아무렇게나 끓이면 안 되고 정해진 방식이 있다)"고 말한다. 일단 통영이 품은 수많은 섬에서 자란 해쑥을 쓴다. 차가운 갯바람 속 몇 가닥 안 되는 훈풍을 가려 맞고 돋아난 놈이다. 정월 대보름 전에 캔 것을 넣고 끓여야 무병장수한다지만 그때는 쑥이 정말 귀하다. 일반적으로 4월까지는 쑥국을 해먹기 좋다.

　도다리쑥국은 생선살과 된장이 우러난 구수한 국물에 싱그러운 쑥을 한가득 올려 다시 한 번 팔팔 끓여낸다. 특별히 더 들어갈 것도 없다(그래서 '쑥국'이다). 한소끔 끓여내고 한 그릇씩 퍼주면 끝이다. 매운탕처럼 거창하지 않아 좋다. 밥을 말기 전에 국물 한 순가락으로 향과 온도를 음미한다. 그다음 보드라운 도다리살을 숟가락으로 살살 긁어내 숨죽은 쑥을 함께 떠 입안에 밀어 넣으면 그만이다. 상큼한 봄 향기가 폐부까지 밀려든다. 찬물을 마셔도, 새콤한 볼락 김치를 먹어도 가시지 않을 만큼 진한 향의 여운이 남는다. 그 봄날의 향을 입과 코로 맛보는 음식이다. 아직 갯바람이 찬데 뜨끈한 국물이라 더 좋다. 뜨거운 국물 한 숟가락에 비타민과 단백질까지 모두 맛볼 수 있다. 밥상 위 도다리쑥국 한 그릇에는 봄날이 들어 있다.

## 여기가 맛집

### 동해식당 _ 경남 통영시

₩ 도다리쑥국 1만 5,000원
☎ 055-646-1117
⌂ 동충4길 54

도다리쑥국의 수도라고 자타가 인정하는 통영 중심가 항남동에 있다. 향토색 가득한 밥상을 차려내는 이 집은 철 따라 제철 재료를 쓰는데, 봄에는 도다리쑥국을 낸다. 향기가 진한 해쑥과 큼지막한 횟감 도다리 하나를 통째로 넣고 끓여낸 국의 그 진한 녹색에 마음까지 파릇해진다. 볼락 등 생선구이, 멍게비빔밥 등 다양한 통영의 맛도 즐길 수 있다.

### 광양만횟집 _ 전남 광양시

₩ 도다리쑥국 시가
☎ 061-791-6606
⌂ 발섬3길 19

남해안의 동쪽 전남 광양에도 도다리쑥국을 잘하는 집이 있다. 광양 신시가지 중동에 있는 광양만횟집도 그중 하나다. 이 집도 계절마다 제철 음식을 낸다. 봄에는 섬진강 하구 망덕포구의 명물 벚굴과 함께 도다리쑥국을 낸다. 어른 손바닥 두 배쯤 큰 도다리를 넣고 끓여낸 도다리쑥국이 인기다. 특히 도다리를 넣은 미역국도 시그니처 메뉴 중 하나다.

### 충무집 _ 서울 중구

₩ 도다리쑥국 2만원
☎ 02-776-4088
⌂ 을지로3길 30-14

노포와 맛집이 몰려 있는 중구 다동에 있다. 통영 토박이 배진호 사장이 하는 통영 향토음식점으로 통영까지 가지 않고도 현지 정통 방식의 도다리쑥국을 즐길 수 있다. 개업 당시부터 인근 직장인뿐 아니라 멀리서도 입소문을 타고 온 손님으로 문전성시를 이루더니 몇 년 전 빌딩 지하에서 나와 근처의 고풍스러운 한옥집으로 옮겼

다. 향긋한 멍게비빔밥과 함께 맛보는 시원한 국물은 잃어버린 봄에 대해 충분한 보상을 해준다. 다진 아나고(붕장어)회 등 횟감도 여느 집에서 쉽사리 볼 수 없는 것들이다. 곁들여내는 찬도 통영식이다. 꼬시래기, 톳, 미역 등 맛 좋고 영양가 높은 바다내음 가득한 해조류 반찬을 상에 깔아준다.

( 봄나물 )

# 볶고 데치고 무치고
# 손맛의 끝판왕

미나리, 냉이, 달래, 곰취로 이어지는 봄나물의 향연
비타민, 섬유소 등 영양 풍부한 봄날의 보약
손 많이 가고, 정성 들여야 맛이 나는 귀하신 몸
나물은 생채, 숙채, 건채 등 조리법에 따라 맛도 달라

    배우 윤여정이 아카데미 여우조연상을 수상해 화제가 된 영화 '미나리'. 이 영화는 머나먼 타국에서도 잘 자라는 미나리의 생명력을 통해 이민자의 애환을 잘 보여줬다. 겨울 추위를 이겨내고 미나리가 식탁에 오르기 시작하면 드디어 봄나물의 계절이 온 것이다. 이제부터 햇살이 뜨거워지기 전까지 우리 식탁에 봄나물이 차근차근 오른다. 향긋한 봄나물이 밥상에 비치면 어디선가 한바탕 봄바람이 불어오는 기분이다. 소설가 김훈의 글처럼 '언 땅을 뚫고 가장 먼저 이 세상에 처음 엽록소를 내미는' 쑥을 시작으로 맛있는 화원花園이 온 세상에 펼쳐진다.

손이 많이 가고 가짓수도 많은 산나물 정식은 한식에서 채식 문화의 끝판왕을 보여준다.

　　나물은 채식의 끝판왕이다. 이른바 초근목피草根木皮로 만든다. 푸성귀의 잎사귀나 뿌리, 새순, 심지어 나무껍질까지 채취해 나물을 했다. 그 옛날 기근과 수탈로 죽어가던 민초가 목숨줄을 이어가는 데 큰 역할을 했다. 봄이면 산과 들에 머위, 시금치, 미나리, 고사리, 쑥, 냉이, 달래, 지칭개, 망초대 등이 돋아나고 땅속에는 칡, 도라지, 우엉에 단맛이 든다. 나무에는 참두릅, 엄나무순(개두릅), 옻순, 참죽(가죽)이 돋아나고, 껍질은 가시오가피 등이 있어 이를 뜯고 벗겨 나물을 해먹었다. 모두가 가난한 시절, 마땅한 곡식이 없을 때 서민들은 나물로 주린 배와 영양을 채웠다. 봄나물에는 영양이

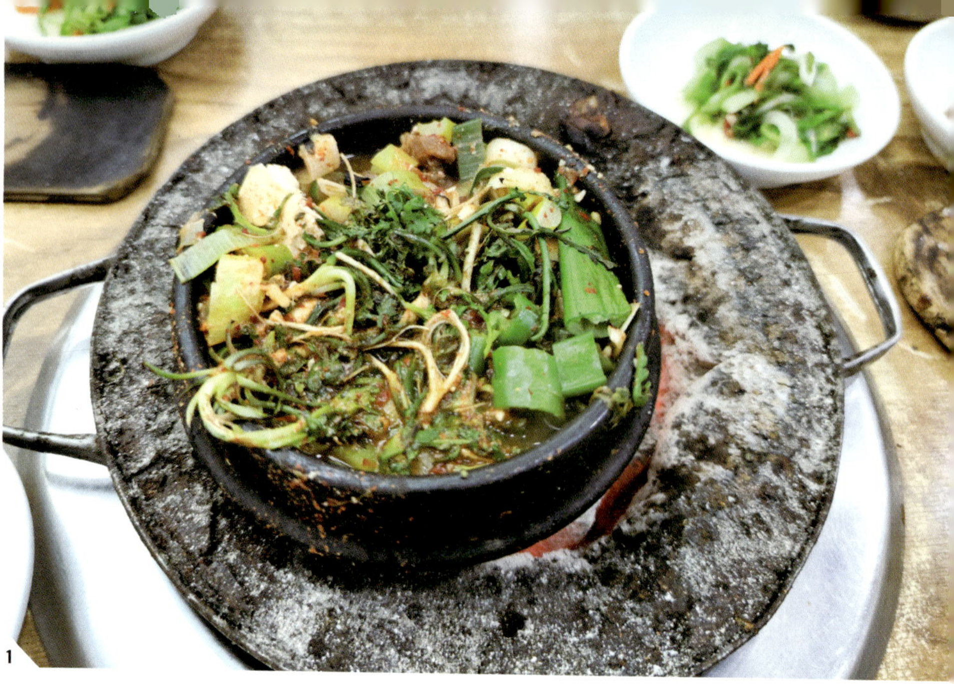

1

2

3

4

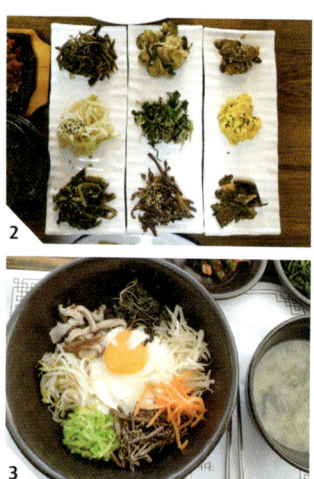

**1** 뚝배기가 넘치게 냉이를 넣어주는 서울 또순이네 된장찌개.
**2** 정갈한 나물 상차림이 돋보이는 파주 행복한 밥상의 산나물 정식.
**3** 쓱쓱 비벼 먹고 싶은 마음이 굴뚝 같은 산청 지리산대박터 고매감 비빔밥.
**4** 산나물 넣고 비빌 때 최고의 궁합 보리밥.

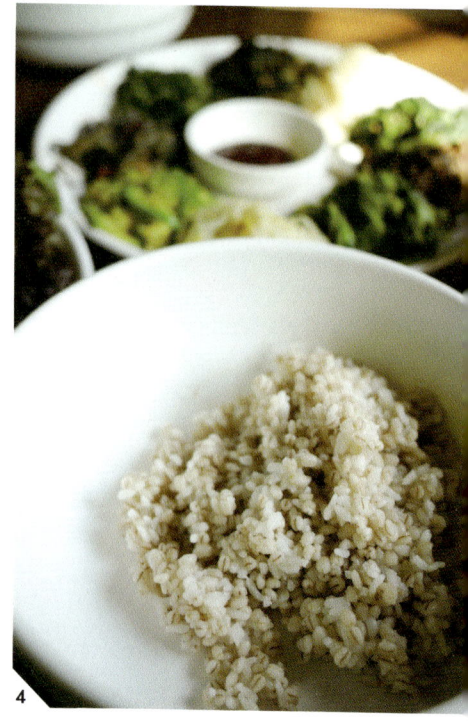

많다. 비타민과 섬유소가 많아 건강 식재료다. 나물 중에는 약초로 치는 것도 많다. 그 어려운 시절에 초근목피를 먹고도 건강하게 살아남은 이유다.

나물은 한식 상차림의 구성요소 중 가장 두드러진 찬이다. 야생 채소라는 식재료로서의 특성과 채소를 무치는 조리법 모두를 나물이라 칭한다. 온갖 식물과 해초 등을 볶거나 데친 다음 양념에 무친 음식(혹은 그대로 먹는다)이다. 그래서 한식의 기본을 '손맛'이라고 한다.

우리가 아는 한, 대부분 식물(해초 포함)이 나물 재료가 될 수 있으며 작물 중 주요 식용 부분이 아닌 잎사귀나 순, 대를 쓰기도 한다. 무청 시래기가 대표적이다. 무는 무대로 썰어 무나물, 무생채 등을 하고 무청 시래기는 한 번 삶아서 역시 나물을 한다. 고사리, 고구마 줄기, 토란대 등은 줄기를 쓰는 경우다. 뿌리를 쓰기도 한다. 도라지나 우엉은 뿌리만, 냉이와 달래는 잎사귀와 뿌리를 한꺼번에 무쳐 나물로 내기도 한다.

나물은 즉석조리의 느낌이 강하기 때문에 저장을 위해 조리하는 장아찌와는 구분된다. 차라리 서양 요리의 샐러드와 비슷하다. 한숨을 죽인다는 것이 다르지만 채소에 기름과 간단한 양념을 해 메인디시와 함께 곁들인다는 점에서 맥을 같이한다. 샐러드도 보통 생채로 내지만 아스파라거스나 브로콜리처럼 데치는 경우도 있다. 허브 샐러드가 각광받듯 나물도 입맛을 당장 살려낼 만큼 향이 강한 것이 인기다.

예로부터 선조들은 소사채갱疏食菜羹(거친 밥과 나물국)이라 해 나물을 청빈의 상징으로 내세웠다. 하지만 나물은 사실 손이 굉장히 많이 가는 음식이다. 안빈낙도라 하기에는 주방에서 일하는 가족에게 많은 고생을 시켰다. 일단 나물은 캐오면 흙을 털어 다듬고 억센 부위를 떼는 등 잔손질이 간다. 억센 나물은 데치거나 기름을 두르고 살짝 볶아야 한다. 더 억세면 찧거나 아예 말려둬야 한다. 참기름과 들기름, 간장, 된장도 들어간다. 때에 따라 마른 멸치나 고기를 넣어 맛을 더한다. 그대로 무쳐내는 생채生菜도 있고, 한 번 익혀낸 숙채熟菜, 말렸다 불려 무치는 건채乾菜 등 종류에 따라 다양한 조리법이 있다.

나물은 쉬이 상하는 탓에 보관도 어려워 매일 준비해야 하니 고충이 더 하다. 그래서 나물 찬을 많은 가짓수로 내는 집은 일손이 많이 필요하다. 이 쯤 되면 고급 음식 축에 들어야 한다. 요즘 식당 운영에서 가장 큰 비용은 인건비 항목이다. 어디 감히 청렴한 선비(공직자 또는 학자)가 박주산채薄酒山菜(거친 가양주에 산나물 안주)를? 요즘으로 따지면 어림없는 소리다.

나물 덕에 식용 식물 가짓수는 대한민국이 제일 많다. 민들레도 천문동도 무쳐 먹는다. 먹기에 썩 좋지 않으면 말렸다 먹거나 삶고 찢어서 먹는다. 한국인이 먹지 않는 식물은 독초거나, 잔디처럼 너무 맛이 없는, 그냥 '풀'일 뿐이다. 산과 들의 나물을 캐 먹다가 그 맛이 좋으면 길러서 작물이 되기도 한다. 명이나물(산마늘)이나 냉이, 달래, 참죽(가죽), 비름 등이 그렇게 농산물이 됐다.

봄나물은 원래 구황이 목적이었겠으나 지금은 당당한 기호 메뉴가 됐다. 도시 교외에 가득한 나물 밥집들이 그 증거다. 절집 아래 산채정식집, 외곽 유원지의 보리밥집에 집된장에 나물 찬을 곁들여 먹기 위해 멀리서들 찾아온다. 생선토막이나 제육볶음 접시가 상 가운데 들어앉지만 사실 주인공은 나물이다.

봄나물은 그냥 먹어도 맛있지만 복합미複合味·Blending taste를 선호하는 한국인은 사발에 밥과 나물을 한데 넣고 쓱쓱 비벼 먹는 것을 즐긴다. 다양한 맛을 내는 나물이 고추장이나 참기름, 간장의 맛과 어우러진다. 보리밥과도 잘 어울린다. 구수한 보리밥이 알알이 돌아다니니 나물과 함께 비벼도 각각 씹는 맛이 살아있다. 이러니 요즘처럼 화창한 주말이면 산나물 식당이 사람들로 그득그득 찬다. 나물이 반가운 봄볕이라 더욱 그렇다.

삼겹살을 먹을 때 미나리를 곁들이면 싱그러운 향기가 입안 가득 퍼진다.

## 여기가 맛집

### 지리산대박터고매감 — 경남 하동시

이름이 길고 요상하지만 진짜 상호다. 고매감은 직접 농장을 운영하는 주인이 키우는 작물(고사리, 매실, 감)이다. 고사리, 애호박, 무생채, 버섯 등 나물을 조물조물 무쳐낸 산채비빔밥을 잘한다. 그날그날 달라지는 나물도 신선하고 참기름 향도 굉장하다. 경치도 좋다.

₩ 산채비빔밥 9,000원
☎ 0507-1306-2943
🏠 악양면 정서길 141-1

### 행복한밥상 — 경기 파주시

요즘 인기 높은 마장호수 출렁다리 가는 길에 있다. 짜지 않은 최소한의 양념으로 나물 고유의 향을 살렸다. 튼실한 제육볶음 옆에 정렬한 냉이, 고사리 등 나물이 마치 잘 훈련된 군대처럼 진용이 든든하다. 직접 빚는 만두도 일품이다. 문 앞에 가득 쌓인 메주를 보니 헛된 장식이 아니다. 된장 맛이 좋다.

₩ 나물정식 1만3,000원
☎ 031-948-4181
🏠 광탄면 기산로 5

## 뜰 _ 경기 포천시

포천시 외진 곳인데 어찌들 알고 찾아온다. 손질한 나물을 사발에 담아놓고 불고기와 비지찌개 등을 올리니 상 위에서 궁합이 딱 맞는다. 칼칼한 고추장도 시중의 것과는 비교할 수 없을 정도로 맛있고, 고추장 넣지 않고 그냥 먹어도 간이 적당하다. 보기 드문 산채전(1만원)도 빼놓을 수 없다.

₩ 산채정식 1만6,000원
☏ 0507-1353-1417
🏠 신북면 청신로1059번길 78-48

## 또순이네 _ 서울 영등포구

된장찌개로 유명한 곳. 봄에는 냉이를 넣고 끓인다. 냉이는 푹 익히지 않고 바로 밥에 비벼 먹는 것이 향기를 오랫동안 즐기는 비결이다. 숯불에 뚝배기를 올려 센 화력으로 끓여낸다. 가격도 착하다.

₩ 된장찌개 6,000원
☏ 02-2672-2255
🏠 선유로47길 16

## 약초샤부샤부 _ 경남 산청군

약초의 고장 산청 동의보감촌에서 유명한 집이다. 나물 중에도 약효가 좋은 약초를 소고기, 버섯과 함께 데쳐 먹는다. 방풍나물을 데쳤다 소고기를 싸서 먹으면 맛이 기막히게 조화롭다.

₩ 약초와 버섯샤브샤브 1만7,000원
☏ 055-973-4479
🏠 금서면 동의보감로 555번길 35

( 조개 )

# 시원한 국물과 탱글탱글한 속살
# 바다 품은 봄맛

개조개에 칼칼한 고추 넣은 해장국 속풀이에 그만
백합조개와 화이트 와인의 환상 궁합 봉골레 스파게티
고추기름에 마늘 향 진한 홍합 볶음도 별미
달달한 갈미조개 샤부샤부와 보말미역국에도 진한 바다 향기

　　세계 곳곳에서 패총이 발견될 정도로 조개는 인류 문화의 값진 재화다. 양질의 단백질 공급원은 물론, 돈으로도 쓰였다. 지역에 따라 꽤 최근까지-심지어 지난 세기까지- 조개껍데기를 화폐로 썼다. 한자에 '조개 패貝'가 들어가는 자는 재물財, 선물贈, 밑천資, 삯費, 보물寶 등 돈과 관련된 것이 많다. 우리말 보배 역시 한자어 보패寶貝에서 나왔다.

　　금이나 비트코인도 그렇듯 재화는 가치가 변한다. 조개는 겨울부터 봄에 맛이 제대로 들어 가장 값지다. 바지락, 백합, 개조개(대합) 등은 물론 귀한 새조개, 갈미조개(개량조개) 모두 3월까지 즐기기 가장 좋다. 시원하고

태곳적부터 먹던 식재료 조개는 지금도 사랑받는 감칠맛의 근원이다.

감칠맛을 낼 뿐 아니라 살도 단단하고 탱글탱글해 맛이 좋다. 만춘晩春이 되면 산란기에 들어 독성을 품을 뿐 아니라 씹는 맛도 덜하다.

조개는 삶거나 구워 먹는다. 특유의 맛이 진해서 국물 내기에 좋다. 국과 찌개를 즐기는 습식濕食 문화권인 우리나라에서는 조갯국을 많이 끓여 먹는다. 시원한 국물 맛이 식사나 해장으로 제격이라 사철 조개로 육수를 내는 집이 많다.

조개는 생물학적 분류로 말하면 연체동물문 이매패강에 속한다. 조개는 종류의 이름 뜻처럼 두 장의 껍데기二枚貝를 가진 무척추 연체동물이다.

뼈가 없고 제 뜻대로 이동하기 어려워 많은 포식자의 먹잇감이 됐다. 사람이나 해달 같은 수생 포유류, 조류와 어류는 물론 연체동물 문어와 낙지에게도 먹이가 된다. 심지어 같은 조개 종류로 보이는 고둥까지도 조개를 잡아먹는다. 참고로 전복과 우렁, 고둥, 소라 등은 엄밀히 말해 조개가 아니다. 달팽이, 군소 등과 같은 복족류에 속한다. 발이 배에 붙었단 뜻이다. 하지만 우리 식문화에서는 이들도 조개(어패류)로 취급하기에 이번 소개할 조개 맛집에 함께 다루기로 한다.

봄날의 조개는 어떻게 먹어야 제맛일까? 개조개에 칼칼한 고추를 넣어 조개탕을 끓이면 속풀이 해장국으로 그만이다. 개조개가 아니라 어떤 조개를 넣어도 국물 하나는 끝내준다. 백합조개는 봉골레 스파게티와 환상적인 궁합을 이룬다. 고추기름에 마늘 향 진한 홍합 볶음도 인기다. 달달한 맛이 일품인 갈미조개로 샤부샤부를 하거나 보말을 생미역과 함께 뭉근하게 끓여내는 보말미역국에도 진한 바다 향기가 스몄다. 이외에도 조개를 이용한 요리는 무수히 많다. 조개는 조리법이 워낙 다양해 원하는 대로, 입맛대로 즐기면 된다.

**1** 서민들의 든든한 찬거리 꼬막무침.
**2** 맛 좋고 영양가 높은 홍합탕.
**3** 조개로 맛을 낸 봉골레 파스타.

## 여기가 맛집

### 해남식당 _ 광주 동구

조개해장국으로 이름난 곳. 꽃게까지 넣고 끓여 뽀얗게 우러난 진한 조갯국에 칼칼한 고추를 넣어 냄새만 맡아도 입맛이 동한다. 여기다 밥을 말아 먹으면 배배 꼬인 속이 단박에 풀린다. 감칠맛의 보고인 조갯국은 시원한 맛을 내는 데다 살집마다 단백질을 한가득 품어 해장국으로 그만이다. 남도의 중심지답게 소시지전과 김치 등 반찬도 훌륭하다. 뼈해장국도 맛있다고 소문났다.

- ₩ 조개해장국 8,000원
- 062-432-1040
- 중앙로 149-5

### 라칸티나 _ 서울 중구

잘 알려졌듯 이탈리아인들도 조개를 즐긴다. 이탈리아어로 조개는 봉골레다. 1967년 개업, 국내 가장 오래된 이탈리안 레스토랑 라칸티나는 '스파게티 콘레 봉골레'를 파는데 이게 굉장히 오묘하다. 백합을 넣고 국물 흥건한 파스타를 만들어낸다. 올리브오일과 화이트와인을 넣고 끓여낸 국물에는 백합 특유의 시원하고 진한 풍미가 배어있다. 가늘면서도 쫄깃한 면발과도 잘 어울린다. 짐작하듯 해장에 좋다.

- ₩ 스파게티 콘레 봉골레 1만9,000원
- 02-777-2579
- 을지로 19

### 완차이 _ 서울 서대문구

- ₩ 아주매운홍콩홍합 2만9,000원
- 0507-1441-0302
- 명물길 50-7

홍합을 마늘과 고추기름 잔뜩 넣은 양념에 볶아 훌륭한 매운맛을 낸다. 입맛 살리는 매운 양념에 달달 볶은 홍합은 삶은 것보다 탱글탱글하다. 매운 양념이 부담스럽다면 차오판(볶음밥)을 주문해 함께 먹어도 좋다. 저며 넣은 마늘 향이 진해 정말 홍콩식(광둥식) 요리인 것처럼 보이지는 않는다. 하지만 가게는 홍콩 스타일을 추구하는 이색 중국 요릿집이다.

## 인천집 _ 서울 중구

₩ 조개칼국수 8,000원
02-776-6583
다동길 36

조개칼국수 마니아의 성지로 꼽히는 곳. 바지락을 한 가득 넣고 끓여낸 시원한 조갯국에 가느다란 면발을 말아낸다. 후추 살짝 뿌리고 고추 삭힌 양념 한술 넣으면 그때부터 젓가락이 춤을 춘다. 해장의 절대강자로 전날 아무리 술에 절었대도 다음날 이 집 국물 한 모금 들이켜면 당장 술을 마셔도 될 만큼 멀쩡해진다. 매끈하고 얇은 국수도 삼키기 부담 없다. 어떤 이는 김치가 먹고 싶을 때 이곳을 찾는다고 할 정도로 김치 맛이 좋다. 익힌 김치와 겉절이를 같이 차려놔 마음껏 덜어 먹으면 된다.

## 16호집 시조식당 _ 충남 서천군

₩ 새조개 샤브샤브 시가
041-953-6288
서천읍 충절로 42 서천시장

서천시장 위층에 자리한 일명 '상차림집'이다. 횟감이나 해산물을 사 오면 조리해 준다. 조개의 제왕으로 꼽는 새조개가 많이 나는 서천이니 봄은 새조개 샤부샤부를 즐기기에 딱이다. 탱글탱글한 식감 속 단맛 제대로 품은 새조개를 끓는 육수에 찰방찰방 서너 번 휘젓고 간장을 찍어 입에 넣으면 봄을 느낄 수 있다. 기분 탓일까 귀한 탓일까. 혀에 닿자마자 스르륵 미끄러져 사라지고 단맛만 남는다. 그러나 가격이 만만치 않다. 상대적으로 저렴한 주꾸미를 넣거나 남은 국물에 국수를 말아 먹을 수밖에.

## 망양정횟집 _ 경북 울진군

₩ 해칼국수 9,000원
☎ 054-783-0430
🏠 근남면 망양정로 1019

바지락 위주의 서해안 조개칼국수에 익숙하겠지만, 경북 울진에는 동해안 칼국수도 있다. 해를 바라보는 망양정 인근에서 '해칼국수'를 맛볼 수 있는데 동해안에서 나는 조개로 끓여낸다. 꼬들꼬들한 면발과 시원한 국물 속에는 가리비와 홍합 등이 들어 존재감을 과시한다. 비너스가 튀어나올 듯 커다란 가리비는 쫄깃하고 홍합 역시 흐물흐물하지 않고 맛이 진하다. 국수 한 젓가락에 조개 하나씩 곁들여 먹으면 분식답지 않게 든든하다.

## 상해소흘 _ 서울 마포구

₩ 바지락볶음 1만5,000원
☎ 02-337-6188
🏠 동교로 272

화교들의 터전인 연남동~연희동 골목에 중국 현지인이 들어와 색다른 중식 요리를 내는 집이다. '소흘(小吃·간단한 음식을 파는 포장마차)'이란 이름처럼 안주도 다양하고 값도 저렴해 한잔하기에 딱 좋다. 이 집 메뉴 가운데 바지락을 매콤한 양념에 재빨리 볶아낸 바지락볶음(爆炒花甲)이 있다. 매콤한 고추기름에 두반장을 넣고 볶으면 양념에 바지락 특유의 감칠맛이 녹아들어 입에 짝짝 붙는다. 알맹이를 집어먹고 난 후 멘보샤를 양념에 찍어 먹어도 근사하다.

## 춘미향 _ 제주 서귀포시

₩ 보말미역국 1만원
☎ 064-794-5558
🏠 안덕면 산방로 382

보말은 바다 고둥 종류인데 제주도에서 주로 난다. 생물학적 분류론 조개가 아니지만 시원한 맛을 내는 점은 비슷하다. 산방산 앞 춘미향은 제법 커다란 보말을 잡다가 미역국을 끓여 파는 집이다. 보말을 가득 넣고 생미역, 전복 등과 함께 뭉근하게 오랫동안 국을 끓이면 재료 맛이 국물에 녹아들며 감칠맛이 배로 는다. 주인공은 미역일 테지만 보말 특유의 향과 맛이 '제주 특유의 맛'을 살려낸다. 진한 미역국과 생선구이, 반찬 등을 함께 차리는 정식으로 낸다.

## 금소리 갈미조개 _ 부산 강서구

₩ 갈미조개샤브샤브 4만원~
☎ 051-271-0070
🏠 르노삼성대로 602 선창회타운

갈매기 주둥이를 닮았대서 갈미조개라 부르는 개량조개. 낙동강 하구 부산 명지 쪽에서 많이 난대서 명지조개라고도 한다. 제법 커다란 조개 안에 발간색 살이 들었는데 이게 봄철엔 별미다. 탄력 넘치는 조갯살의 달달한 맛과 향은 새조개 못지않다. 부산에서는 샤부샤부로 데쳐 먹거나 아예 삼겹살과 함께 기름에 지지기도 한다. 어느 쪽으로나 맛을 최대한 끌어내는 조리법이다. 새조개보다 귀하지만 저렴하게 즐길 수 있어 일부러 부산 강서까지 찾아오는 이가 많다.

## 한판떠조개구이 _ 인천 중구

₩ 모듬조개구이 7만~10만원
☎ 0507-1411-1692
🏠 을왕동 179-330

한국인이 조개를 맛보는 방법 중 가장 익숙한 것은 바로 조개구이다. 인천 을왕리에는 조개구이 식당이 많다. 식당이지만 반찬이야 거들뿐, 관건은 얼마나 싱싱한 조개를 많이 주느냐에 달렸다. 바닷가에 자리한 한판떠조개구이 식당은 키조개, 개조개, 바지락, 웅피조개 등 제철 조개를 다양하게 구성해 한판 올려준다. 양은냄비 가득 넣어주는 조개찜은 조갯살이 마르지 않아 더욱 좋다. 석화찜을 주문해도 좋다. 마무리로 칼국수까지 한 그릇 하면 한동안 조개 생각이 들지 않는다.

## 진선(갱조개) _ 전남 광양시

₩ 재첩국 정식 1만원
☎ 061-772-0750
🏠 진월면 선소중앙길 43

진선식당에서 이름을 갱조개로 바꿨다. 갱조개란 재첩을 뜻한다. 재첩은 하동군 등 섬진강 하구가 유명한데, 강 건너 광양땅 진월면에도 재첩을 전문으로 하는 집이 있다. 반찬을 한 상 가득 차린 정식상을 받아들면 시원한 재첩국 한 그릇으로 봄을 느낄 수 있다. 부추와 애호박을 넣고 뽀얗게 우려낸 재첩이 바닥에 그득 깔렸다. 첫술에 벌써 감칠맛이 입안으로 퍼져나간다.

( 보리 )

# 탱글탱글 알알이 씹히는 보리로
# 초여름 입맛 살려보리!

보리는 기원전부터 인류 먹여 살린 유서 깊은 곡물
백미보다 단백질·식이섬유 많아 건강식으로 인기
거친 식감도 요즘은 별미로 대접받아
참기름 고추장에 나물 넣고 쓱쓱 비벼 먹으면 별미

    5월 중순을 지나면 보리밭이 황금빛으로 물든다. 겨울 동토를 뚫고 싹을 내민 후 얼마나 기다린 햇보리인가. 어렵사리 춘궁기를 보내고 보리를 맞는 기분이 뿌듯하다. 5월 5일 입하立夏가 지나면 보리를 걷는다. 농가월령農家月令에서는 곡우를 지나 입하에 들면 비로소 보리가 익는다 했다. 이 시기가 지나면 슬슬 수확할 채비를 해야 한다. 남쪽에선 소만小滿이 되기 전에 보리를 모두 베어야 모를 낼 수 있기 때문이다. 소만은 5월 21일이다. 예전에는 보리가 목숨을 살렸다. 나이 지긋한 어른들은 보릿고개를 기억할 것이다. 하지만 요즘은 보리가 귀한 대접을 받는다. 건강식으로도 인기지만, 무

초여름은 보리의 계절이다. '보릿고개'가 떠오르는 과거와 달리 요즘은 별미로 챙겨 먹는다.

엇보다 입맛부터 살리기 때문이다.

보리는 생장이 빠르다. 그 덕에 벼를 심기 전에 보리를 거둘 수 있어서 예전에는 중요한 구황작물이었다. 다른 곳에 벼를 심었다가 따로 모를 내는 (이앙) 까닭도 보리가 다 자랄 때까지 벼를 심을 수 없기 때문이다. 지난가을 거둔 쌀이 일찍 떨어졌거나 수탈을 당해 먹을 것이 없어지면 보리가 익기 전까지 두세 달 간극이 생긴다. 예전에는 이때 기아에 시달렸다. 이를 가장 험한 고개, 보릿고개(춘궁기)라 불렀다.

보리는 중동 메소포타미아 삼각주 '비옥한 초승달 지대 The Fertile

115

Crescent'와 양쯔강 상류가 원산지로 추정되는 인류의 주요 곡물 중 하나다. 아시아의 쌀, 만주의 콩, 유럽의 밀, 북방의 수수, 신대륙의 옥수수와 함께 기원전부터 인류를 먹여 살려온 생명줄로, 그 역사는 약 1만 년 전으로 추정된다. 우리나라에서는 《삼국유사》의 '주몽설화'에 처음 언급된다. 보리는 동서고금에서 밀이나 쌀처럼 귀하게 여겨지지 않던, 그야말로 '잡곡'이었다. 그저 생계를 위해 먹어 오다 맥주를 빚거나 가축의 사료로 썼다. 서양에서도 이모작을 위해 추울 때 잘 자라는 보리를 심었는데, 보릿가루로 빵을 만들어 먹었다. 중국어로는 다마이大麥, 일본에선 무기麥라 부른다. 영어로는 바를리 barley, 특히 영국 발음은 '발리'에 가깝다. 신기하게도 우리 발음 '보리'와 비슷하다. 먹기는 러시아, 스칸디나비아반도 등 추운 지역에서 많이 먹는다. 보리는 종류가 많다. 한국에서는 겉보리와 쌀보리 두 종류를 심는다. 논에 심는 쌀보리로는 밥을 짓는다. 밭에 심는 겉보리는 주로 사료나 장을 담그는 용도로 쓴다.

'쌀' '보리'를 번갈아 외치다 '쌀'을 외칠 때 내민 주먹을 잡는 놀이가 있다. 놀이에서도 쌀은 얼른 잡고 싶은 대상이었다. 반면 보리는 쌀보다 인기가 없었다. 식감이 거칠고 찰기가 거의 없어 입안에서 알알이 돌아다닌다. 게다가 밥을 지으면 특유의 향취가 난다. 특히 지난날 가난을 겪으신 어르신 중에는 보리밥이 고생했던 기억과 겹친다며 외면하는 분도 많다. 보리밥 추억이 좋다고 말하면 '고생을 덜 했다'고 한다. 그만큼 가난하던 시절 지긋지긋하게 보리밥을 먹었다. 미각이란 당장 옛 기억을 소환하는 타임머신이니 그 시절 그 맛이 썩 좋을 리가 없다.

실제 보리밥은 맛있게 짓기가 어렵다. 보리밥을 지으려면 보리를 미리 충분히 불려놔야 한다. 보리를 살짝 익혀 납작하게 누른 압맥과 보리를 쪼개 작게 만든 할맥은 대맥보다 밥을 짓기 편하고 맛도 좋다. 교외나 시중 보리밥 전문점은 미리 보리를 불려 수분을 충분히 흡수시킨 뒤 부드럽게 밥을 짓는 노하우가 있다. 센 장작불 가마솥에다 물을 넉넉히 잡아 오래 짓는 방법도 있다. 다 맛있는 이유가 있다.

보리는 백미보다 단백질과 식이섬유가 많다. 특히 다이어트에 좋아 요즘에는 젊은 층으로부터 다시 주목받고 있다. 별미로 챙겨 먹다 보니 보리 특유의 탱글탱글한 식감도 다들 좋아한다. 알알이 돌아다니는 보리 밥알의 느낌도 오히려 인기 요인이 됐다. 일부러 나물과 함께 비벼 먹으러 보리밥집을 찾는다. 밥알이 뭉치지 않아 비벼 먹기에는 쌀밥보다 더 낫다. 보리쌀로 리소토 메뉴를 내는 식당도 있다. 당연히 보리술도 재조명받고 있다. 일본 전통 증류주 소추燒酎 중 보리로 담근 '무기 소추'가 유명한데, 요즘엔 이와 양조 방식이 유사한 국산 보리소주도 나왔다.

만년 하위 곡물에 머물렀던 보리가 세상에 다시 없는 귀중한 곡물로 인정받게 된 것은 위스키와 맥주가 발명되면서부터다. 맥아Malt를 주원료로 하는 이 두 술이 나오며 존재감이 커졌다. 그전에는 척박한 땅에 사는 이들이 그나마 주식으로 삼았고, 풍족한 땅에서는 보리를 사료로 썼다. 맥아는 보리에 싹을 틔운 후 바로 건조시킨 것이다. 이름도 '보리麥의 싹芽'이란 뜻이다. 왜 굳이 맥아로 만들어 쓸까. 싹이 트면 아밀라아제Amylase가 생성되기 때문이다. 술이 되려면 당이 있어야 하는데, 맥아에 함유된 아밀라아제는 보리 자체의 녹말을 스스로 엿당(말토스)과 덱스트린으로 분해한다.

이쯤 되면 뭔가 슬슬 감이 올 것이다. 고등학교 생물 시간에 배웠던 소화효소 '침 아밀라아제'. 바로 그 아밀라아제다. 맥아는 순우리말로 엿기름이다. 식혜나 고추장을 담글 때 쓰는 엿기름이 바로 맥아다. 엿기름 하면 기름 종류로 아는 이들이 의외로 많은데 엿기름의 기름은 기름Oil이 아니다. 어원은 명확하지 않으나 보리가 싹을 틔우도록 '기르다' 할 때의 기름Raise으로 보는 게 다수설이다. 엿은 단맛을 낸다는 뜻이다.

세상 재화 중에서 중량 대비 값이 비싸기로는 위스키가 만만찮은 것을 보면, 허드레 곡물 보리가 위스키 양조에 쓰이면서 비로소 엄청난 부가가치를 갖게 됐다. 보리는 단백질 등 영양가가 높고 보존성이 좋아 건빵 등 비상식량 등에 쓰인다. 다만 찰기가 부족해 국수나 떡을 만들 때 가공 편의성이 떨어지는 단점이 있다. 그래서 요리가 별로 없는 편이다. 한국에서는 보통 보리밥을 짓거나 볶아서 보리차를 끓인다. 서양에서는 건강식 빵을 만들거나 샐러드에 흩뿌리는 용도로 쓰인다.

차가운 날씨 속 한 줌 볕만으로도 무럭무럭 자라나는 보리! 세상 푸른 날 이른 수확의 즐거움을 누리게 해주는 보리가 있어 덩달아 기분도 고양된다. 이제 살아날 것은 되살아나리라는 기대감까지 든다. 경제도, 세상도, 입맛도.

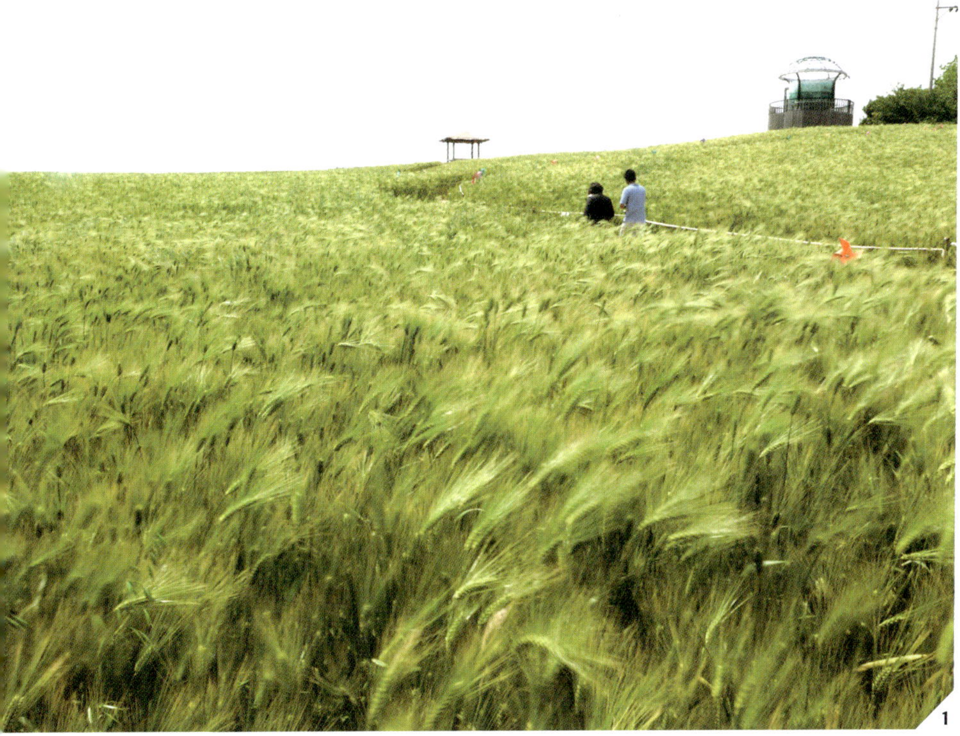

1

2

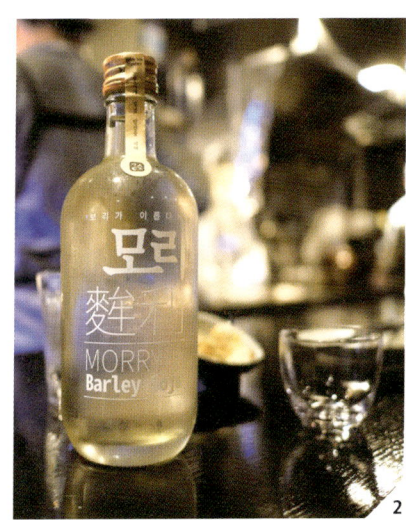

**1** 경관농업으로 보리를 재배하는 전북 고창의 청보리밭.
**2** 보리로 빚은 소주. 보리는 술을 빚기에도 좋다.

## 📍 여기가 맛집

### 원조옛날보리밥집 _ 경기 의왕시

의왕시 보리밥 골목에 있는 집이다. 보리밥과 나물을 한 상 가득 내온다. 다양한 나물 찬을 취향대로 올리고 참기름 고추장에 쓱쓱 비비면 향취가 싱그럽다. 쌈에 싸 먹을 수 있도록 별도 쌈채도 내온다. 보리밥은 잘 흩어지니 성미 급한 이도 곧잘 비빈다. 입에 넣으면 아삭한 쌈과 부드러운 나물, 그리고 낱낱이 흩어지는 보리 밥알의 식감이 뛰어나다. 보리의 구수한 맛이 된장찌개와도 잘 어울린다. 이 집 물김치도 자랑거리다. 고기반찬이 없어도 든든한 식사를 할 수 있다.

₩ 보리밥 9,000원
📞 031-424-2515
🏠 손골길 17

---

### 팔도강산 _ 광주 동구

₩ 보리밥 1인분 9,000원
📞 062-222-3682
🏠 지호로127번길 10-7

광주 무등산 보리밥 맛집으로 황송할 정도로 푸짐하다. 제철 나물 찬과 장아찌, 젓갈, 김치 등을 동그란 상에 빼곡히 차려낸다. 여기다 돼지불고기와 계란찜 등 든든한 단백질 반찬도 곁들여낸다. 보들보들 잘 지은 보리밥을 나물에 비벼 먹기 딱 좋도록 사발에 담아준다. 잘 섞인 보리밥을 한술 입에 떠넣으면 각각의 찬이 내는 맛의 조화를 한입에 느껴볼 수 있다. 참기름과 고추장도 별미지만 넣지 않아도 그럭저럭 간이 맞는다. 남도 상차림답게 곁들인 된장국도 허투루 낸 것이 아니다. 광주 지산유원지 인근 무등산 허리에 독채 건물로 있다.

### 을지로남작 _ 서울 중구

₩ 2만4,000원
☎ 070-7795-8000
🏠 을지로14길 16-8

힙지로(을지로)에서도 주목받고 있는 새로운 식당 남작(濫酌). 낡은 인쇄 골목 사이에 숨겨놓은 듯 근사한 다이닝 공간이 펼쳐진다. 그 안을 채우는 음악과 테이블 위에 오르는 음식은 더욱 힙하다. 콘셉트는 해물포차지만 그릴과 오븐, 히노키 도마 등을 갖추고 다양한 동서양 음식을 차려낸다. 생선회부터 한식, 일식, 이탈리안 등 식도락 향연이다. 서양식 술찜도 있는데 외양부터가 근사하다. 큼지막한 가리비와 백합 등을 화이트와인으로 자작하게 조려냈다. 다 먹고 나면 보리를 넣어 리소토를 해준다. 조개와 와인을 뭉근한 불로 끓이는 동안 진한 육수가 탱글탱글한 보리 알을 감칠맛으로 코팅한다. 마무리가 근사하다. 보리가 다했다.

### 형제분식 _ 서울 중구

₩ 보리밥 7,000원
☎ 02-773-2848
🏠 남대문시장4길 42-1

회현역 인근 남대문시장에 국내에서 가장 손님이 많은 보리밥 골목이 있다. 하나같이 보리밥과 칼국수, 냉면을 판다. 주문 즉시 콩나물, 상추, 무생채 나물 등 산더미처럼 쌓아놓은 반찬을 쓱쓱 얹어서 준다. 쌀과 보리를 반반 넣은 보리밥이 채소와 잘도 어울린다. 특이한 점은 보리밥을 주문하면 시래기 된장국과 함께 비빔냉면, 칼국수를 곁들여내 준다. 원플러스투(1+2) 시스템이다. 칼국수를 주문하면 냉면을 주고, 반대로 주문해도 그리한다. 메인과 곁들임 접시 크기가 다르다. 보리밥 맛과 가격은 비슷한데 이 집 칼국수 육수가 시원하기로 소문났다. 찰밥을 주문하면 1,000원을 더 받는다.

> 막국수

# 설렁설렁 만들어 '막'?
# 금방 만들어 '막'이래요!

**집마다 국수틀에 메밀면 뽑아먹던 강원도 명물
동치미나 꿩·닭 육수에 말거나 김치나 채소와 쓱쓱 비벼 먹어
취향 따라 양념장도 넣고, 최근에는 '들기름 막국수' 다시 유행
메밀전 찢어 국수 싸 먹으면 별미, 녹두전도 단짝**

    시원한 면 요리는 막국수와 냉면이 터줏대감이다. 이 둘은 굳이 제철을 따지자면 햇메밀을 수확하고 무에 맛이 드는 초겨울부터가 제철이다. 하지만 무더운 날씨에 시원한 막국수에 눈길이 가지 않을 수 없다.

    막국수는 강원도 명물 음식이다. 강원도를 비롯해 강원권에 접한 경기도 일부에서 먹던 메밀국수를 뜻한다. 집에서 분틀(국수틀)로 뽑아 만들어 먹던 음식이니 조리법이야 가가호호 각양각색이다. 원래는 물 막국수, 비빔 막국수 구별도 없다. 동치미 국물

막(방금) 만들어서 막국수다.
절대 대충 만든 것이 아니다.

이나 육수에 자작하게 말아 김치를 얹거나 오이, 가지 등 여름 채소를 올려 들기름에 쓱쓱 비벼 먹는 게 일반적이다. 물 막국수란 여기다 시원한 우물물을 부어 후루룩 마시는 것이다.

한국어문교육연구회가 2017년 펴낸 《음식명에 붙는 접두사 막에 대하여(이병기 저)》에 따르면 막국수 이름은 '막(금방 만들어 먹는)' 국수에서 나왔다. 설렁설렁 만들었다는 '막'이 아니다. 쌈을 싸 먹는 데 쓰는 막장도 그렇다. 오래 숙성시켜 간장을 빼지 않고 메줏덩이를 바로 갈아, 이레에서 열흘 정도 익혀 만드는 '속성'이라 막장이라 불렀다. 막걸리도 같은 원리에서 이름이 유래했다.

막국수는 꿩이나 닭 육수를 쓰면 좋겠지만, 없으면 양념간장 맛으로도 푸짐하게나마 먹으면 됐다. 취향에 따라 설탕을 넣기도 한다. 강원도 전통방식으로 운영하는 집에 가면 테이블마다 설탕 종지가 올려져 있다. 이따금 강원도 토박이 손님이 와서 설탕을 하얗게 뒤덮을 정도로 부어 먹기도 한다. 가장 간단하게는 들기름과 간장, 김가루 정도만으로도 비벼 먹을 수 있는데, 요즘 '들기름 막국수'가 다시 유행하고 있다.

분틀로 압출해서 메밀면을 뽑고 동치미나 고깃국물에 말아내는 음식, 추측했듯이 막국수는 냉면의 한 형태다. 아니 냉면이 막국수의 한 갈래일지도 모른다. 평양냉면도 원래는 그저 국수라 불렀다. 한자 쓰기 좋아하는 이들이 냉면冷麵이란 이름을 붙였다. 즉석에서 만들어 먹는 냉면, 좀 더 투박하고 서민적인 냉면이 막국수인 것이다.

## 여기가 맛집

### 고기리막국수 _ 경기 용인시

₩ 막국수 9,000원. 즉석 막국수(4개) 1만6,000원
☎ 0507-1334-1107
📍 수지구 이종무로 157

휴일 평일 할 것 없이 늘 문전성시를 이루며 막국수계의 지존으로 꼽히는 집. 깔끔한 육수와 고함량 메밀의 구수한 면발로 소재지인 용인은 물론, 수도권을 휘어잡았다. 폭신하고 촉촉한 수육에 더해 청량감을 만끽할 수 있는 딱 적당한 온도의 막국수 한 그릇을 위해 먼 길과 긴 대기시간도 충분히 감당할 수 있는 집. 최근 오뚜기에서 이 집의 시그니처 메뉴인 들기름 막국수를 즉석식품으로 출시했으니 바쁜 사람들에게 딱이다.

### 미가연 _ 강원 평창군

₩ 육회막국수 1만5,000원. 이대팔 1만원
☎ 0507-1405-8805
📍 봉평면 기풍로 108

평창, 그것도 봉평. 메밀밭 인근에서 맛보는 막국수가 일품인 집이다. 따로 제분기와 제면기를 두고 그날그날 말아내는 100% 순면 면발이 가히 최강급이다. 강원도식으로 비벼 먹다가 육수를 부어, 발우공양 하듯 싹 비우면 된다. 모든 메뉴에 메밀 싹을 수북이 얹어준다. 항산화 물질인 루틴 함량이 더 많은 '쓴메밀'을 사용한 이대팔, 육회를 올려내는 막국수도 있다.

### 강산막국수 _ 강원 태백시

태백에서 인기를 모으는 집. 국수도 국수지만 수육과 촉촉한 감자부침과 녹두부침이 최고의 막걸리 안줏감으로 입소문이 났다. 국수는 검고 굵은 메밀 면발을 말아 김가루와 오이채를 한가득 올려준다. 시원한 육수는 짭조름하면서도 고소한 풍미가 숨었다. 삼겹살을 보드랍게 삶아낸 수육도 별미다. 바싹 부쳐낸 녹두부침은 막국수 고명으로 올려 곁들여 먹으면 좋다.

₩ 막국수 7,000원, 감자부침 8,000원
033-552-6680
서학1길 79

---

### 송암막국수 _ 강원 원주시

₩ 막국수 8,000원, 전병 1만원
033-733-1188
지정면 월송리 925-3

원주에서 막국수 맛집으로 소문난 집. 비주얼은 평양냉면 스타일인데 육수가 더 진하다. 고깃국물에 동치미를 섞어 까무잡잡한 메밀면을 말아낸다. 살얼음이 살짝 낀 육수는 담백하면서도 시원한 뒷맛을 내며 면발은 메밀 100%면보다 졸깃하고 탱글한 식감을 강조한다. 비빔국수 역시 간이 세지 않은 강원도식이다. 양도 적잖이 준다. 매콤한 김치가 든 메밀전병(총떡) 하나 주문해 여럿이 함께 즐기면 적당하다.

---

### 상동막국수 _ 강원 영월군

₩ 막국수 8,000원
033-374-4059
영월읍 은행나무길 6

영월 서부시장 옆에 있는 막국숫집. 오로지 막국수만, 그것도 비빔과 물 구분 없다. 매운 정도를 정할 수 있는데, 육수로 조절할 수 있으니 '맵부심' 있는 이라면 맵게 해달라 하면 된다. 양념이 강하게 느껴지지만 깊은 풍미가 숨어 있다. 김가루며 고춧가루, 설탕, 참기름, 깨소금 등이 한꺼번에 화끈한 맛으로 폭격한다. 쫄깃한 면발을 여러 번 씹다 보면 양념은 씻겨나가고 구수한 메밀 향이 섞이면서 비로소 완성된다. 처음엔 그 화려하고 강한 맛에 먹다가 육수를 부어 그 숨은 맛이 드러나면 그걸로 마무리.

### 철원막국수 _ 강원 철원군

터미널 인근 마당을 품은 재래식 가옥에서 무려 60년을 영업해온 집. 직접 메밀로 뽑아낸 면과 꿩 육수를 이용해 화려하고 푸짐한 막국수를 낸다. 새콤하고 진한 육수에 국수를 말고 짠지와 삶은 달걀 등 꾸미와 참깻가루를 수북이 얹어 낸다. 맵싸한 양념이 기본적으로 들어가 강렬한 맛을 즐길 수 있는 집. 녹두빈대떡과 찐만두도 맛이 좋으니 배를 조금 무리해서라도 맛봐야 한다.

₩ 막국수 8,000원
033-452-2589
갈말읍 명성로 158번길 13

---

### 강릉삼교리동치미막국수 _ 경기 고양시

심심하고 시원한 동치미 국물이 맛있어 그 자체로도 막국수의 전형으로 꼽히는 집이다. 슬러시처럼 살짝 얼린 동치미를 따로 내주면 알아서 국수에 끼얹어 먹으면 된다. 정석대로 특별히 강한 맛은 들지 않았지만 상쾌한 동치미 국물 속에 잠긴 무는 정말 맛있다. 순도 높은 굵은 면발을 후루룩 빨아들인 후 아삭한 무를 한입씩 베어 물면 달콤하고 구수한 향이 서로 섞여들며 행복감을 남긴다. 얇고 투박하게 부쳐낸 메밀전과도 궁합이 좋다.

₩ 동치미막국수 8,000원
031-969-3951
일산동구 식사로 38

---

### 동해막국수 _ 강원도 춘천시

₩ 막국수 8,000원
033-253-9259
퇴계로 23

온 동네가 다 나오는데 정작 춘천이 빠질 수는 없다. 높이 똬리를 튼 메밀국수 위에 김가루, 참깻가루, 배, 무채, 양배추 등 호화스러운 꾸미를 수북이 올려낸다. 강원도 산골 스타일은 아니다. 도회적 느낌. 열무김치가 맛이 좋아 함께 곁들이면 식감의 조화가 좋다. 육수가 좋다. 대접에 입을 대고 마시면 후련해진다. 겨자나 식초를 넣지 않아도 이미 완성된 느낌이다. 닭갈비집에서 후식으로 먹는 쟁반막국수와는 전혀 다르다. 옹심이, 장칼국수 등 많은 강원도 토속 메뉴를 취급하지만 역시 막국수가 으뜸으로 적혀 있다.

### 봉평이네메밀막국수 _ 서울 영등포구

1년 내내 메밀국수를 뽑아내 차갑고 뜨거운 육수에 말아 막국수를 내는 집이다. 계란, 김가루, 채소, 고추장, 참깨, 들깻가루, 무김치를 넣은 냉(물)막국수와 멸치국물에 깔끔하게 말아내는 온 막국수가 있다. 전문점답게 메밀 함량이 높아 국수 향이 좋다. 삶아낸 정도도 기막히다. 쪼르륵 빨아들이면 입술 앞에서 춤을 춘다. 온막국수는 먹는 도중에도 계속 익어가니 좀 덜 익혀서 내고, 물막국수는 제대로 삶아 차가운 냉수에 식혀 식감을 살린다. 과하지 않은 맛의 육수가 은근히 입맛을 사로잡는다.

₩ 메밀막국수 7,000원
📱 02-2635-0428
🏠 양산로 97-2

### 범부메밀국수 _ 강원 양양군

양양하면 바다지만 일부 '먹을 줄 아는' 사람들이 차를 내륙으로 돌린다. 범부리에 유명한 막국숫집이 있다. 해바라기씨 등 견과류와 김가루를 수북이 얹어주는 국숫집으로 어찌 알고 점심때마다 주차장이 가득 찬다. 두꺼운 순메밀 면발은 씹을수록 담백하고 구수한 향이 난다. 비빔양념이나 육수 역시 향토 색채가 확 풍긴다. 비빔국수를 먹다 육수를 부으면 두 가지 맛을 함께 즐길 수 있다. 보들보들한 메밀전을 찢어 국수를 싸 먹으면 향이 더하다.

₩ 메밀국수 8,000원
📱 033-671-0743
🏠 서면 고인돌길 6

### 춘산메밀꽃 — 충남 공주시

메밀막국수의 남방한계선이렷다. 충남하고도 공주에서 메밀막국수로 유명한 집이다. 육향 가득한 육수가 좋다. 김가루도 참깨도 도저히 해치지 못한다. 꽤 화끈한 비빔국수 양념도 차갑게 먹으면 이열치열 깔끔하게 즐길 수 있다. 입맛이 당장 살아난다. 무김치와 백김치를 따로 주는데, 이것도 별미다. 구수하고 달콤한 무와 새큼한 김치가 맛을 보다 풍성하게 꾸민다. 양도 많은 편이지만, 삼겹살 수육이나 빈대떡, 메밀전병을 함께 곁들여야 한다. 메밀은 배가 쉬 꺼진다.

₩ 녹두빈대떡 8,000원, 막국수 8,000원  
☎ 041-858-5506  
⌂ 반포면 금벽로 1336

---

### 장가네막국수 — 강원 횡성군

꿩만두가 적힌 메뉴판은 이 집이 강원도 토속 음식점이라는 증거다. 100% 메밀만 써 하얀색 면발을 자랑한다. 메밀 싹을 올리고 깔끔하고 시원한 육수를 말아내는 집. 속초식(사실은 함흥식) 명태회를 곁들인 메뉴도 있다. 매콤한 명태회도 면발과 잘도 어울린다. 별다른 고명이나 양념이 세지 않아 면을 씹을수록 우러나는 메밀 향을 즐기는 국수다. 면발이 부드러워 아삭거리는 메밀 싹의 식감과 조화가 좋다. 따로 내주는 육수로 물과 비빔 스타일로 조절할 수 있다.

₩ 막국수 7,000원, 명태회막국수 8,000원  
☎ 033-343-8377  
⌂ 횡성읍 한우로 116

> 민물고기

# 고소한 도리뱅뱅이
# 얼큰한 매운탕, 진한 어죽
# 캬~ 보약일세!

천렵의 추억을 소환하는 여름날의 별미
시원하고 칼칼한 어탕국수는 보약 한 사발
눈으로 먹고 입으로 먹는 바삭바삭 매콤한 도리뱅뱅이
참게 넣어 꽉 찬 국물의 매운탕은 속이 후련

여름은 민물고기의 계절이다. 대대로 농경사회에서 살았던 한국인은 무더운 날씨가 시작되면 천렵川獵을 통해 물고기를 잡아 단백질을 보충했다. 그 시절 대부분 바다와 먼 내륙에 살았으니 물고기 하면 당연히 민물고기였다.

《자산어보》 이전 문헌에 등장하는 물고기는 은어 등 죄다 민물고기였다. 해안을 변방으로 여겨온 중국에서는 민물고기요리가 외려 고급으로 대우받는다. 특히, 민물 갈치라 불리는 장강도어長江刀魚는 1마리에 천만원을 웃도는 가격에 팔리기도 한다. 중

파라미를 기름에 살짝 튀겨 동그랗게 모양을 잡아 프라이팬에 굽는 도리뱅뱅이.
민물에서 나는 고기가 바다에서 나는 것보다 더 깊은 맛을 낸다.

국에서는 민물고기를 주로 튀기거나 쪄먹는데, 잉어와 붕어를 즐긴다. 호수가 많은 내륙 동유럽에서도 민물고기요리가 많다. 주로 대가리와 꼬리를 제거한 필레 형태로 굽거나 튀긴다.

우리나라에서 민물고기는 내륙에서 주로 즐긴다. 수도권에서는 파주와 연천, 충남북과 영남 내륙에서 물고기를 잡아 별미로 삼았다. 잉어회, 가물치회 등 민물고기를 회로 먹기도 하지만, 기생충 감염의 위험 탓에 주로 탕이나 어죽을 끓인다.

민물고기는 바다에 비해 유기 퇴적물과 곤충이 풍부한 하천과 호수에 사는 덕에 살에 지방이 많다. 매운탕을 끓이면 바닷고기보다 훨씬 기름지다. 흙내도 나서 된장과 고추장 등 진한 양념을 넣고 끓인다. 매운탕 문화가 어촌보다 농촌에서 더 발달한 이유다.

민물고기요리 재료는 지역에 따라 다양하다. 귀한 은어와 쏘가리, 빠가사리(동자개), 메기, 산천어, 연어, 송어 등에서부터 미꾸라지, 참마자, 꺽지,

**1** 민물매운탕은 잘 손질하고 매콤한 양념에 끓여야 흙내가 나지 않는다. 그래서 모두 '매운탕'이다.
**2** 기름이 많은 민물고기는 탕에 고소한 맛이 배게 한다.

바다생선으로 끓인 해물탕도 그렇듯 민물매운탕은 갑각류를 더해야 시원하다. 국물맛 낼 때는 참게와 새뱅이가 딱이다.

피라미 등 잡어까지 모두 재료로 쓴다. 금린어錦鱗魚라 불리는 쏘가리가 비싼 축에 든다. 생이와 새뱅이 등 민물새우는 따로 시원한 맛이 좋아 매운탕에 빠질 수 없는 재료다.

민물고기요리는 특유의 흙내와 잔가시 때문에 꺼리는 이들도 적잖다. 하지만 김칫국을 넣고 뼈까지 녹도록 고아낸 어죽(생선국수)은 이런 문제를 해결해 조금 더 대중적이다. 특히, 작은 물고기를 튀겨내 양념을 바른 도리뱅뱅이는 내륙의 별미로 꼽힌다. 이것 말고도 시래기를 얹은 조림이나 찜, 심지어 불고기까지도 가능하다.

민물고기요리는 맛으로도 먹지만 몸보신을 위해서도 먹는다. 속이 후끈 달아오르는 매운탕이나 어죽을 먹고 나면 더위와 싸울 힘이 난다.

## 여기가 맛집

### 동강나루터 _ 서울 중구

일단 서울부터 시작한다. 참게메기매운탕으로 유명한 을지로 맛집이다. 식사도 식사지만 저녁 술손님이 들끓는다. 두툼한 메기 살점과 참게에서 우러난 시원한 국물을 함께 떠먹으면 저절로 소주를 부른다. 갓김치와 총각무, 파김치 등 반찬도 맛있다. 라면에다 수제비 사리까지 챙겨 먹으면 당장 배가 불러온다. 점심 메뉴(1인분 1만4,000원)도 있다.

- ₩ 참게메기매운탕 3만~5만5,000원
- ☎ 02-2273-5989
- 📍 삼일대로12길 13

### 큰손식당 _ 전북 무주군

매운탕의 본좌격인 쏘가리매운탕이 인기다. 고소한 맛이 나는 쏘가리를 듬뿍 넣고 깻잎, 시래기, 미나리, 팽이버섯 등 다양한 채소를 담은 매운탕이다. 칼칼한 국물에 쏘가리에서 녹아난 감칠맛이 배었다. 쏘가리회 메뉴를 둔 쏘가리 전문 식당이다. 30년 전통 노포답게 곁들인 찬의 손맛이 좋다. 총각무 김치만 해도 밥한 공기는 거뜬히 비운다.

- ₩ 쏘가리매운탕(중) 7만원
- ☎ 063-322-3605
- 📍 무주읍 읍내리 117-5

## 고흥민물매운탕 _ 서울 영등포구

₩ 빠가사리매운탕(소) 3만5,000원
📞 02-2677-9909
🏠 영중로4길 31-2

여기도 서울이다. 그런데 방식은 아예 현지에서 맛보는 기분. 전남 고흥은 갯가 이미지가 강한데 민물고기만 취급한다. 메기탕과 빠가사리탕, 잡고기탕에다 쏘가리탕도 있다. 바깥 수조에서 바로 잡은 고기를 쓱싹 손질, 양념해 탕으로 내준다. 된장과 고추장, 청양고추를 넣은 양념이 얼큰해 입맛을 살린다. 대파와 쑥갓, 민물새우를 넣어 깔끔하게 뒷맛을 잡았다.

## 민바리고추장매운탕 _ 경기 파주시

₩ 잡어매운탕 4만~6만원
📞 031-949-8266
🏠 쌀뚜기길 44-42

파주 출판단지 근처에 있는 맛집이다. 달지 않고 시원한 경기도식 고추장 베이스 '털레기' 국물이다. 털레기란 수제비 등 모든 것을 털어 넣는대서 붙은 이름이다. 메기매운탕을 기본으로 빠가사리를 섞을 수 있으며, 아예 잡어로 주문해도 된다. 기본적으로 참게가 들어가며 따로 참게장을 주문할 수도 있다. 수제비와 미나리는 계속 더할 수 있도록 아예 옆에 따로 놓아준다.

## 임진대가집 _ 경기 파주시

₩ 참게매운탕(중) 7만원
📞 031-953-5174
🏠 문산읍 임진나루길 80

임진강변에서 참게매운탕을 끓여내는 집이다. 고즈넉한 한옥집 앞마당에 펼쳐지는 전원 풍경이 입맛까지 돋운다. 참게는 민물 갑각류의 대표다. 참게는 살이 적지만 단맛이 일품이다. 알이 가득 찬 참게 내장에 국물을 끼얹어 함께 밥을 비비고, 가느다란 다리는 쪽쪽 빨아먹으면 된다. 수제비와 함께 후루룩 떠먹으면 입안에서 감칠맛이 폭발한다. 누구나 곁들이는 감자전과도 궁합이 딱 맞다.

## 옴서감서 _ 전남 광양시

₩ 피리매운탕 3만5,000원
☎ 061-762-9186
⌂ 옥룡면 백계로 165

옥룡 도선국사마을 아래 가마솥밥을 내주는 백반집으로 유명한 곳. 여름부터 피리매운탕을 찾는 이들이 많다. 피리는 피라미를 이르는 방언인데, 식당 앞 하천에서 잡은 피라미를 매콤하고 시원하게 끓여낸다. 누가 피라미를 폄하했을까. 엄연한 잉엇과다. 체구는 작지만 오래 끓여낸 국물이 깊고 시원하다. 재료가 없을 때도 있으니 예약 주문해야 한다.

## 신갈미 _ 경기 이천시

₩ 생선국수 7,000원. 추어국수 8,000원
☎ 031-631-0018
⌂ 경충대로 2494

지역에서 쉬쉬하며 먹다 이제 들통난 집이다. 생선국수와 추어국수를 끓여 판다. 말이 국수지, 매운탕 전골에 가깝다. 진한 국물에 굵은 녹차 면발을 말고 수제비까지 먹다가 결국 밥까지 볶는다. 칼칼하고 진득한 국물 한 방울 남기는 것이 아깝다. 밥을 넣고 볶다가 눋기 시작하면 밥공기로 바닥까지 박박 긁어 퍼주는데 이 맛을 놓치면 아쉽다. 이천 테르메덴 인근에 있다.

### 북한강식당 _ 강원 춘천시

₩ 메기매운탕 5만5,000원
☎ 033-261-0221
⌂ 남산면 북한강변길 910-24

북한강 강변 따라 줄을 잇는 식당 중 하나인데, 흔히 말하는 '풍경 맛집'이 아니라 정말 제대로 된 춘천식 잡어매운탕을 즐길 수 있는 집이다. 모래무지, 누치 등 잡어를 한데 넣고 보글보글 끓여준다. 매운탕이지만 된장을 넣어 구수하고 시원하다. 잡어는 잔가시가 있어 발라먹기 귀찮을 때도 있지만, 보드랍고 달달한 살맛에 도저히 거부할 수 없는 매력이 있다.

---

### 실비집 _ 충북 충주시

₩ 참매자조림(소) 4만원
☎ 043-852-0159
⌂ 엄정면 새동네1길 7-24

목계나루 인근 실비집은 칼칼한 양념에 시래기와 매자(참마자의 충주 방언)를 넣고 조려낸 참매자조림이 맛있다. 보기만 해도 입맛을 자극한다. 양념 머금은 새빨간 시래기를 부드러운 매자 살과 함께 집어 방금 지은 쌀밥 위에 올려 한 숟가락 뜨면 땀이 뻘뻘 난다. 그야말로 밥도둑이 따로 없다. 몸에서 땀을 빼간 대신 영양과 맛으로 두둑이 채워준 기분이다.

### 생초모아식당 _ 경남 산청군

65년 전통의 노포다. 산청의 생초물고기마을에 있다. 쏘가리 매운탕으로 유명하지만, 어탕국수도 맛있다. 경남에서는 어죽을 어탕국수라고 부른다. 한약재를 넣은 육수에 직접 담근 장으로 맛을 냈다. 시원하고도 묵직하다. 김치를 썰어 넣고 중면을 말아낸 국수는 새콤한 국물과 씹는 맛이 어우러졌다. 여름날 '집 나간 입맛'을 당장 되돌린다. 칼국수로 주문할 수도 있다. 은어회와 은어조림도 별미다.

₩ 잡어매운탕(소) 3만원
☎ 0507-1422-1700
⌂ 생초면 산수로 1026

### 한탄강강변매운탕 _ 경기 연천군

그 유명한 한탄강 참게와 잡고기 매운탕을 맛보고 싶다면 찾아볼 만한 집. 그날 잡은 신선한 잡어를 얼큰하게 끓여낸다. 떡 벌어지게 올린 푸짐한 건더기와 국물에 감탄이 절로 나온다. 살집 좋은 메기와 달리 날씬(?)하지만, 살점이 훨씬 부드럽고 국물에 진한 풍미가 우러나오는 것이 매력이다. 괜히 매운탕 하면 한탄강이 유명해진 게 아니다.

₩ 잡고기매운탕(소) 4만원
☎ 031-832-4561
⌂ 전곡읍 선사로 149

### 오두막골식당 _ 경기 연천군

매운탕으로 유명한 연천군에서 가물치로 불고기를 하는 식당이다. 가물치는 여름철 산란기를 앞두고 살이 오른다. 보양의 상징이다. 먹이사슬 최상위에 있는 육식 담수어종이다. 이 집은 복불고기처럼 가물치 살점을 발라내 양파와 함께 칼칼한 양념에 재웠다가 불판에 볶아먹는다. 살집이 단단해 쉽사리 부서지지 않는다. 키조개 관자처럼 쫀득한 식감에 감칠맛도 품었다.

₩ 민물새우탕 9,000원, 가물치구이 4만5,000원
☎ 031-832-4177
⌂ 청산면 청창로141번길 92

## 대흥식당 _ 충남 예산군

₩ 어죽 8,000원, 미꾸라지 튀김 2만원
☎ 041-335-6034
🏠 대흥면 노동길 14

예당호가 있어 어죽을 잘하는 지역인 예산에서도 유명한 식당이다. 관광객은 물론, 지역 시민들도 많이 찾는다. 구수하고 뜨거운 어죽 한 그릇을 먹고 나면 당장 힘이 넘치는 듯하다. 어죽은 죽으로 생각하기 쉽지만, 충청도에서는 보통 국수를 넣는다. 새콤달콤한 국물에 구수한 맛이 들었다. 갈아 넣은 잡어가 오랜 시간 우려낸 진한 국물에 그대로 녹아있다.

## 선광집 _ 충북 옥천군

옥천군 청산면 생선국수 거리를 지키고 있는 집이다. 매운탕의 대중적 버전 생선국수(어죽)로 유명하다. 이 집에서 소개할 것은 도리뱅뱅이. 꼭 맛봐야 한다. 작은 민물고기를 뱅뱅 돌려 담고 튀겨내 매콤한 양념을 얹은 음식이다. 놀라울 정도로 바삭하고 고소하다. 통째로 먹으니 영양가 만점이다. 비린 맛도 하나 없다. 오후 되면 모두 팔고 영업을 끝낸다. 1962년 문을 열었다.

₩ 생선국수 7,000원, 도리뱅뱅(중) 1만1,000원
☎ 043-732-8404
🏠 청산면 지전1길 26

> 새우

# 콜레스테롤 왕이라고?
# 억울함에 펄펄 뛰는 새우

키토산 많은 껍질 함께 먹으면 혈중 콜레스테롤 수치 낮춰줘
《자산어보》에도 나오는 대하는 10월이 맛의 절정
혼자 여행할 때 새우 먹지 말라는 이유《본초강목》에 기술

    가을이 도래했음을 알리는 붉은 것은 비단 단풍만이 아니다. 불에 닿으면 선홍색을 띠는 새우가 가을 바닷속에 있다. 일본인들은 새우를 일컬어 해로海老라 했던가? 긴 수염과 굽은 허리 탓에 '바다의 늙은이'라 했다. 하지만 우리에게는 누천년 입맛을 함께한 밥상의 벗 새우다. 11월이 돼 이 붉은 가을 손님이 떠날 채비를 하기 전에 서둘러 만나야 한다.

    새우는 감칠맛의 대명사다. 새우로 젓을 담가 팔면 바다와 멀리 떨어진 내륙까지 입맛을 돋게 했다. 새우젓은 새젓이라고도 부르며 하해蝦醢, 백하해白蝦醢, 백하白蝦젓이라고도 문헌에 기록돼 있다. 새우젓을 많이 담그면

새우에는 기본적으로 달달한 맛이 있다. 특히 단새우나 도화새우는 더하다.

노가리처럼 생태계가 파괴될 것으로 아는 이도 있다. 하지만 젓새우는 큰 새우의 유충(치어) 격이 아니다. 기껏 다 자라봤자 2~3㎝를 조금 넘는다. 원래 씨알 작은 놈들이다. 봄부터 11월까지 서해 연근해에 살다 떠난다.

봄에 잡아 젓을 담그면 춘젓, 오뉴월에는 오젓 육젓, 가을에는 추젓인데, 가을에 잡는 젓새우는 김장용으로 주로 쓴다. 옴천(전남 강진) 등지에서 깨끗한 물에 사는 민물새우를 11월쯤 잡아 담그면 토하젓이라 해서 별미로 쳤다. 그리고 또 특별한 인기를 누리는 대하가 있다. 그냥 대하가 아니라 가을 대하다.

1 새우는 튀겨도 맛있고,
2 빵에 올려도 된다.
3 만두소로 넣어도 좋고,
4 그냥 회로 먹어도 좋다.

대하는 10월에 맛이 절정에 이른다. 굵은 소금을 깔아 불을 지피고 생새우를 넣으면 팔딱팔딱 뛰다 어느새 탱글탱글한 새우구이가 된다. 해물탕에 넣거나 새우장을 담그기도 한다. 보리새웃과에 속하는 대하는 연회색 몸에 진회색 작은 점들이 총총 박혀 있다. 하늘로 솟구친 뿔과 수염이 길다. 늦봄부터 서남해안 연근해에서 어린 조개 따위를 먹고살다가 11월이면 떠난다. 정약전의《자산어보》에도 기술될 만큼 대하는 오랫동안 우리 식생활과 깊은 연관이 있었다.

양식이 되지 않는 대하의 대체품으로 들여온 흰다리새우는 사실 소비자들에게 더 익숙하다. 이름처럼 다리가 하얗고, 대가리 뿔과 수염이 대하보다 짧다. 주로 양식이지만, 살집이 튼실하고 수조에서도 오래 살아 요즘 새우구이와 새우회를 파는 집에서 주로 쓰는 종류다. 이걸 파는 가게는 대하구이라 쓰지 않고 '생새우구이'라 쓴다. 제철에 맛이 드는 것은 똑같다.

《본초강목》에는 새우가 강장식품이라 '혼자 여행할 때 새우를 먹지 말라'고 썼다. 실제 새우에는 열에 의해 붉은 색소로 변화하는 단백질(아스타크산틴)이 있는데 노화방지와 항산화에 효험이 있다고 한다. 박카스 등에 들어 있는 타우린도 많아 피로해소와 자양강장에 좋다. 아르지닌도 풍부해 스태미나 향상에 좋다. 콜레스테롤이 많아 혈압에 좋지 않다는 것은 누명에 가깝다. 몸에 좋은 콜레스테롤을 더 많이 함유한 데다, 대가리와 껍질 부위는 키토산을 다량 함유해 혈중 콜레스테롤을 낮추는 작용을 한다.

새우는 세계적으로 인기 있는 식재료다. 달달하고 감칠맛도 좋아 국물요리에도 쓴다. 싱싱한 놈은 그대로 생식해 회로도 먹는다. 특히, 요즘 보리새우는 횟감으로 좋다. 춤을 춘대서 '오도리'라 부르기도 한다. 보리새우는 줄무늬가 선명해 영어로 타이거 새우라 부른다.

절지동물문 갑각강 십각목에 속하는 새우는 종이 퍽 다양하다. 닭새우, 대하, 젓새우 등 우리는 새우를 이렇다 할 구분 없이 이름으로 불러 왔지만, 외국은 다르다. 영어로 프론Prawn과 슈림프Shrimp가 있다. 일반적으로 크기가 작으면 슈림프, 큰 종류는 프론이라 부른다. 실제 생물학적 분류로 보면 프론은 보리새우상과 새우류로 크기가 대체로 크다. 세계적으로 즐겨 먹는 식재료다.

우리가 즐겨 먹는 새우 가운데 민물새우가 있다. 산과 하천이 많은 한국에는 생이(토하), 새뱅이, 줄새우, 징거미새우 등을 꼽는다. 몸집은 작지만 국물을 낼 때 시원한 맛이 좋아 어죽이나 민물 매운탕 재료로 쓴다. 분홍빛에 단맛으로 유명한 도화새우는 횟감이나 초밥용 재료로 많이 쓴다. 동해안 깊은 물에서 주로 잡히며 선어 상태로 차가운 곳에서 숙성시키면 찰떡처럼 차지고 깊은 단맛을 낸다.

도널드 트럼프 전 미국 대통령이 방한했을 때 유명해진 '독도새우' 역시 도화새우의 한 종류다. 독도 인근 심해에 사는 독도새우는 성체 크기가 무척 커 소주병 만한 크기도 쉽게 볼 수 있다. 제주도에서 즐겨 먹는 닭새우(가시배새우), 이 범배아목의 생물은 분류상 새우에 들지 않는다. 먹어보면 맛도 다르다는 것을 이미 느꼈을 거다.

붉은빛 새우에 살이 차오르면 이제 가을도 완연한 것이다. 식욕의 계절, 제철을 맞은 새우가 뛰니 입맛 또한 덩달아 펄펄 뛴다.

## 📍 여기가 맛집

### 울릉도조개구이 _ 서울 종로구

종로에서 조개구이 맛집으로 입소문 난 집이다. 가을에는 생새우 소금구이와 전어구이를 낸다. 조개 명가이니 따로 수조를 두고, 살아있는 활새우를 써 구워내도 탱글탱글하다. 바싹 튀겨낸 대가리가 특히 맛이 좋아 안주로 딱이다. 가격도 적당해 조개구이나 찜을 먹기 전 에피타이저로 즐기면 좋다.

- ₩ 새우구이 2만원, 모둠조개구이(대) 5만8,000원
- ☎ 02-732-2270
- 🏠 삼일대로17길 42-1

### 준우식당 _ 경기 고양시

고양시 장항동 시절부터 새우구이로 명성을 쌓아온 집이다. 고층 아파트 단지 앞에 논이 펼쳐지고 그 앞마당에서 생새우를 구워 먹는데 분위기가 좋다. 수조에서 방금 꺼낸 생새우를 소금 깔린 솥에 넣고 굽는다. 어느 정도 익으면 대가리를 잘라내 따로 바싹 구워준다. 값은 좀 나가는 편이지만 새우 씨알이 굵다.

- ₩ 생새우구이 가격은 시세
- ☎ 031-966-9992
- 🏠 일산동 위시티로 3-8

### 월령작야 달의객잔 _ 제주 제주시

- ₩ 닭새우회 12마리 2만9,000원
- ☎ 0507-1337-9976
- 🏠 한림읍 월령3길 39-5

제주 월령 앞바다에 자리 잡은 해물 주점으로 닭새우회가 유명하다. 꼬들꼬들한 맛의 닭새우를 일일이 손질해 횟감으로 올려낸다. 달고 차진 맛이 일품이다. 혀에 찰싹 달라붙는 숙성 새우살을 씹으면 그윽한 풍미가 한가득 퍼진다. 대가리는 따로 가져가 새우 해물라면을 끓여준다. 가을에 제철인 고등어회와 시메사바(고등어초회)까지 곁들일 수 있다.

**다이닝 야경** _ 서울 마포구

**티엔미미** _ 서울 종로구

연남동 거리에서 일식과 이탈리안 스타일을 접목한 해물 요리와 야키도리, 육회(생고기) 등 다양한 안줏거리와 식사메뉴를 파는 이자카야. 식사를 겸해 술자리를 가지기 좋은 곳이다. 맥주나 하이볼 안주로 곁들이는 에비깡(새우튀김)이 있다. 민물새우에 반죽을 입혀 바삭하게 튀겨냈다. 짭조름하면서도 고소해 심심풀이 안주로 딱이다.

₩ 에비깡 7,000원
☏ 0507-1367-7780
⌂ 성미산로 189-6

정지선 셰프가 광둥식 중국요리를 선보이는 집이다. 딤섬을 기본으로 다양한 새우요리를 맛볼 수 있다. 부추와 새우를 통째로 부드럽고 쫀득한 피 속에 넣은 부추수정교자는 향긋한 새우 풍미를 한입 가득 느낄 수 있다. 마늘새우찜은 당면(분사) 위에 마늘 향을 입힌 통새우를 소롱(小籠)에 쪄낸 요리. 은근한 마늘과 진한 새우 향이 잘 어우러진다.

₩ 마늘새우찜 1만원, 부추수정교자 8,000원
☏ 02-732-0719
⌂ 자하문로7길 19

**오자와** _ 서울 마포구

₩ 오야코동 9,000원, 새우 토핑 3,000원
☏ 0507-1395-5554
⌂ 양화로10길 15

홍대 앞 이름난 덮밥집. 닭고기 볶음에 달걀을 두른 오야코동을 주메뉴로 하는데, 커다란 새우튀김을 3개나 올린 에비가츠동 등 새우튀김을 덮밥으로 즐길 수 있다. 새우 토핑이 따로 있어 어떤 요리를 주문하더라도 하나씩 주문해 바삭한 새우튀김의 고소한 맛을 곁들일 수 있다.

### 동작그만조개구이 _ 경남 창원시

그 유명한 독도새우를 맛볼 수 있는 곳이다. 크기가 거대해 운동화만 하다. 도화새우 중에서도 으뜸으로 꼽는 독도새우는 살집이 차지고 단맛이 일품이다. 회로 먹자면 찰떡같은 살을 우물우물 씹을 때마다 달콤한 향을 품은 육즙이 터져 나온다. 워낙 귀한 종류라 없을 때도 있다.

₩ 독도새우 시세, 조개구이 (중) 4만원
☎ 055-264-6254
📍 성산구 마디미로56번길 7

---

### 상해소홀 _ 서울 마포구

₩ 멘바오샤 2만원
☎ 02-337-6188
📍 동교로 272

중국식 실내 포장마차 분위기의 요릿집이다. 뚝배기 족발, 바지락 볶음 등 중국 현지식 요리가 많다. 새우를 다져 식빵에 끼우고 튀겨낸 멘바오샤는 새우를 응용한 요리다. 새우살을 느낄 수 있도록 갈아내지 않고 칼로 다져 튀겨낸다.

---

### 오두막골식당 _ 경기 연천군

₩ 민물새우탕 9,000원
☎ 031-832-4177
📍 청산면 청창로 141번길 92

가물치 불고기로 유명한 식당이다. 한탄강을 품은 연천군은 원래 매운탕으로 유명한데, 이 집은 특별히 민물새우를 듬뿍 넣고 칼칼하게 끓여낸 민물새우탕이 유명하다. 매운탕에 곁들여 넣는 민물새우를 따로 주인공 삼아 새우탕 전골로 끓여낸다.

---

### 고씨네 고추장찌개 _ 서울 중구

₩ 용튀김 2만2,000원
☎ 0507-1312-3821
📍 수표로 26

커다란 새우튀김이 승천하는 용을 닮았대서 용튀김이라고 한다. 상호처럼 매콤하고 달달한 고추장찌개를 파는 집인데, 바삭하게 튀겨낸 새우튀김을 곁들이면 궁합이 딱 맞는다. 반죽과 기름 온도를 잘 맞춰낸 덕에 튀김옷은 바삭하고 새우살은 촉촉하면서도 탱글탱글하게 살아 있다.

> 추어탕

# 때로는 통으로, 때로는 갈아서 팔팔 뜨끈한 한 그릇에 힘이 펄떡

민물고기인데 한자 이름 있고, 이름에 '가을' 들어 있고
양반, 서민 막론하고 모두가 즐겨 먹던 농경민족 최애템
단백질, 비타민, 아미노산 풍부해 보양식으로 인기
서울, 원주, 남원, 청도, 경주식 등 지역마다 제각각 스타일

미꾸라지에 대한 단상 하나. '미꾸라지 한 마리가 물 다 흐린다'는 속담이 있다. 그러나 미꾸라지는 억울하다. 미꾸라지 한 마리가 온 물을 흐리는 것이 아니다. 원래 흐린 물에 살았을 뿐이다. 그런 미꾸라지를 괜히 잡아다 맑은 물에 넣어두고 바닥을 온통 헤집고 다니면 물 흐린다 나무랐다.

미꾸라지에 대한 단상 둘. 추어鰍魚라는 귀한 한자 이름(?)을 가졌다. 탁류에서 난 용에 빗대 나름 귀한 대우를 받은 것이다. 잉어나 붕어는 물론, 귀하고 비싼 민물고기 쏘가리에도 붙지 않는 한자 이름이 미꾸라지에 붙었다. 그만큼 미꾸라지가 사람들이 애정하는 물고기였다는 것을 말한다.

가을에 맛이 드는 미꾸라지로 만드는 추어탕은 쌀을 짓는 농경민족에게 아주 든든한 단백질원이었다.

미꾸라지에 대한 단상 셋. '얼추탕'이란 음식이 있다. 추어(미꾸라지)를 넣지 않고 양념만 비슷하게 끓인 탕을 말한다. 그래서 서자 얼孼에 미꾸라지 추鰍를 썼다. 얼추탕은 요새 만든 음식이나 이름이 아니다. 오래전부터 있었다. 같은 맥락으로 도미는 넣지 않고 쑥갓을 넣어 끓인 '가假도밋국'도 있다.

가을 논두렁의 주인공은 미꾸라지, 추어다. 고기魚에 가을秋이 들었다. 뿌리가 농경민족인 우리 민족은 논농사를 지으나 도랑을 치나 미꾸라지가 나오면 이를 잡아 팔팔 끓여 보양했다. 추수철 논물을 빼고 개천을 훑으면 펄떡펄떡 진흙탕에 남는 것이 미꾸라지다. 허기진 백성들이 이걸 그냥 둘리 없었다. 미꾸라지를 잡아다 탕을 끓여 먹었다.

미꾸라지는 농경민족이 구하기 힘든 동물성 단백질원 노릇을 톡톡히 했다. 뼈까지 통째로 먹으니 칼슘과 무기질도 공급했다. 맛도 좋았다. 쌀쌀해지는 가을은 만물에 맛이 드는 시기다. 기름이 단단히 오른 미꾸라지는 고소한 맛도 품어 거친 밥을 말아 먹기에 딱이다.

추어탕은 빈부귀천을 막론하고 누구나 다 먹었다. 농군도, 장사치도, 청계천 걸인도 먹었다. 모른 체하더니 양반들도 가을이면 뜨끈한 추탕 국물을 뜨기 바빴다. 지금도 전국 각지에 저마다 특색 있는 추어탕 집이 있는 이유다. 서울, 원주, 남원, 청도, 경주식 등 각각 내세울 만한 추어탕 문화를 발전시켰다. 고기만 다르지 남도 짱뚱어탕도 조리법은 크게 다르지 않다.

지리산 여행객들로부터 입소문을 타고 유명해진 남원식 추어탕은 된장과 우거지를 쓰는 방식이다. 한 번 삶아 육수를 내고 맷돌로 갈아 된장과 함께 다시 끓여낸다. 들깻가루를 넣는 집도 있다. 걸쭉하고 묵직하면서도 고소한 맛이 좋아 많이 찾는다.

원주식은 천렵 어죽 스타일이다. 냇가에서 냄비를 걸고 피라미나 송사리 등 작은 민물고기를 반나절 고아 먹던 어죽과 결이 같다. 고추장 양념에 수제비나 국수를 넣는다. 강원도답게 감자, 깻잎 등 푸짐한 나물과 채소가 들어가는 전골 방식이 그 특징이다.

경북 청도식은 민물고기를 쓰는 것도 모두 추어탕의 범주에 넣는다. 미꾸라지가 아예 안 들어갈 때도 있다. 삶아서 갈거나 찢어 으깬 고기에 된장 양념으로 간을 한다. 국물이 텁텁해지지 않게 들깨는 넣지 않는다. 시래기나 배추를 넣고 시원하게 끓여낸다. 초피가루를 처음부터 넣어서 내는 것도 그 특징이다.

서울식은 가장 모양새가 다르다. 사골과 소고기로 밑 국물을 낸 후 대파나 토란대를 넣은 육개장 스타일 국물이다. 미꾸라지도 갈지 않고 그대로 낸다. '통마리는 곧 서울식'이라는 공식이 생겼다. 왜 유독 서울식은 통마리로 쓸까. 대표적 서울 추탕 노포인 용금옥(1932년 개업)의 후계자 신동민 대표에게 물어봤다. 의외로 간단한 현답이 돌아왔다. "거, 왜 서울 사람을 '깍쟁이'라 하잖아요. 미꾸라지를 갈아서 넣으면 안 들어갔다고 의심

1 추어탕은 지역에 따라 개성이 각각 다르게 발달했다.
2 추어탕은 탕국이 아니라 전골처럼 솥에 직접 끓여먹는 방식도 있다.

하거든요." 몇 마리 들어갔는지 눈으로 확인해야 직성이 풀리는 서울 사람들의 성향에 맞춰 통마리로 낸다는 것. 이름 또한 양반 행세를 하는 이가 많아 고기 어魚가 변에 들어갔는데, 왜 또 어魚자를 붙이냐 해 추어탕이 아닌 추탕이 됐다. 서울의 청계천 명물인 추탕은 이렇게 탄생했다.

미꾸라지와 미꾸리는 다르다. 종이 다르다. 다만, 굉장히 비슷하다. 수염과 색깔도 유사해 헷갈리는 경우가 많다. 미꾸라지가 수염이 길고 좀 더 크다. 미꾸'라지Large'로 외우면 구분이 어렵지 않다. 미꾸리는 단면이 더 둥글다. 점액을 분비하는 겉가죽이 미끄러워 미꾸라지라 불렀다는 말도 있고, 미꾸리는 방귀처럼 보글보글 호흡하는 까닭에 '밑이 구리다'해서 밑구리가 됐다는 설이 있다. 미꾸리의 원이름은 '기름종개'지만 그렇게 부르는 이는 학자뿐이다.

미꾸라지는 맛있을 뿐 아니라 영양소도 풍부하다. 단백질과 아미노산, 비타민이 풍부하다. 예부터 수술환자나 기가 허한 사람에게 먹였다. 좀처럼 아이를 갖지 못할 때는 민간처방으로도 썼다. 불포화지방산과 철분이 많고, 단백질 소화를 돕는 뮤신이 있어 입맛까지 살려주니 아이와 노인들에게도 좋다.

미꾸라지는 한의학에서도 그 영양이 좋다고 추켜세우는 식재다. 《본초강목》은 '미꾸라지泥鰍가 비위脾胃를 따뜻하게 해 기운을 만들고 술을 깨게 하며 당뇨병(소갈증)으로 목이 자주 마른 데 좋다'고 썼다. 《동의보감》은 '속을 보하고補中 설사를 멎게 한다止泄'고 했다. 《방약합편》에도 '주독을 풀고 당뇨를 다스리며 위를 따뜻하게 한다'고 그 효능을 풀이했다.

미꾸라지는 모기의 유충인 장구벌레를 먹고 살아 모기 예방에도 좋다. 흙투성이 흐린 물에서도 잘 살아 물웅덩이에 풀어놓으면 모기가 급격히 줄어든다. 하루에 1,000마리도 먹어치운다고 한다. 생활력도 강하다. 물 밖에서도 피부로 호흡한다. 심지어 농수로 진흙 속에서도 살아갈 수 있다. 이처럼 미꾸라지는 아예 흐린 물에 사는데, 괜한 욕을 얻어먹으니 억울한 것이다.

미꾸라지는 외국에서 잘 먹지 않는 식재료다. 간혹 쌀문화권인 동아시아를 중심으로 요리가 발견된다. 다른 나라는 몰라도 일단 일본인들은 미꾸리(일본에는 미꾸라지가 없다)를 잘 먹는다. 미꾸리를 '도조泥'라고 하는데, 삶아서 달걀을 풀어 먹는 야나가와나베柳川鍋, 도조나베泥鍋, 사키나베裂き鍋 등 다양한 미꾸리 요리가 있다. 장어처럼 꼬치에 꿰어 숯불에 구워 먹는 가바야키蒲燒き는 장어나 미꾸리나 같은 이름을 쓴다.

현재 전 세계 미꾸라지 생산량의 90% 이상이 중국에서 난다. 중국에는 미꾸라지 요리가 없을까. 당연히 있다. 소설 《금병매》에 등장하는 미꾸라지는 주인공 서문경의 스태미나식으로 묘사된다. 그때도 맛 좋고 영양 많은 보양식으로 각광받았음을 알려주는 대목이다. 지금은 주로 튀김 요리가 많지만, 예전에는 성주탕醒酒湯이라 불리는 해장국에 미꾸라지를 사용했다고 전해진다.

가을은 미꾸라지가 있어 공평하다. 이름난 보양식치고는 아직까지 값이 저렴하다. 누구라도 부담없이 추어탕으로 단백질을 보충할 수 있다. 뜨끈한 추어탕 한 그릇으로 아침저녁 빠르게 변화하는 계절에 대응하면 된다. 미꾸라지들이 동면하는 겨울이 오기 전에.

## 여기가 맛집

### 용금옥 _ 서울 중구

₩ 추탕 1만원, 미꾸라지 부침 1만8,000원
☎ 02-777-1689
🏠 다동길 24-2

설명이 필요 없는 대표적 서울식 추(어)탕 집이다. 1932년에 차렸으니 이제 90년이 다돼 가는 노포 중 노포다. 3대째 가업을 이어가는데, 전통의 메뉴와 맛을 오롯이 지켜와 서울 음식의 역사가 되고 있다. 이 집 추탕은 통마리와 갈아 넣은 것을 선택할 수 있다. 소 사골과 내장, 고기 등으로 우려낸 육수에 유부, 두부, 애호박, 버섯, 양파 등을 넣고 시원하게 끓여낸 육개장 스타일. 한 세기 가깝도록 이어온 업력답게 전 연령대 고르게 두터운 마니아층을 자랑한다. 먼저 초피가루를 넣고 국수사리와 밥을 말아 먹는 재미가 있다. 식사 겸 반주하기에도 좋지만, 미꾸라지 부침(튀김) 등 술안주 메뉴도 다양하다.

### 할매추어탕 _ 전북 남원시

₩ 추어탕 1만원, 숙회 5만~7만원
☎ 063-632-0535
🏠 요천로 1467

남원시를 가르는 요천 앞에는 추어탕 거리가 있다. 여러 집 가운데 3대째 경영하는 할매추어탕이 유명하다. 통통한 미꾸라지를 삶고 갈아 여러 번 뼈를 거른 후, 그 육수에 된장을 넣어 쓴다. 여기다 고랭지 무청 시래기를 넣고 팔팔 끓여낸 걸쭉한 국물이 매력이다. 콩 좋은 남원고을 된장에 들깨, 매운 고추를 넣어 진하면서도 시원하다. 한 뚝배기 비우고 나면 과연 몸이 팔딱팔딱 살아나는 느낌이다. 미꾸라지 튀김도 서비스로 상에 차려낸다. 통마리 추어를 채소와 함께 돌판에 올려 먹는 숙회도 별미다.

## 김가네원주추어탕 _ 강원 원주시

₩ 추어탕 1만1,000원
📞 0507-1425-9003
🏠 단관공원길 90-3

이 집은 철저한 원주식 추어탕이다. 갈아 넣었대서 갈추어탕, 그대로 넣어 통추어탕이라는 이름으로 나눠 판다. 얼핏 보면 어죽 전골 형식으로 불에 직접 올려 보글보글 끓여 먹고 수제비 등을 넣어 먹는다. 들깻가루가 들어가 뻑뻑하고 진한 국물이 대번에 보양식 느낌을 준다. 강원도 스타일답게 감자옹심이 등도 넣을 수 있다. 미꾸라지 강정이 있는 것이 특징. 갓 지은 돌솥밥으로 선택하면 1,000원 추가된다.

---

## 의성식당 _ 경북 청도군

₩ 추어탕 7,000원
📞 054-371-2349
🏠 청도읍 청화로 204

경북 청도역 앞에도 50년 역사를 자랑하는 추어탕 거리가 있다. 이 중 가장 오래된 의성식당은 피라미 등 민물 잡어를 넣고 끓여낸 청도식 추어탕을 파는 곳이다. 미꾸라지는 넣을 때도 있고, 아예 안 넣을 때도 있다. 배추와 얼갈이, 우거지 등을 듬뿍 넣고 시원하게 끓여낸다. 살짝 간을 했지만 전반적으로 맑은 국물이다. 미리 초피가루를 넣어 국물 맛 자체가 얼얼하니 시원하다. 된장이나 고추장, 사골육수를 쓰는 다른 지방 추어탕보다 시원한 국물 맛이 일품이다.

버섯

# '일능이 이표고 삼송이' 라더니
# 맛과 영양, 식감 모두 으뜸이네

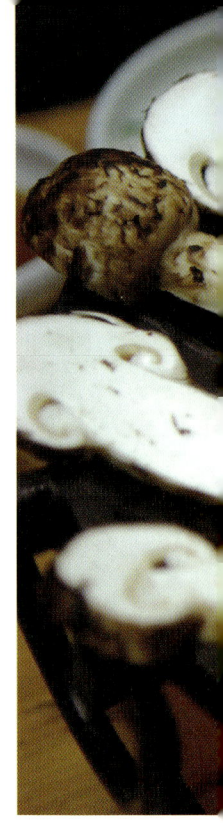

향이 좋은 송이는 천 년 전에도 진상품으로 인기
식감 좋은 능이는 닭과 오리 백숙에 넣는 보양식
표고는 자연산과 재배종 모두 감칠맛 으뜸!
송로버섯은 서양에서도 귀한 대접받는 3대 진미

 오곡백과 결실의 계절 가을, 풍요로운 땅에 계절의 선물 버섯 또한 쑥쑥 돋아난다. 산에 고기가 난다고 해서 민초들이 일찌감치 즐겼던 그것, 바로 버섯이다. 보통 '우산' 모양(뽑기 어려운)처럼 커다란 갓을 쓰는데 이곳에서 포자를 내뿜는다. 오 마이 갓! 버섯의 갓은 일종의 생식기관이었다. 특히 나무가 생장을 멈추는 가을에 영양을 축적해 버섯을 돋우고 포자를 틔운다.

 우리가 아는 버섯은 그 종류가 엄청나게 많다. 서식 환경이야 늘 그렇듯 그늘지고 습한 곳에서 잘 돋아난다. 죽은 나무에 기생하는 경우가 많아 나무 그루터기나 썩은 가지, 기둥에서 버섯 군락을 발견하기 쉽다. 균류는

버섯은 동물도 식물도 아니라지만 상관없다. 맛 좋고 건강에 좋은 게 버섯만 한 게 또 있으랴!

죽은 나무의 조직을 먹고 산다. 멀쩡히 살아 있는 나무는 버섯과 곤충을 방어하기 위해 독성 물질을 방사한다. 이것이 바로 피톤치드Phytoncide다.

버섯은 서식하는 곳도 다양하다. 보통 축축하고 어두운 곳이라면 어디든지 돋아난다. 하지만 초목이 있어야 한다. 나무에 붙어야 생겨날 수 있고 또 살아갈 수 있는 까닭이다. 생물학적으로 균류에 속하는 버섯은 동식물 분류의 매우 특별한 경계에 있다. 동식물을 넘나드는 다양한 성질을 가진 다세포 생물이다. 대부분의 식물이 하는 광합성을 하지 않으며, 대부분의 동물이 가진 근육 세포를 만들어 내지 않는다.

버섯은 흔히 식용버섯과 독버섯으로 나뉜다. 워낙 종류가 많아 이를 구분하는 일도 쉽지 않다. 대부분은 독버섯이다. 깊은 산에서 자라는 독버섯은 환각까지 일으킬 수 있으니 이를 잘못 먹었다간 산속에서 쓰러져 조난 당하기 쉽다. 실제 독성보다 더 위험한 이유다.

하지만 버섯은 맛이 좋아 세계적으로 상식되는 식재료다. 동서양을 막론하고 인간은 버섯을 먹어왔다. 영어의 머시룸Mushroom, 이탈리아어 풍고 Fungo는 레스토랑 메뉴에서 봐서 이미 익숙하고, 나무의 자식이란 뜻을 가진 일본어 기노코きのこ, 프랑스어 샹피뇽Champignon 등 세계적으로 버섯을 지칭하는 말이 있을 정도로 실생활과 밀접한 식재료가 버섯이다.

수만 종에 이르는 버섯 중 식용은 일부에 불과하다. 식용버섯에는 어떤 것이 있을까. 가을이 되면 가장 많이 나오는 얘기가 송이버섯에 관한 것이다. 향이 좋아 코로 먹는다는 값비싼 버섯이다. 특유의 향긋한 송이 향을 즐기기 위해 많은 이가 큰돈을 지불한다. 송이松茸니 당연히 은은한 솔향을 낸다. 향이 가장 강해질 때는 국물 요리에 넣거나 굽는 등 열을 가할 때다. 이 중 최고는 일본의 도빙무시土瓶蒸처럼 국에 넣고 끓여 수증기에 섞인 향이 퍼져나갈 때다. 하지만 식욕과 소유욕이 강한 사람들은 귀한 송이를 그대로 썰어 회로 먹거나 살짝 구워 먹기를 선호한다.

송이의 인기는 이미 옛날부터 대단했다. 천 년 전《삼국사기》에 진상품으로 송이가 등장한다.《조선왕조실록》에도 그 품목이 빠지지 않았다. 소식하기로 소문난 영조도 별미로 꼽았다. 예나 지금이나 최고의 선물감이었다. 고려 문신 이인로는 선물로 받은 송이를 예찬하는 글을《파한집》에 썼고, 목은 이색 역시 송이 선물을 받고 이를 시로 남길 정도로 즐거워했다. 조선의 서거정과 유몽인 또한 송이를 예찬하기에 주저하지 않았다. 송이는 인공재배가 어렵고 생식 조건이 매우 까다로웠던 까닭이다. 당시에도 귀하디귀한 존재였다. 강원도와 경북, 전북 산간지방에서 많이 나는데, 해풍이 닿는 지역의 것을 최고로 친다. 강원도 양양과 경북 봉화, 울진 등에서 가을이면 저마다 송이 축제를 연다.

역시 가을이 제철인 능이버섯도 진한 향과 씹는 맛으로 인기가 높은 버섯이다. '일능이 이표고 삼송이(최고는 능이, 두 번째는 표고, 세 번째가 송이)'란 말이 돌 정도다. 송이를 저만치 밀어낼 정도라니! 능이 향과 식감이 마치 고기를 먹는 듯해 이처럼 황송한 칭찬을 듣는다. 능이는 동아시아와 남아시아에서도 많이 먹는다. 송이와 마찬가지로 재배할 수 없어 고급으로 친다. 맛과 향을 더하기 위해 닭이나 오리 백숙에 주로 넣는다. 그래서 '능이' 하면 보양식의 이미지가 있다.

표고버섯도 빼놓을 수 없다. 특유의 감칠맛으로 진상품에 들 정도로 고급 버섯이었다. 지금은 인공재배에 성공하면서 그 지위가 격하됐다. 그러나 재배가 쉬워 흔하게 볼 수 있는 버섯이 되었지만, 그 맛은 어디 가지 않는다. 맛은 재배한 것도 자연산에 뒤지지 않는다. 조선시대에도 재배에 도전했을 정도로 맛이 좋았다.

표고버섯은 말려서 가루를 내면 조미료로 쓸 수 있을 정도로 감칠맛이 강하다. 국물이나 요리의 감칠맛을 증폭시키는 구아닐산을 많이 함유했다. 씹는 맛도 좋아 채식 식단에서 고기 맛을 대신하는 식재료로 빠지지 않는

1 동아시아에서 최고급 식재료로 대접받는 송이버섯.
2 산지에서는 송이가 나는 철에는 요리에 송이를 넣어 먹는 호사를 누린다.
3 여러 버섯을 넣고 푸짐하게 끓여내는 전남 장흥 불금탕.

다. 채를 썰어 잡채에 넣고 고기를 다져 갓에 채워 넣어 표고전을 부치기도 한다. 신라면에도 들어 있다.

석이버섯은 생소하다. 바위에 붙어산다. 맛과 식감은 목이버섯과 비슷해 전골에 넣거나 볶아먹기도 한다. 석이는 생장도 느리고 귀해 송로버섯만큼 비싼 값을 받는다. 깊은 산골짝 절벽에 기어 올라가 뜯어낸다. 채취하기도 어려운 데다 한 번 뜯고 나면 다시 자라는 데 20여 년이나 걸리는 까닭이다.

소혀버섯은 정말 소 혓바닥처럼 생긴 버섯이다. 특이하게도 소고기 육회의 식감이 나는 덕에 회로 즐긴다. 소 생간과 닮은 소간 버섯도 있다. 노루궁뎅이 버섯은 북실북실한 생김새가 새하얀 털 뭉치를 꼭 빼닮았다. 주로 약용으로 쓰는데, 최근에는 인공재배에 성공해 식자재로도 많이 활용하고 있다. 전골에 넣어 데쳐서 그대로 먹거나 살짝 볶아먹는다. 망태버섯은 늘어진 그물 같은 생김새가 마치 하얀 면사포를 닮았대서 숲속의 귀부인이라 불린다. 고급 약재나 식재료로 두루 쓰인다.

자연산 버섯만이 버섯은 아니다. 재배된 것들도 훌륭한 식재료다. 송이를 대신해 나온 새송이, 양송이는 찬거리 채소처럼 일상에서 구입할 수 있다. 식감이 좋은 팽이버섯은 요즘 음식에 감초처럼 두루 쓰인다. 이 버섯들은 꼭 가을이 아니라더라도 사철 맛볼 수 있다.

가을은 계절의 선물, 버섯을 통해 비로소 땅과 소통한다. 영양 많고 맛좋은 버섯 덕에 무르익은 가을을 몸에 차곡차곡 담아둔다. 만추로 흐르는 세월이 공허하게만 느껴지지 않는 이유다.

## 여기가 맛집

### 옥수동화덕피자 _ 서울 성동구

₩ 풍기피자 1만8,000원
📞 02-6084-2019
🏠 한림말3길 27-1

맛집이 수두룩한 옥수동에서 입소문으로만 그 명성을 지켜오는 집. 이탈리아어로 버섯을 뜻하는 풍기(funghi) 피자를 판다. 고소한 유단백 치즈와 감칠맛 덩어리 버섯을 올려 구워냈다. 화덕을 거치고 나면 버섯과 치즈의 진한 풍미가 차진 식감의 도 위에서 활짝 피어난다. 버섯은 진한 맛을 내는 표고와 식감이 좋은 새송이, 양송이를 섞어 쓰고 치즈는 모차렐라를 얹는다. 불이 가시고 나면 여운이 오래가는 트러플 오일을 둘러 용의 눈에 점을 찍는다.

### 맹버칼 _ 서울 종로구

₩ 얼큰버섯칼국수 7,500원
📞 02-734-3200
🏠 종로5길 58 석탄회관 지하 1층

버섯칼국수를 내세우며 직장인들의 허기를 책임지는 종로 1번지의 맛집. 제철 버섯을 한가득 넣고 칼칼하게 끓여낸 칼국수가 맛있어 늘 기나긴 줄을 드리운다. 육수는 차치하고 버섯과 국수밖에 눈에 띄지 않지만, 국물과 면발의 조화가 심상치 않다. 매콤하고 시원하면서 담백하다. 버섯 특유의 감칠맛으로만 해결한 국물 맛이 좋아 남녀노소 모두 즐겨 찾는다. 깻잎을 갈아 넣어 녹색을 띠는 면발은 탱글탱글한 것이 씹는 맛이 좋다.

### 대나무집 _ 경기 고양시

₩ 능이버섯백숙 7만원
📞 0507-1333-6302
🏠 일산동구 강송로113번길 54-11

일산 한복판 주택가에서 조용히 능이백숙을 하는 곳이지만 어찌들 알고 찾아온다. 튼실한 토종닭을 솥에 넣고 능이버섯과 함께 오랜 시간 팔팔 끓여내니 어찌 맛이 없으랴. 감칠맛이 잔뜩 밴 국물에 투실한 닭고기까지, 서너 명이 코를 박고 소주잔을 기울인대도 끄떡없다. 능이 맛이 좋다는 것을 실감하려면 진한 양념보다 이처럼 구수한 백숙이 낫다.

## 천년한우 _ 경북 울진군

대게뿐 아니라 좋은 소나무도 많은 울진군은 당연히(?) 가을 송이의 보고다. 울진읍 천년한우는 신선하고 고소한 한우 소고기를 울진 송이와 함께 맛볼 수 있는 곳이다. 송이는 미리 부탁하면 구해주지만. 송이 시장에서 구입해서 가도 된다. 육즙 가득한 소고기와 진한 향을 품은 송이가 잘 어울린다. 갓 채취한 송이를 썰어 숯불을 쬐고 나면 더욱 진하게 피어나는 향에 감동한다.

₩ 소고기 등심 1인분 2만5,000원, 송이 시가
☎ 054-783-6818
🏠 울진읍 울진중앙로 71

## 불금탕 _ 전남 장흥군

국물 요리를 워낙 좋아하는 한국인, 그래서 별의별 탕이 다 있다. 혜천탕, 회춘탕, 해천탕. 장흥에는 불금탕을 파는 집이 있다. 불금탕은 장흥한우나 닭, 오리 등 육류에다 문어, 전복, 키조개, 소라 등 해산물, 그리고 황금팽이, 백목이, 느타리, 만가닥버섯 등 갖은 제철 버섯과 황칠까지 넣고 끓여낸다. 탕 안에 산해진미가 다 들었으니 불에 얹어보면 고개가 끄덕여진다. 주인공은 의외로 버섯이다. 빼곡히 채워낸 버섯은 고기에 씹는 재미를 더하고 담백한 국물에는 감칠맛을 입힌다.

₩ 불금탕(소) 5만원
☎ 061-864-3313
🏠 장흥읍 토요시장 1길 53

굴

## 날로 먹고 찜쪄 먹고 끓여 먹고
## 굴 맛이 꿀맛

찬바람 불면 바다가 선물하는 최고의 선물, 굴
굴이 세계에서 가장 저렴하고 흔한, 그래서 복 받은 나라
헤밍웨이도 극찬한 굴과 화이트와인의 절묘한 조화
입이 행복한 맛은 기본, 힘이 불끈 솟는 영양도 으뜸

얼마 전 경남 통영에 다녀왔다. 벌써 굴에 맛이 들었다. 조업장, 박신장 (굴 껍데기를 벗기는 곳), 경매장도 바빴다. 바야흐로 굴 시즌이 시작된 것이다.

"오직 바다의 맛과 즙이 풍부한 식감만 입안에 남았을 때 나는 껍데기에 남은 차가운 바닷물을 마신 후 입안을 화이트와인의 청량함으로 또 한 번 씻어낸다. 그렇게 했을 때 비로소 공허한 기분을 털어내고 행복에 젖어 다음 계획을 세우게 된다."

척 보기에도 행복 무량한 이 글은 어니스트 헤밍웨이가 썼다. 그도 그

세계적으로 값비싼 굴을 이처럼 다양하게 조리해 먹을 수 있다니! 우리는 '굴 복'만큼은 터진 민족이다.

럴 것이 유럽에서 굴이란 굉장히 고급 음식 축에 든다. 하지만 우린 그저 피식 웃고 만다. 한 접시 시켜 소주와 마시기에 부담 없는 안줏거리가 한국의 굴이다. 굴은 밥집에서는 밑반찬으로, 술집에서는 서비스로 나온다. 굴을 한 양동이씩 구워 먹기도 하고, 국에 넣어 끓이기도 한다. 튀김옷을 입혀 굴전을 해먹기도 한다. 심지어 김장할 때 맛이 들라고 수북이 굴을 넣기도 한다.

우리나라는 세계 양식 굴 생산량 2위다. 자연산 굴도 많이 난다. 서해나 남해의 갯벌에는 마음만 먹으면 누구나 갯바위나 개펄에서 굴을 따먹을 수 있다. 이처럼 굴은 우리에게는 흔하다. 찬바람 불면 어디서고 맛볼 수 있는 바다의 선물이다. 흔하기만 한게 아니다. 저렴하면서 싱싱하다. 흔하고, 저렴하고, 싱싱하니까 부담 없이 먹는다. 청정해역에서 채취, 직송한 석화를 바로 까먹고 구워 먹고 끓여 먹는다. 아예 알굴을 숟가락으로 퍼먹기도 한다. 세상 어느 곳에도 이런 호사는 없다.

굴 맛을 제대로 보려면 생굴로 먹어야 한다. 레몬즙을 살짝 뿌린 생굴을 입안에 넣고, 혀로도 으깰 수 있을 만큼 부드러운 살을 씹으면 바닷물과 섞인 짭조름하고 청량한 육즙이 그대로 느껴진다. 진한 육즙에는 뭔가 비교하기도 어려울 진한 풍미가 배어나는데, 그것은 바로 감칠맛이다. 찬물에서 자란 제철 굴 맛이다. 여기에 화이트와인을 한 모금 머금으면 환상의 미감을 느끼게 된다.

우리나라는 작다. 오로라, 대평원, 에메랄드빛 바다, 사막, 만년 설산 같은, 자연이 보여주는 임팩트는 없다. 하지만 한국인이라면 가끔 이 땅에 태어난 것을 지독하게 감사해야 한다. 특히, 굴이 나는 겨울은 더욱 그렇다.

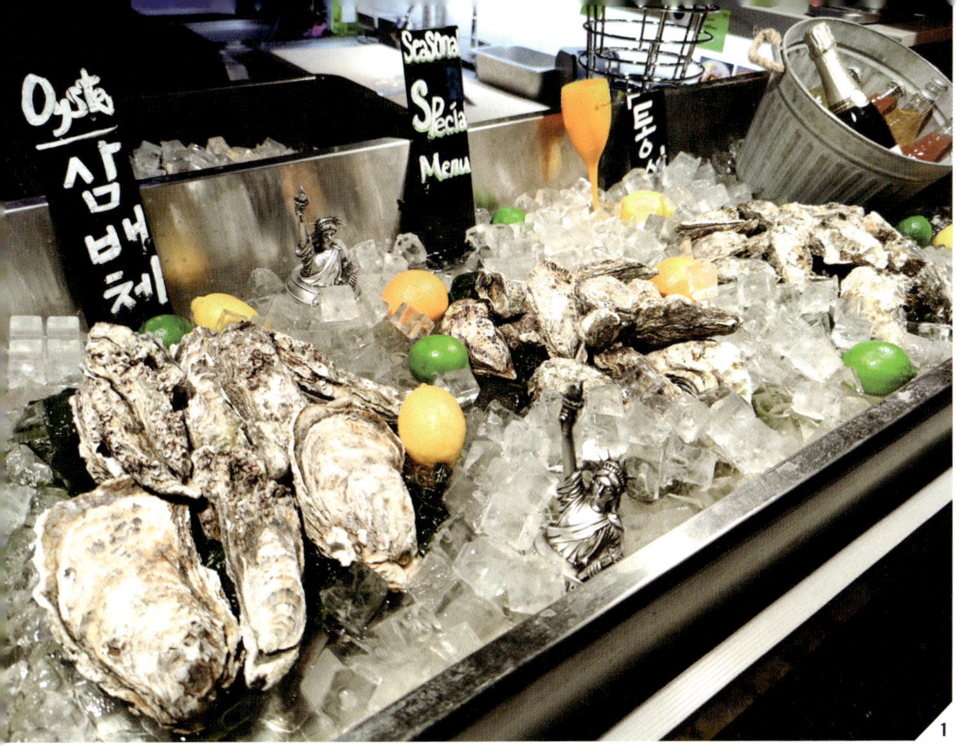


1

2

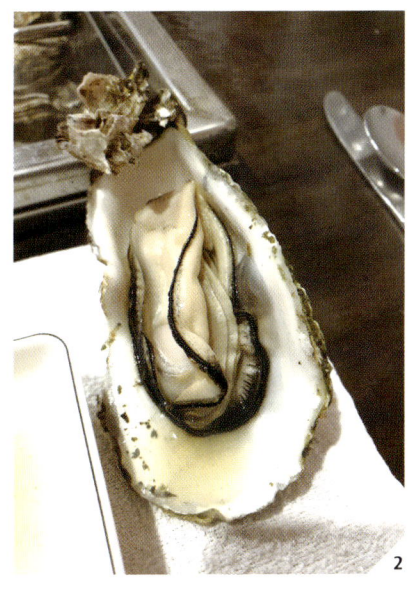

**1** 요즘은 굴을 종류별로 골라 먹을 수 있는 오이스터 바도 유행이다.
**2** 석화를 그대로 쪄먹는 굴찜은 겨울 별미로 통한다.

## 여기가 맛집

### 조선기술 _ 서울 종로구

₩ 생굴 가격은 시가
☏ 02-2251-8588
⌂ 종로3길 17 D타워 4층

굴의 다양한 참맛을 즐길 수 있는 곳, 이름하여 '오이스터 바'다. 로맨틱 코미디 영화에서나 보던 뉴욕식 오이스터 바가 서울 한복판에 생겼다. 얼추 운동화만 한 삼배체 등 통영, 고성, 고흥에서 직접 주문한 귀하고 다채로운 굴을 신선한 석화 상태로 맛볼 수 있는 바를 매장 안에 비치했다. 얼음 위에 올린 신선한 굴을 육안으로 확인한 후 선택하고, 전통 고추장을 첨가한 특제 소스와 서양식 식초 소스 등 2종의 소스를 곁들여 샴페인이나 와인과 함께 낭만을 즐길 수 있도록 했다. 요즘 맛이 제대로 든 굴이지만 맞춤 소스가 입맛을 돋우는 데 큰 역할을 한다. 조선기술은 바다와 배를 테마로 한 재치 넘치는 디자인과 인테리어로 오픈부터 화제를 모았다. 에콰도르에서 공수해온 옥수수 전분 나초부터 스테이크까지 갖추고 있으니 굴이 아니어도 만족할 만할 식도락이 가능하다. 시푸드가 아니라 이른바 '십(ship)푸드'를 표방한다.

### 맛이차이나 _ 서울 마포구

₩ 굴짬뽕 1만원
☏ 02-322-2653
⌂ 독막로 68

요리면 요리, 식사면 식사. 자자한 입소문을 끌고 다니는 상수동 중국음식점. 겨울 한정으로 해물과 채소를 큼지막한 굴과 함께 볶아 육수에 말아낸 굴 짬뽕을 선보인다. 애호박과 양파, 배추 등이 아삭하고, 이를 품고 있는 진한 육수가 일품이다. 감칠맛이 녹아난 국물이라 일반 짬뽕보다 약간 점성이 있어 면이 따로 놀지 못한다. 면을 채소와 함께 집어 입에 넣고 씹으며

사발을 들어 후루룩 국물을 마시면 식도를 타고 온몸에 맛이 돌기 시작한다. 건더기도 푸짐하고 국물도 넉넉하다. 국물이 혀에 짝짝 붙어 면을 다 건져 먹고도 밥을 말고 싶을 정도.

## 용머리숯불꼼장어굴찜 _ 서울 마포구

₩ 굴찜 4만9,000원
☎ 02-334-9592
🏠 망원로 19 참존아파트

서울 망원동 유수지 외진 곳에 있는데, 어찌들 알고 찾아오는지 늘 줄이 길다. 커다란 네모 스테인리스 찜기에 석화를 잔뜩 얹고 중탕으로 끓여 향긋한 굴찜을 낸다. 뚜껑을 열면 김이 모락모락 나는 석화가 입을 벌리고 탐스러운 속살을 내보인다. 마이클 잭슨처럼 한 손에만 장갑을 끼고 돈가스 나이프로 탱글탱글한 알굴을 발라 초고추장에 찍어 먹으면 싱그러운 바다 내음을 남긴 채 꿀떡 넘어간다. 원래 진한 맛이라 그 여운이 오래간다. 찜기가 커서 양도 꽤 많다. 서너 명이 소주 몇 병을 그냥 비워낸다. 다른 메뉴로 곰장어가 있어 자릴 옮기지 않고도 연회가 이어진다. 밖에서 기다리는 이들만 괴로울 뿐이다.

## 충무집 _ 서울 중구

₩ 굴전 2만8,000원
☎ 02-776-4088
🏠 을지로3길 30-14

우리나라 굴 양식의 보고 통영. 이 집은 상호도 통영의 옛 이름 충무로 했다. 도다리쑥국, 멍게비빔밥, 물메기탕, 잡어회, 멸치회 등 통영 향토 음식을 내는 노포다. 겨울이면 통영에서 직송되는 신선한 굴을 식탁에 올린다. 통영 종갓집 전통 솜씨로 맛깔나게 부쳐낸 굴전이 맛있다. 그냥 먹어도 될 것을 아깝게 왜 전을 부치냐고? 좋은 식재료는 열을 가해도 그 신선도는 어딜 가지 않는다. 제철 맛이 든 굴은 달고도 진하다. 굳이 다른 감칠맛(간장)에 찍지 않아도 충분히 혀를 적신다. 굴은 본래 짭조름한 바다 맛을 품어 간도 적당하다. 고소한 기름 맛을 더하고 싱그러운 파 맛까지 얹어주니 안 그래도 부드러운 굴을 흐뭇하게 삼킬 수 있다. 겨울에만 있다.

## 호반 _ 서울 종로구

가을부터 봄까지 강굴을 판다. 이곳 강굴은 강(江)굴이 아니다. 광양에서 유명한 민물굴(벚굴)이 아니라, 서해안 서산 앞바다에 사는 자잘한 굴이다. 원래 씨알이 작은 게 아니라 간조 때 수면 위로 나와 햇볕을 받아 그렇다. 굴은 물 속에 잠겨 있을 때 큰다. 2~3cm 정도 크기에 거뭇거뭇 푸르스름한데 고소한 맛이 진하고 물날개가 많아 씹는 맛이 좋다. 한 접시에 한가득 강굴을 담아낸다. 초장 대신 양념장을 주는데 고소한 맛이 잘 어울린다. 크기가 잘아 귀찮다면 숟가락으로 퍼 양념장을 얹은 다음 한술 꿀꺽 삼키면 만족감이 더하다. 굴 말고도 순대나 병어조림 등 한식 메뉴와 물김치, 콩비지 등 밑반찬이 맛있기로도 유명하다.

- ₩ 서산강굴 3만5,000원
- ☏ 02-745-6618
- 🏠 삼일대로26길 20

## 열차집 _ 서울 종로구

종로를 '전집 거리'로 유명하게 만든 대표 노포다. 밥 메뉴 없이 전만 부쳐다 파는데, 겨울에는 굴전이 인기다. 도톰하게 살이 오른 굴에 계란 옷을 입혀 바로 번철에 부쳐낸 굴전은 뜨거울 때 먹어야 제맛이다. 모락모락 피어오르는 기름내가 가시기도 전에 차가운 어리굴젓(굴조개젓)을 얹어 한입에 쏙 넣는다. 뜨거우면 재빨리 막걸리를 들이켜면 된다. 굴전에 굴젓이라니. 굴과 굴이 만났지만 맛도, 온도도 대비돼 새로운 조화를 이룬다. 방금 부쳐낸 굴전은 감칠맛을 주고, 칼칼하니 양념을 흠뻑 묻힌 어리굴젓은 깔끔한 마무리를 돕는다. 막걸리 한 모금까지 부드럽게 이어지는 맛의 코스다.

- ₩ 굴전 1만4,000원
- ☏ 02-734-2849
- 🏠 종로7길 47

## 월포가든 __ 전남 고흥군

매생이가 든 굴 칼국수라니. 겨울 바다의 친구 둘이 거금도 식당의 한 사발 안에 들었다. 통영에 위판하지 않는 지역 자생굴이다. 물론 투석식이나 지주식으로 키우긴 한다. 바다에서 났지만 해조류와 어패류는 많이 다르다. 맛도 다르다. 굴이 아미노산 특유의 감칠맛으로 밑국물을 받치면 매생이가 부드럽고 고소한 맛을 내는 형식으로 의기투합한다. 여기다 한국인이 좋아하는 칼국수가 들어 있어 졸깃졸깃 씹는 맛을 더한다. 입술을 동그랗게 말아 호로록 빨아들이면 좁은 입안으로 넓은 바다가 밀려든다. 아연과 타우린, 칼륨까지 다양한 무기 영양도 좋다. 뜨거운 매생이 굴 칼국수 한 그릇에 겨울바람 차가운 줄 모른다.

₩ 매생이국칼국수 7,000원
☎ 061-842-8425
🏠 금산면 오룡동길 19

## 간월도별미영양굴밥 __ 충남 서산시

서산 간월도는 어리굴젓이 유명한 지역. 또 굴을 넣고 지은 굴밥 또한 별미다. 간월도 인근에 있는 간월도별미영양굴밥은 주문 즉시 돌솥에 굴밥을 지어 올린다. 돌솥에 밥이 다 되면 달큼한 양념간장을 넣고 비벼 먹는데, 얼핏 쉬워 보이지만 집에서 재현하기엔 거의 불가능한 맛을 낸다. 곁들이는 찬도 면면이 좋지만 돌솥 안에 채소와 굴이 모두 들어 한 그릇으로 충분하다. 정말이지 '영양밥'이다. 갓 지은 밥에 굴 맛이 배어들고 거기다가 또 고소한 참기름 향이 나는 양념장을 비비니 어찌 맛이 없으랴. 입에 굴밥을 한 보따리 밀어넣고 코로 바다 내음을 함께 들이켜면 그 향기가 더욱 맛깔 난다. 따끈한 진국의 굴국밥도 있다.

₩ 영양굴밥 1만4,000원
☎ 041-664-8875
🏠 부석면 간월도1길 69-1

( 냉면 )

# 쩡한 육수와 짱짱 면발
# '이냉치냉' 한사발로 속후련

싱거운 듯 슴슴한 맛으로 현대인 입맛 사로잡아
가을에 수확한 메밀로 면 뽑고, 육수 내는 꿩도 겨울 제철
달달한 월동무 써야 시원한 맛 제대로 우려내
명가 마다 특별한 비법의 육수와 면발로 단골 확보

　이 한파에 냉면이라니! 코로나 블루에 정신줄 놓은 이 취급을 과연 받을 만하다. 하지만 당장에라도 시내 유명 면옥麵屋을 가보면 생각이 달라진다. '쩡'한 한파를 뚫고 찾아든 손님들의 파란 입술마다 드리운 '짱짱한' 국숫발을 보면, 냉면이 본디 겨울 음식이었음을 다시금 알아차릴 수 있다. 그렇다. 냉면은 겨울 음식이다. 물론 여름에도 맛있다. 시원하니까. 그 맛에 주르륵 빨아들인다. 하지만 맛은 겨울에 더 있다(냉면집에서 대우도 받는다).

　가게마다 다르겠지만 냉면의 기본 구성요소는 면과 육수다. 전분을 쓰

세계 면 요리 문화에서 독보적인 영역을 구축한 냉면. 본디 겨울에 먹는 별미지만, 시원한 육수 맛에 여름철에도 인기다.

는 함흥냉면(농마국수)을 예외로 치고, 냉면 면발은 메밀이 기본이다. 가산 이효석의 《메밀꽃 필 무렵》을 기억한다면 메밀이 언제 영글고 수확하는지 유추할 수 있다. 여름 저물어 꽃이 피니, 일러야 가을 초입이다. 국내 최대 메밀 재배지역인 제주에서는 11월 중순이나 돼야 수확할 수 있다.

먹을 게 늘 모자라던 시절, 가을에 수확한 메밀을 이듬해 여름까지 남겨둔다는 건 언감생심이다. 늦가을에 거둬 갈아낸 메밀가루를 겨울에 두고 두고 먹었다. 여름 냉면이야말로 배부른 소리였다. 국물은 더욱 그렇다. 동치미를 담가놔야 냉면을 말아먹을 수 있다. 여름 동치미라니. 담그려면 그럴 수도 있겠지만 당최 무가 맛을 내지 못한다. 동치미는 단맛이 제대로 든 월동무를 써야 한다. 육수에 썼다는 꿩도 마찬가지. 꿩은 보통 겨울 농한기에 눈이 소복이 내린 날 잡는다.

'증언'도 수두룩하다. '냉면은 겨울 계절 음식으로 평양이 으뜸'이라며 '메밀국수에 무김치, 배추김치를 넣고 그 위에 돼지고기를 얹어 먹는다'는 글이 1849년 편찬된《동국세시기》에 적혀 있다. "평양 사람이 타향에 가 있을 때 문득문득 평양을 그립게 하는 한 힘이 있으니, 이것은 겨울의 냉면 맛이다. (중략) 꽁꽁 언 김치죽을 뚫고 살얼음이 뜬 김장 김칫국에다 한 저 두 저 풀어 먹고 우르르 떨려서 온돌방 아랫목으로 가는 맛! 평양냉면의 이 맛을 못 본이요! 상상이 어떻소!" 김소저가 1929년 잡지 별건곤別乾坤에 적은 '사시명물 평양냉면'의 구절이다. 자, 냉면이 겨울에 먹는 음식이란 증거가 모두 나왔다. 이제 당장 냉면을 체포(?)하러 가보자. 이미 잘 알려진, 그래서 새삼 소개 따위는 필요 없는 이른바 '국가대표급 냉면집'은 제외하고.

## 🔖 여기가 맛집

### 무삼면옥 서부본점 _ 서울 마포구
₩ 100% 메밀냉면 보통 1만1,000원
📱 없음
🏠 마포대로12길 50

설탕, 색소, 조미료를 넣지 않아서 무삼(無三)이다. 제분기를 두고 메밀 순면에다 표고버섯을 올린 특별한 외양의 냉면이다. 육수도 여느 평양냉면보다 짙은 색을 낸다. 눈을 가리고 육수를 음미해도 구별이 된다. 독특한 표고 향이 묻어난다. 볼끈 물기를 짜낸 오이지를 냉면 무와 곁들여 먹는다. 순면이라 입술로도 톡톡 끊어지는 면에서 메밀 향이 소록소록 솟아난다. 50% 메밀면과 적은 양도 선택할 수 있으며, 목이버섯과 들기름, 간장에 비벼 먹는 간장 비빔냉면 메뉴도 있다.

### 경인면옥 _ 인천 중구
₩ 평양물냉면 1만원
📱 0507-1404-5770
🏠 신포로46번길 38

원래 광복 전인 1944년 서울 종로통에서 창업했다고 하니 무려 70년이 넘었다. 1946년 현재의 위치에 자리를 틀고 인천 냉면의 맹주 자리를 굳건히 지켜온 집이다. 동치미만 쓰는 본래의 평양냉면과 달리 고기가 풍족했던 인천에서 진화한 고기육수 평양냉면이다. 간은 슴슴하지만 육향은 짙다. 여기다 시원한 맛을 더하는 동치미의 적절한 배합이 이 집 맛의 비결이다. 순면은 아니지만 적당하게 끈기와 향기를 유지하는 면발도 좋다. 불고기와 녹두전, 만두 등 이북 음식을 함께 맛볼 수 있는 곳이다.

### 동무밥상 _ 서울 마포구
₩ 북한냉면 1만2,000원
📱 02-322-6632
🏠 양화진길 10

정통 북한식 냉면을 표방하는 집. 북한 현지에서 고위층 대상 요리사로 지냈던 윤종철 오너 셰프가 차린 집이다. 일명 '북한냉면'이라 불리는 '랭면'이 인기다. '쩡'한 백김치 국물과 고기육수, 청장(淸醬)을 섞은 국물에 순면에 가까운 메밀 면을 말아낸다. 여기다 북한식 김치, 반찬이 국내의 것과는 다른 느낌이다. 전반적으로 새큼한 맛을 내는데, 식욕을 돋우기에 딱이다. 꾸미로 얹은 소고기 수육은 고소하고 진한 육향이 일품이다. 이북식 순대 등도 곁들이로 좋은 메뉴.

## 평양냉면 _ 강원 태백시

₩ 물냉면 8,000원  
☎ 033-581-0101  
🏠 보드미길 17

평양만큼 추운 태백에서 즐기는 냉면도 감탄을 자아낸다. 해외여행 갔다가 뜻밖에 친구를 만난 듯 아주 반가운 메뉴다. 고기를 삶은 육수에 동치미 국물을 붓고 거뭇한 면을 삶아내 탈탈 털어 말아준다. 비교적 진하고 구수한 육수지만 거기에 섞인 시원한 동치미 맛을 숨길 수 없다. 절묘한 조화를 이루도록 잡아주는 것은 간을 적당히 한 덕택인 듯하다. 평양냉면은 밍밍해 도무지 적응할 수 없다는 이들에게도 대부분 만족을 주는 맛. 목을 타고 넘는 시원한 육수에 달달하고 아삭한 무김치, 그리고 탄성을 살짝 간직한 면발이 충성도 높은 단골 무리를 이끌고 있다.

## 사곶냉면 _ 인천 남동구

₩ 물냉면 8,000원  
☎ 032-469-1645  
🏠 논고개로 253-2

백령도 사곶에서 상호를 딴 냉면집이다. 이름하여 백령도 냉면이다. 우리 영토 서북 끄트머리 섬 백령도는 인천 옹진군이지만 사실 황해도와 바싹 붙어 있다. 냉면의 한 줄기를 이루는 황해도 냉면의 맥이 흐른다는 뜻. 냉면에 까나리액젓을 곁들여 감칠맛을 즐기는 독특한 방식이 특징이다. 새까맣고 쫄깃한 면을 사골육수에 말았다. 뽀얀 사골국물은 차가워져도 고소한 맛을 잃어버리지 않는다. 육수에 까나리액젓을 한두 방울 떨어뜨리면 풍미가 한층 진해진다. 비빔냉면과 물냉면 중간쯤인 반냉면도 선택 장애가 있는 이들에게 인기 메뉴다.

## 진미평양냉면 _ 서울 강남구

'강남냉면'의 인기를 주도하고 있는 집. 유명 냉면 노포 주방에서 근무한 셰프가 각 메뉴의 장점을 모아 차린 집이다. 얇지만 씹을수록 숨어있던 메밀 향이 마지막까지 풍기는 면발에다 육향을 숨긴 투명한 이른바 '수돗물' 육수, 진한 맛을 뿜는 수육과 계란, 무, 오이 등을 올린 꾸미까지 21세기 개업집이라고는 믿어지지 않는 내공이 있다. 특히, 가슴이 뻥 뚫릴 정도의 시원한 국물이 인기라 사방에서 '냉면 해장파'가 몰려든다. 물론 저녁에 고기소 가득한 만두와 어복쟁반 등으로 선주후면하는 주객도 들끓는다.

- ₩ 냉면 1만2,000원
- ☎ 02-515-3469
- ⌂ 학동로 305-3

## 부원면옥 _ 서울 중구

서울 시내 평양냉면집 중 가장 저렴한 가격대로 대대로 인기를 끄는 집. 개업 연수도 반세기가 넘었다. 약간은 낯설게도 뽀얀 국물에 굵은 면을 말고, 꽤 두툼한 돼지 수육을 올려준다. 달달한 동치미와 구수한 육수에 씹는 맛 좋은 면발을 따리 틀어넣은 냉면은 맛도 좋고 푸짐해 남대문시장을 찾는 손님들에게 거뜬한 끼니와 장을 보는 재미를 선사한다. '시장냉면'답게 꾸미 인심이 좋다. 냉면만 먹어도 배가 부르지만 매콤 새콤한 닭무침도 물리칠 수 없어 대부분 곁들이게 되는 메뉴다.

- ₩ 물냉면 9,500원, 닭무침 1만3,000원
- ☎ 02-753-7728
- ⌂ 남대문시장4길 41-6 부원상가 2층

대구

# 겨울에 제철 맞는 대구 '魚生역정'
# 네가 있어 신대륙도 찾았다

한국의 명태처럼 서양인의 사랑 한몸에 받는 귀한 생선
스페인 어부 대구떼 따라가다 북미 뉴펀들랜드 첫 상륙
19~20세기 유럽에서는 대구 어장 차지하려 전쟁도 불사
국내에서는 주로 담백, 시원하게 탕으로 끓여 먹어
서양은 염장 대구 즐기고, 포르투갈은 대구 요리만 수천 가지

　1월, 바야흐로 대구의 시즌이다. 세계적으로 대구처럼 인기 있는 생선은 드물다. 현재는 물론 과거에도 그랬다. 대구는 동서양이 모두 좋아하는 생선이란 점이 눈을 크게 뜨고 볼 만한 사실이다. 잡기 쉽고 커다란 살집을 지닌 대구는 인류가 살아갈 수 있는 단백질을 상당 부분 책임졌다. 하지만 그 때문에 전쟁을 일으키고 부지불식간에 침략을 돕기도 했다.

　바이킹은 말린 대구를 비상식량 삼아 배에 가득 싣고 멀리 노략질을 하러 다녔다. 스페인 바스크인들은 대구떼를 따라가다 신대륙(북미 뉴펀들

대구는 세계에서 가장 사랑받는 생선이다. 한국인은 주로 시원하게 탕을 끓여 먹는다.

랜드 지방)을 발견하기도 했다. 서방 세계에서 자칭하는 '대항해시대Age of Discovery, 사실은 침략의 시대'의 원동력도 대구였다. 만약 말린 대구가 없었으면 발견도 침략도 어려웠다. 눈치 빠른 한자Hansa동맹의 상인들은 노르웨이 베르겐에 당시 북해의 최고 히트 상품인 대구를 서남 유럽으로 유통하는 '창고형 물류센터' 브리겐Bryggen을 짓기도 했다.

그만큼 대구는 유럽의 대표 어종으로 군림했다. 예전에 아이슬란드와 노르웨이 등 북유럽 해양국가에서는 빵 먹듯 대구를 먹었다. 일 년 내내 보관해야 하니 해변에는 마치 우리네 황태덕장처럼 대구를 말리는 덕장을 지었다. 제철이 겨울인 대구는 북구(北歐)에서도 공중에 매달린 채 눈을 맞으며 정말 황태처럼 얼었다 녹기를 반복하며 계절의 맛이 들어간다.

이런 대구가 갑자기 귀해졌다. 19세기 후반 들어 그 많던 대구가 줄어들자 여기저기 어장을 둘러싼 분쟁이 일어났다. 20세기 중반 대구 어장을 놓고 아이슬란드와 영국이 벌인 대구 전쟁Cod War은 당시의 냉전Cold War만큼 심각했다. 물러설 곳 없는 아이슬란드는 단교와 선전포고를 거듭하며 대구 어장을 지켜냈고, 이때 이뤄진 것이 지금도 국제적으로 통용되고 있는 200해리 배타적 경제수역이다.

우리나라에서도 1990년대 대구가 귀해진 탓에 한때 생대구는 최고의 값을 받았다. 연근해산 대구탕 한 그릇에 1만원을 상회, 복어 값을 대번에 뛰어넘었다. 이후 연근해 치어 방류사업을 꾸준히 펼친 덕에 지금 개체 수를 많이 회복했지만, 유럽에서는 지금도 대구가 예전만큼 잡히지 않아 상당히 귀한 상태다.

대구는 대표적 한류성 어종으로 겨울에 잡히며 맛도 좋다. 대구과에 속하는 대구는 입이 커서 대구大口다. 조상들은 얼마나 대구를 즐겨 먹었던지 한자를 합쳐놓은 대구 '화(大 아래 口)' 자도 지어줬다. 아귀만큼은 아니지만 입이 크고 몸짓이 빨라 아무거나 쓱쓱 삼켜버린다. 배를 갈라보면 가끔 작은 물고기와 게, 새우 등이 나올 때도 있다. 당연히 살도 투실투실하고 크기도 크다.

대구는 살이 담백하고 비리지 않아 생선을 즐기지 않는 이들도 꽤 좋아하는 어종이다. 특히나 씹는 식감과 고소한 맛이 좋고 크기도 커서 포를 뜨면 다양한 음식으로 재가공할 수 있다. 한국의 생선전과 영국의 피시앤드칩스는 주로 대구로 만들었다. 바다에서 나는 식재료 중 이만큼 유용한 것도 없었다. 대구로 국을 끓이면 고소한 맛이 좋은데, 국내에서는 대구탕, 서양에서도 피시 수프 재료로 많이 쓴다. 노르웨이 베르겐 어시장에서는 대구로 만든 피시 수프와 피시 케이크(어묵)를 곁들여 파는데 감칠맛이 아주 좋다.

단언컨대 값으로 보나 맛으로 보나 대구탕은 동태탕에 비해 비교우위다. 물론 솜씨가 좌우하겠지만, 대구가 살점이 더 크고 단단한 데다 담백하고 시원한 맛을 내니 그렇다. 특히, 대가리를 내장, 콩나물 등과 함께 찌는 대구 뽈찜(뽈때기찜)은 씹는 맛도 좋은 데다 요리조리 먹을 것도 많이 붙었다. 값이 상당히 나가는 까닭에 뽈찜과 뽈탕은 고급 요리 축에 든다. 대구는 버릴 것이 거의 없는 생선이다. 커서 그렇다. 따로 떼어내면 죄다 먹을 만한 양이 나온다.

대구요리 중 가장 이름난 것은 역시 대구탕. 여기서 맑은탕과 매운탕 등 기호에 따라 나뉠 뿐 대부분 탕으로 먹는다. 복국에 견줄 정도로 시원한 국물에다 뼈가 많지 않고 발라내기 좋은 살점은 수저로 긁어먹어도 부담스럽지 않다. 명태보다 크고 단단한 살은 간장에 찍어 먹는다. 국물에 밥을 말아 먹으면 해장에 이만한 것도 없다. 탕을 끓일 때 반쯤 말린 대구를 사용하는 곳도 있다. 반건 대구탕은 더욱 구수하고 감칠맛이 더하다. 하지만 향이 진해 호불호가 갈린다.

대구찜(뽈찜)은 아귀찜처럼 콩나물과 미나리, 매운 양념을 더해 중불에 볶아내 기름기 없이 담백하고 칼칼한 맛으로 즐긴다. 자작한 국물을 머

1 대구 말리는 풍경은 한국이나 '대구의 성지'라 할 수 있는 노르웨이나 비슷하다.
2 대구는 크기도 커서 한 마리만 있어도 여럿이 넉넉하게 즐긴다.
3 바싹 말려 놓은 대구. 저장성이 좋아 동서고금을 막론하고 비상식량으로 쓰였다.

금은 대구 대가리는 씹는 맛도 좋아 안줏감으로 썩 훌륭하다. 특히, 아가미 위쪽 살점은 킹크랩 주먹살처럼 쫄깃하고 씹을수록 고소하다. 원래 경남에서 주로 먹던 요리라 배초향(방아잎)이 들어가기도 한다.

서양에서는 주로 염장한 대구를 먹는다. 굽고 튀기고 삶고 으깨고 자작하게 스튜처럼 조려 먹기도 한다. 대구를 즐기는 포르투갈에선 바칼라우 Bacalhau라는 이름의 대구 요리가 수천 가지가 있을 정도다. 사실 바칼라우는 '염장 대구' 자체를 의미한다. 이탈리아는 바칼라Baccala, 스페인은 바칼라오Bacalao, '테스형'이 살던 그리스에서는 역시 바칼리아로스Bakaliaros 등 죄다 비슷하게 부른다. 염장하지 않고 통째 바람에 말리는 것은 스톡 피시Stock Fish라고 한다. 염장 건조를 하다 보니 단백질이 변형돼 짭조름한 맛이 감칠맛으로 변했다. 간고등어와 비슷한 원리다. 이 때문에 남유럽에서는 염장 건조한 대구를 조리한 요리가 다양하게 발달했다.

대구가 많이 나는 북해 황금어장을 보유한 노르웨이는 단단한 스톡 피시를 두들긴 다음(이것도 우리와 유사하다) 치즈와 우유, 향신료 등을 첨가해 끓이는 요리도 널리 퍼졌다. 토마토 소스에 조리거나 볶아도 먹고, 대구살을 으깨서 감자와 섞어 빵에 발라먹기도 한다. 말린 대구를 알칼리성 수용액에 담가 젤리로 만드는 노르웨이 루테피스크도 별미로 꼽힌다.

유럽에서도 우리처럼 대구를 크리스마스 등 겨울에 주로 먹는다. 같은 종류의 생선에 맛이 드는 제철이야 대서양이나 태평양의 것이 서로 비슷한 덕이다. 찬바람이 몰고 온 싱싱한 대구떼. 그 부드러운 살 한 점과 시원한 국물 한 모금이면 새해 모진 풍파가 오더라도 견뎌낼 수 있을 듯 든든하다.

## 🏠 여기가 맛집

### 신성 _ 서울 종로구

₩ 생대구탕 2만원
📱 02-733-6671
🏠 무교로 42

노포가 득실득실한 무교동과 다동 일대에서 오랜 시간 입맛을 사로잡아온 일식 노포다. 일식의 형태를 띠지만, 결국 제철 음식을 제때 조리해내는 남도 음식에 가깝다. 이 집은 보리굴비 맛집으로 소문난 곳이다. 겨울에는 생대구탕을 내는데, 이것 때문에 찾아오는 이들이 많다. 기본적으로 생선회 등 작은 요리를 곁들인다. 투실한 대구 조각과 미나리 등을 넣고 보글보글 끓여낸 맑은 탕이 인기다.

### 자원대구탕 _ 서울 용산구

₩ 대구탕 11,000원
📱 02-793-5900
🏠 한강대로2가길 6

삼각지를 이른바 '대구탕 골목'으로 이끈 대표 노포. 커다란 대구 도막과 이리 등을 인심 좋게 넣고 미나리 등 채소를 한가득 올려 먹는 전골집이다. 칼칼한 양념 육수에 팔팔 끓여낸 대구살을 한 숟가락 떠 입에 넣으면 부드럽고 고소하게 목을 타고 넘는다. 슈크림처럼 부드러운 대구살을 바삭하게 튀겨낸 대구 튀김도 빼놓을 수 없고, 기본으로 내주는 아가미 젓갈도 연신 젓가락을 잡아끄는 별미다.

### 무교원 원대구탕 _ 서울 중구

₩ 대구탕 1만원
📱 없음
🏠 세종대로11길 42

윗집이 술을 부르는 대구집이라면 이 집은 그야말로 숙취 뒤의 해장에 완벽하게 대응하는 한 끼 대구탕이다. 별로 든 것도 없다. 커다란 살코기 덩이와 반달 모양으로 썰어낸 무, 대파 몇 개가 떠 있을 뿐이다. 그런데 이 국물 맛이 기가 막히다. 술이 다녀간 흔적을 싹 쓸어낸다. 시원한 국물에 밥을 말아 그대로 훌훌 마시면 된다. 기름기가 모자란다면 계란말이로 보충해도 된다.

## 속씨원한 대구탕 _ 부산 해운대

₩ 대구탕 1만2,000원
☎ 051-744-0238
🏠 달맞이길62번길 28

과거 해운대 여행 갔던 이들로부터 전국적으로 입소문을 탄 집. 대구탕 국물 맛이 시원이 아니라 '씨원'이다. 해운대 풍경에 취해 간밤 술자리를 즐겼다면 이 국물이 약. 해장의 제왕이라는 복국과 견주어도 가히 겨룰 만하다. 맑은 탕이 상에 오르면 식초 몇 방울 떨어뜨리고 국물부터 마신다. 목을 타고 위까지 흘러드는 뜨거운 국물이 당장 지친 몸을 되살린다. 떠먹는 것보다 들이켜 먹는 것이 낫다.

## 광화문 몽로 _ 서울 중구

₩ 바칼라 2만6,000원
☎ 02-722-8767
🏠 세종대로21길 40

정통 이탈리아식 바칼라를 즐길 수 있는 몇 안 되는 레스토랑. 바칼라는 염장 대구살을 으깨 감자, 병아리콩과 함께 섞고 익힌 다음 치즈를 뿌려낸 음식이다. 형태마저 사라진 대구살(정확히는 대구포의 살)을 포크로 잘라내면 아주 고소하고 부드러운 스프레드가 된다. 갓 구워내 바삭한 치아바타 빵에 발라먹는다. 와인과 곁들이면 아주 궁합이 잘 맞는다. 4인 이하 여럿이 식사를 할 때 모두가 파스타를 주문한다면 이때 바칼라를 주문하라. 꽤 그럴싸해 보이기도 하고, 진짜 맛있게 한 끼를 즐길 수 있다.

## Chapter 03

# 한잔 술 부르는 일품요리

> 곱창

# 고소한 곱, 탱글탱글한 창
# 씹을수록 힘이 난다

곱창은 열량 공급의 파이프 라인
곱 가득한 곱창 노릇노릇하게 구며 '소곱놀이'
구워 먹으면 최고, 진득하게 탕으로 먹어도 그만
양과 대창, 막창, 염통 등 단짝 재료도 별미

 

    동지섣달이 되면 찬바람이 옷깃을 파고든다. 체온을 지켜내기 위해 두꺼운 옷을 꺼내입지만, 그건 만으로는 충분하지 않다. 추위를 이겨낼 열량이 필요한 시기다. 열량熱量이란 열에너지를 계량한 수치. 줄J이나 칼로리cal로 표기한다. 1cal는 1g의 물을 온도 1도 올리는 데 필요한 열량이다. 어쨌든 추울 땐 열량이 필요하단 얘기다.

    여기 '열량 공급의 파이프 라인' 같은 음식이 있다. 바로 가축의 내장, 곱창이다. 소나 돼지, 양의 내장 중 곱창과 대창, 막창, 양깃머리(양) 등은 열량 부족의 시대에 살코기보다 훨씬 높은 고열량으로 인류의 건강을 지켜왔

곱창은 열량의 끝판왕이다. 그러나 내장 특유의 지방 맛은 열량에 대한 우려를 불식시킬 정도로 강력하다.

다. 소곱창 1인분을 구우면 600kcal를 훌쩍 넘는다. 그야말로 열량의 끝판왕 되시겠다.

　곱창은 저렴하면서도 맛이 좋아 서민들의 인기를 끌었다. 무엇보다 영양 빈곤에 허덕이던 민초의 팍팍한 삶에 에너지를 주고 피와 살이 된 음식이었다. 예전에는 주로 전골이나 찌개에 넣어 먹었다. 요즘은 불판에 노릇노릇 구워 먹는 구이를 선호한다. 가격도 비싸졌다. 밑손질에 손길이 많이 가는 탓이다. 지금은 고깃값을 뛰어넘을 정도로 비싸졌다. 하지만 여전히 호식가好食家로부터 열렬히 사랑받고 있다. 특히, 술안주로 치자면 삼겹살과 자웅을 겨룰 만큼 인기가 높다.

곱창 잘하는 집은 전국에 골고루 걸쳐 있다. 곱창집은 보통 곱창과 대창, 막창, 양을 함께 취급한다. 단일 메뉴로 주문하기도 하지만 곱창과 대창, 또는 곱창과 양을 섞어서 주문한다. 부위에 따라 맛과 식감이 다르기 때문이다. 여기에 크게 썬 양파와 양송이버섯, 넓게 썬 감자가 곁다리로 나온다.

곱창 맛을 좌우하는 것은 재료의 신선도와 손질이다. 곱창은 내장 특성상 신선도가 좋아야 한다. 그렇게 하려면 회전이 빨라야 한다. 그날 들인 것은 그날 다 소비할 만큼 인기가 많은 식당에 가야 신선도 높은 곱창을 만날 수 있다. 특히, 곱창 잘하는 집은 천엽이나 간을 날로 내는데, 선도가 좋아야 맛도 좋다.

손질도 중요하다. 내장은 손질을 잘 못 하거나 신선도가 떨어지면 좋지 않은 냄새가 날 수 있다. 따라서 곱창을 사이드 메뉴로 어정쩡하게 취급하는 집보다는 곱창 전문점으로 가야 제대로 된 곱창 맛을 볼 수 있다. 잘하는 집은 잡냄새를 잡는 특수 비법의 소스를 가지고 있다.

곱창은 계절이 없다. 여름철에도 땀 뻘뻘 흘리며 먹어도 그 맛이 어디가지 않는다. 그래도 굳이 계절을 따지자면 겨울이다. 손발이 꽁꽁 얼 정도로 차가운 바람이 부는 날 곱창집에 둘러앉아 노릇노릇하게 구워진 곱창으로 열량을 보충하자. 열량 공급의 파이프 같은 곱창집(양대창 포함)을 여럿 모아 소개한다. 이야기를 시작하기 전부터 녹진한 기름 맛이 입안에 감돈다.

1 곱창은 곱창이라 불리지만 내장 부위는 다양하다.
2 양깃머리를 이르는 특양구이.
3 부산에서 많이 파는 양곱창.
4 노릇노릇하게 익은 곱이 가득찬 곱창.

## 📍 여기가 맛집

### 평양집 _ 서울 용산구

₩ 곱창 2만6,000원, 양밥 1만6,000원
📞 02-793-6866
🏠 한강대로 186

차돌박이 맛집으로 알려졌지만, 소 곱창과 양깃머리도 유명하다. 철근을 잘라 석쇠처럼 만든 불판 위에 기다란 생 곱창을 올려준다. 철판이 아니라 불이 직접 올라오는 불판이라 곱이 흘러내리지 않게 또리를 틀어 구워야 한다. 얼추 익으면 가위로 성큼 잘라 입에 쏙 넣으면 끝이다. 쫄깃쫄깃 씹을수록 고소한 맛이 샘솟는 곱창과 부드럽고 신선한 곱이 입안에서 하모니를 이룬다. 마지막으로 양밥도 필수다. 양깃머리를 잘라 밥에 섞고 깍두기 국물에 볶아낸 밥이 느끼한 맛을 가시게 한다.

---

### 소곱놀이 _ 서울 마포구

₩ 모둠(3인분) 5만2,000원
📞 02-793-6866
🏠 양화로6길 91

TV 예능프로 '나 혼자 산다'에 소개돼 이른바 '화사 신드롬'으로 이름난 집. TV 등장 이전부터 홍대 앞에서 유명했던 소곱창집이다. 차곡차곡 올린 곱창과 양파, 대파, 부추 등이 지글지글 익어가면, 미처 곱이 흘러나오기 전에 새끼손가락 두 마디 길이로 잘라준다. 오랜 경험을 통해 가장 맛있게 즐길 수 있는 한입 크기다. 고소한 곱창과 진한 육즙(피) 맛의 염통과 아삭한 양파, 기름에 지진 부추와 대파의 향긋함이 한데 섞인 복합적 맛을 추구한다. 기름 맛을 더 즐기고 싶다면 대창을 함께 주문하자. 대창 기름에 볶듯 튀기듯 익어가는 곱창 궁합이 좋다. 곱과 기름 머금은 볶음밥은 선택이 아닌 필수.

---

### 장호왕곱창 _ 서울 중구

₩ 모둠곱창 2인부 2만8,000원
📞 0507-1337-6296
🏠 서소문로 83

고기가 잔뜩 든 김치찌개와 내포 수육 '짤라'로 유명해졌지만, 상호에서 알 수 있듯 곱창집임을 잊으면 안 된다. 철판도 직화도 아니다. 곱창과 마늘, 김치, 파조리개 등을 알루미늄 포일에 올려 볶듯 익혀 먹는 독특한 스타일이다. 특유의 소스에 미리 재워서 가능한 조리법이다. 다진 마늘과 후추, 과일을 섞은 듯한 소스가 고소한 곱창 맛을 당장 살려준다. 곱창을 주문하면 두툼한 막창과 잘라서 펼친 대창, 벌집양까지 나온다. 곱창을 실컷 먹고 난 후 국가대표급 김치찌개로 마무리하면 흐름이 좋다.

## 청춘구락부 — 서울 마포구

₩ 특양구이 3만2,000원, 대창구이 2만9,000원
☎ 02-702-1399
🏠 토정로 308

예전부터 맛난 식당이 몰려있던 마포에서 양념 양 대창구이로 유명한 집이다. 매콤달콤한 소스로 살짝 양념한 양깃머리와 대창을 참숯불에 구워 먹는 곳이다. 소의 배 속에서는 어땠을지 모르지만, 이 둘은 참 궁합이 좋다. 고소한 기름이 가득 찬 대창과 기름기는 별로 없지만 씹을수록 고소한 육즙이 흘러나오는 양깃머리(특양)는 서로 장단점을 보  완하며 감칠맛의 완성을 이룬다. 대창과 양은 두툼한 것으로만 골라 쓴다. 화력과 향이 좋은 참숯과 열전도율이 높은 구리 석쇠를 쓴다. 곁들인 찬도 좋고 양밥도 맛있지만, 고기를 잔뜩 섭취했으니 평양식 메밀냉면이나 들기름 메밀순면으로 마무리를 하면 딱이다. 일산점도 있다.

## 꿀양집 — 경기 고양시

₩ 600모둠 4만9,000원, 창순이 1만5,000원
☎ 0507-1367-3590
🏠 일산서구 대산로211번길 7-17

일산에서 회오리같이 둘둘 말린 내장으로 돌풍을 일으키는 집이다. 꿀을 찍어 먹는 것도 독특하고, 믿기 어려울 만큼 저렴한 가격대도 이 돌풍에 한몫했다. 물론 맛도 좋다. 미리 초벌을 해서 내온다. 곱이 가득 든 곱창은 튼실하다. 여기에 두툼한 특양, 푸딩 같은 기름이 꽉 찬 대창, 씹는 맛이 고소한 홍창과 염통 등 다양한 내장 부위를 한 번에 맛볼 수 있는 '600모둠'이 시그니처 메뉴다. 특제 양념장과 꿀을 함께 내주는데, 이를 적절히 찍어 먹는 맛이 포인트다. 대창에 순두부를 넣은 곱창전골 창순이와 조선향미로 지은 밥으로 함께 마무리하면 아쉬움이 남지 않는다. 외투에 냄새가 배지 말라고 의류 관리기까지 갖춰놓았다.

### 부일양곱창 _ 부산 중구

₩ 소금구이(소) 3만5,000원, 곱창 볶음밥 7,000원
☏ 0507-1358-5557
⌂ 중구로23번길 29

부산사람들은 매일 생선회만 먹을 것 같지만, 부산에도 양곱창 골목이 여럿 있을 정도로 양곱창을 즐긴다(전혀 회를 못 먹는 부산사람도 가끔 있다). 부평동시장 앞에도 양곱창 골목이 있는데, 여기 부일양곱창이 있다. 3대를 이어가는 집이다. 메뉴 구성도 간단하다. 특양을 주문하면 양깃머리만 주고, 소금구이나 양념구이를 주문하면 양깃머리와 대창, 염통을 함께 준다. 소금구이를 주문하고 돌판에 감자와 버섯을 넣고 같이 구워 먹으면 담백하고 고소한 맛의 양곱창(사실은 양대창)을 즐길 수 있다. 양념구이를 주문하면 나중에 바로 볶음밥을 먹을 수 있다. 소금구이는 곱창 볶음밥을 따로 주문해야 한다.

---

### 정성곱창전골 _ 경기 파주시

₩ 소곱창전골 2인분 2만8,000원, 수제 닭튀김 6,000원
☏ 0507-1344-2871
⌂ 경의로 1056

곱창전골은 추울 때 생각나는 메뉴다. 고소한 곱이 가득 배어든 뜨겁고 매콤한 국물은 몸도 마음도 훈훈하게 한다. 이 집은 상호처럼 '곱창전골'만 한다. 버섯과 쑥갓, 배추 등 시원한 채소 국물에 소 힘줄, 아롱사태, 곱창이 함께 들어가 조화를 이룬다. 매끄럽고 부들부들한 곱창 안에는 곱이 가득 차 국물 맛을 더욱 진하게 추켜세운다. 과하지 않을 정도로 진한 국물이 연신 목을 타고 넘어가며 소주를 부른다. 곁들여 주문할 수 있는 수제 닭튀김도 걸작이다. 닭봉(날개 아랫부분)을 튀겼는데, 바삭하고 속에는 육즙을 품었다. 고양시 일산이 본점으로 파주 운정 야당역 앞에도 있다. 깔끔하고 친절하기까지 하다.

## 한성식당 _ 서울 중구

₩ 곱창전골 1만5,000원
☎ 02-752-2056
🏠 서소문로11길 8

이번에는 곱창전골이다. 원래 곱창은 구이가 아니라 전골로 먼저 먹었다. 쌀쌀한 날에는 싱싱한 곱창과 양, 배춧속, 쑥갓, 떡과 국수사리까지 넣은 곱창전골을 팔팔 끓여 먹고 나면, 링거라도 한 병 맞은 듯 당장 힘과 온기가 나는 듯하다. 곱창전골의 핵심은 '어우러지는 맛'이다. 굽지 않아 곱창의 부드러운 느낌은 살갑고 흘러나온 곱이 국물을 더욱 풍성하게 만든다. 양은 씹는 맛을 보태준다. 여기서 양은 양깃머리가 아닌 소의 위장. 일명 카펫이라 불리는 부위다. 배추는 시원한 맛을 보태 느끼한 맛을 애초 차단하는 역할이다. 국물과 국수를 함께 들이켜듯 삼키고 밥까지 말고 나면 비로소 생겨나는 물리적 정신적 포만감이 자랑스러울 정도.

( 양고기 )

# 양꼬치 넘어 징기스칸, 훠궈까지
# 인기 절정이램~

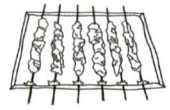

숯불에 돌려가며 구워 먹는 양꼬치 국민 술안주로 등극
두꺼운 불판에 굽는 고급진 징기스칸 요리도 일품
양고기는 소나 돼지고기보다 육즙 많고 부드러워
중국이나 중동에서는 민트, 고수, 커민 등 향신료와 함께 먹어

　　양들의 침묵. 양羊은 애초 말이 없었다. 알파벳 첫 자 A에다 플러스(+)가 몇 개 붙고, 한우니 와규니 하며 구분이 다양한 소와는 달랐다. 흑돼지니 듀록이니 하는 돼지만큼도 수식이 덜했다. 묵묵히, 대신 꾸준히 인기를 끌어왔다.

　　한국인이 양고기를 즐겨 먹기 시작한 것은 그리 오래되지 않았다. 구곡양장, 양두구육 등 다양한 고사에도 등장하지만, 사육 환경과 특유의 향 등 여러 이유로 양고기는 한국인의 식탁에서 주목받던 식재료는 아니었다. 21세기에 접어들어서야 값싸고 맛

양고기는 한국인에게는 익숙하지 않지만 세계적으로 사랑받는 고기다.
부드럽고 촉촉한 맛으로 우리 입맛을 점령할 날도 멀지 않았다.

있는 양꼬치羊肉串 형태로 대학가에서 인기를 모았다. 삼겹살보다 저렴한 양꼬치는 중국인 유학생 손님층을 뛰어넘어 '그 맛이 몹시도 궁금한' 한국인까지 끌어모았다. 양고기 철판구이 '징기스칸'(몽골 칭기즈칸이 아니다)과 샤부샤부식 훠궈火鍋가 유행하며 그 인기의 절정을 찍고 있는 중이다.

양은 연령에 따라 생후 6~12개월의 양고기를 램Lamb, 그 이상의 양고기를 머튼Mutton이라 구분한다. 머튼의 경우 지방질에 카프릴산, 펠라르곤산을 축적해 특유의 냄새가 난다. 한국에서 쓰는 식육 양은 대부분 램이다. 양을 상식하는 서아시아 유목민과 중동 지방에서는 느끼한 노린내를 풍기는 머튼을 선호한다. 왜 노린내 나는 머튼을 선호하냐고? 삭힌 홍어를 떠올리면 이해가 쉽다. 한국인이 냄새 고약한(?) 홍어에 또 향이 강한 묵은김치를 곁들여야 제대로라고 하듯이, 서아시아 유목민이나 중동에서는 향이 강한 머튼 양고기에 민트와 후추, 실란트로(고수), 쯔란(커민) 등 향신료(이것 때문에 더 거부감을 갖는 한국인도 많다)를 곁들여 먹어야 제맛이라 여긴다.

양고기는 세계에서 가장 많이 팔리는 식육 중 하나다. 육식 자체를 금하는 불교를 제외하고 힌두교, 할랄, 코셔 등 종교적 터부에서도 어느 하나 거리낄 것이 없는 까닭이다. 절대적으로 수입에 의존하는 국내 수요도 크게 늘었다. 양고기 수입량은 1만7,336톤(2018년 기준)으로 최근 5년간 매년 급증했다. 더 이상 생소한 식재료가 아니라 일부러 찾아 먹는 식육이 됐다.

양고기는 소고기나 돼지고기보다 지방과 육즙이 더 많아 촉촉하고 부드러운 맛이 일품이다. 소고기처럼 살짝 익혀 먹어도 문제없다. 양고기는 맛도 좋지만, 보양에도 탁월하다. 한방에서도 양은 양陽을 돋운다 했다. 양고

**1** 육즙이 풍부하고 육질이 부드러운 양고기 스테이크. 일단 양고기 맛을 알고나면 다른 고기는 성에 차지 않는다.
**2** 양꼬치는 양고기 대중화를 앞당긴 일등 공신이다. 요즘은 웬만한 먹자골목에 가면 양꼬치집 한둘은 기본으로 있다.

기에 대해 《본초강목》에는 '기氣를 돋우는 음식', 《규합총서》에는 '몸이 허하고 냉冷할 때 딱'이라고 기록돼 있다. 《조선왕조실록》에 따르면 세종대왕의 건강을 위해 어의가 양고기를 처방했는데, 성군인 세종은 우리나라 땅에서 구하기 힘든 양을 명으로부터 수입하느니 그 돈을 백성에게 쓰라며 양고기를 거부했다고 전한다.

중국과 중동에서도 스태미나 음식으로 양고기를 으뜸으로 꼽는다. 무더위에 양고기가 당기는 것은 어쩌면 당연한 이치인지도 모른다. 양갱羊羹도 양고기에서 비롯된 이름이다. 본래 양갱은 굳혀 먹는 양고기 국물이란 뜻이다. 양고기는 다이어트에 도움을 주는 L-카르니틴이 어떤 식재료보다 많아 당뇨나 고혈압에 좋다. 특히, 한여름 무더위 속에서는 건강과 면역을 위해 양고기가 저절로 떠오른다.

## 여기가 맛집

### 용산양꼬치 _ 서울 용산구

₩ 양다리 1.8kg 7만8,000원
☎ 02-749-9088
🏠 백범로99길 60

'양다리 걸친 집'으로 유명하다. 양다리를 통째로 구워 먹을 수 있다니! 양이고 소, 돼지를 떠나 낯선 풍경임에 틀림없다. 원시인이라도 된 것처럼 당장 묵직한 다리를 들고 물어뜯고 싶을 테지만, 일행이 모두 눈독을 들이고 있을 테니 그럴 호사는 없다. 양다리를 숯불 위에 꼬치처럼 꿰어 돌려가며 익힌 다음, 어슷하게 카빙을 해준다. 다리 살에는 깊
은 풍미가 숨어 있다. 양꼬치구이에서 느낀 감칠맛이 토마토주스라면, 다리 살은 토마토케첩 수준이다. 기름이 빠져 부드러운 조직만 남은 살 맛이 깊다. 입에 쩍쩍 붙는다. 나중에 뼈와 뼈 사이에 붙은 살을 모아 전골을 끓여주는데, 이 맛 때문에 양다리 통구이를 주문한다는 이들도 있다. 어향가지 등 다른 메뉴들도 맛이 좋다. 원래 솜씨가 좋은 집이다. 양다리는 3시간 전에 주문해야 한다.

### 이치류 _ 서울 영등포구

삿포로식 징기스칸 요리를 전문으로 하는 집이다. 몽골의 정복왕 칭기즈칸의 이름을 땄지만, 이제는 그저 일본식 양고기 요리 이름으로 통한다. 무쇠 투구처럼 생긴 두꺼운 불판에 채소와 양고기를 올려 익혀 먹는 방식이다. 고기는 모두 호주산 1년 미만의 램을 사용하고, 생갈비, 살치, 생등심 등 부위별로 판다. 냄새가 전혀 나지 않는 부드러운 고급 생고기를 친절하게 구워준다. 채소와 고기를 특제 양념 소스에 찍어 먹는 맛이 고급스럽다. 모든 점포를 직영하는데, 여의도점에서는 램의 프렌치랙(Frenched Rack)을 활용한 '램크라운(Lamb Crown)'을 판다. 램크라운은 글자 그대로 양갈비를 다발로 묶어서 왕관처럼 구워낸 요리다. 국내에서는 보기 드문 특제 양고기 요리로 보는 이를 압도한다. 한 조각씩 집어 베어 물면 가득한 육즙이 툭 터져 나온다. 단 3일 전에 주문해야 한다. 서울에 몇 곳의 분점이 있다.

₩ 램크라운 10만원, 양고기 생등심 2만7,000원
☎ 02-769-1777
🏠 국제금융로8길 27-9

### 망원양꼬치 _ 서울 마포구

₩ 양꼬치 1만2,000원
☏ 02-335-5050
🏠 월드컵로13길 17 2층

망원시장에서 입소문을 떨친 나머지, 이젠 멀리서도 찾아오는 집이다. 2층인데도 불구하고 밤늦게까지 손님이 몰린다. 직접 손질해 일일이 꿰어 만든 양꼬치가 아주 맛이 난다. 한입에 쏙 들어가는 적당한 크기의 이곳 양꼬치는 부드러우면서 고소한 지방층을 자랑한다. 쯔란과도 궁합이 잘 맞는다. 좀 더 부드러운 것을 먹고 싶다면 양갈비살꼬치를 주문하면 된다. 보다 진한 풍미를 느낄 수 있다. 양꼬치는 일본의 야키도리처럼 다양한 재료를 쓰는 것이 특징이다. 꼭 양고기만 구워 먹는 것은 아니란 뜻. 쫄깃한 동맥 혈관 등도 별미다. 동북식 순대, 토마토 계란탕 등 요리도 다양해 많은 사람이 양꼬치와 함께 곁들인다.

---

### 불이아 _ 서울 마포구

국내에서는 중국 신장 명물 음식 훠궈와 마라 사랑을 이 집에서 시작한 사람이 많을 것이다. 훠궈는 양고기와 소고기 등 선호에 따라 고를 수 있는 정식 형태로 판매한다(섞은 것도 있다). 매운 홍탕과 고소한 백탕으로 나뉜 솥(Hot Pod)에 취향에 따라 얇게 저민 양고기와 당면, 버섯, 채소 등을 슬쩍 담갔다 먹으면 된다. 특제 소스가 일품인데, 소스에 양고기를 찍어 먹으면 당장 맛이 살아난다. 건더기를 건져 먹다가 나중에 고기와 채소 맛이 우러난 얼큰한 홍탕 국물을 즐기면 정신이 번쩍 든다. 소고기도 좋지만, 양고기 특유의 향이 우러나 국물 맛을 더욱 깊게 만든다. 이름은 정식이지만, 고량주와도 궁합이 좋아 저녁 술자리를 갖는 이들로 줄을 선다. 서울 여러 곳에 분점이 있다.

₩ 양고기 정식 2만1,000원, 해물 정식 3만5,000원
☏ 02-335-6689
🏠 동교로 182-6

## 램랜드 __ 서울 마포구

₩ 삼각갈비(200g) 2만5,000원, 전골 1만3,000원
☎ 02-704-0223
⌂ 토정로 255

한국식 양고기 요리의 명가. 오랜 시간 입소문을 타고 직장인들 사이에 널리 알려진 곳. 매장을 확장해 인근으로 이전했는데, 인기는 여전하다. 불판에 양고기를 구워 한잔하려는 직장인으로 문전성시를 이룬다. 상대적으로 외진 곳에 있는 데도 퇴근 시간 무렵에는 줄을 서야 할 정도다. 한국인들이 좋아하는 갈비(삼각갈비)를 주메뉴로 담백한 수육과 칼칼한 양념의 전골을 낸다. 1년 미만의 호주산 램의 갈비뼈를 통째로 잘 저며서 그저 후추만 뿌려 낸다. 구운 마늘과 올리브를 올려 얇게 부친 난(밀전병)에 싸 먹는 등 이 집만의 독특한 방식이 있다. 삼각갈비는 꽤 두툼하지만, 살이 부드러워 씹는 족족 목을 타고 쑥쑥 넘어간다. 무릎뼈와 함께 들깨와 깻잎을 곁들여 팔팔 끓여낸 전골은 전통 한식 조리법이 양고기와 만나 천상의 궁합을 이룬 예다.

203

복어

# 죽음과도 바꿀 맛!
# 복 받으세요

정약용도 '어가에서는 복어만 이야기한다'고 예찬
일본에는 '복어는 먹고 싶고, 목숨은 아깝고' 속담도
겨울 제철 생선 중 가장 담백, 국 끓이면 극강의 시원함
단단한 살, 탄력 있는 껍질, 부위마다 맛이 달라

과연 누가 발견했을까. 실험실도 없던 그때, 복어의 피와 내장을 빼면 아주 맛있는 음식 재료가 된다는 사실을. 2300년 전 중국 지리서 《산해경 山海經》에도 이미 '복어를 먹으면 죽는다'는 기록이 나온다. 그때는 제독법 制毒法이 잘 유통되지 않았던 모양이다.

살집을 제외한 복어 부위에는 독성이 청산가리보다 훨씬 강력한 테트로도톡신이 들었다. 맹독을 제거하는 방법을 알아내야 비로소 먹을 수 있다. 꼭 그렇게까지 해야 했는지 의문이 들지만, 어찌 됐든 사람들은 복어 독의 비밀을 알아내고 말았다. 시행착오는 곧 죽음을 의미했으므로, 결국 무

졸깃한 육질과 달달한 맛, 복어는 과연 죽음과도 바꿀 맛이다.

수한 죽음을 겪고 난 후에야 비로소 이 맛있는 음식을 먹을 수 있게 됐을 것이다. 위험한 경험을 바탕으로 지식을 얻어낸 현생인류는 복어의 '유일한 천적'이 됐다.

옛 문인들이 남긴 복어에 대한 글이 적지 않다. 복어를 일러 소동파는 '죽음과도 바꿀 맛'이라고 했다. 정약용은 '어가에서는 복어만 이야기한다' 고 썼다. 서영보는 복어를 좋아하던 미식가였는지 '복사꽃 무수한 계절에 미나리 참깨 맛이 그리워라. 이제 복어 계절을 또 보낸다'고 적었다. 베스트셀러 에세이 《죽고 싶지만 떡볶이는 먹고 싶어》와는 비슷한 듯 또 다른 느

205

낌의 '복어는 먹고 싶고, 목숨은 아깝고河豚は食べいたし命は惜しし'란 일본 속담도 있다. 유독 복어에 관한 예찬이 많은 걸 보면 옛사람들은 복어 맛을 특히나 좋아한 모양이다.

분명히 복어라 쓰는데 보통 복이라 말한다. 값진 복어를 먹을 수 있으니 그것이야말로 복福이라 그랬던 것인가. 대표적 겨울 제철 생선 복어는 한반도 주변 바다에서 많이 잡힌다. 특히, 원양이 아닌 하천과 바다가 만나는 기수역에서 주로 서식해 먼바다까지 나가지 않고도 얻을 수 있어 예전부터 즐겨 먹은 것으로 추정된다.

석기시대 유적지 김해 수가리 패총에서 빗살무늬토기와 함께 복어 뼈가 나왔다. 백제 풍납토성과 신라 서봉총에서도 복어의 흔적이 출토됐다. 특히, 풍납토성 복어 뼈는 항아리 안에서 발견돼 백제인들이 복어로 젓갈을 담가 먹었을 것이란 분석이 나온다. 중국에서도 산동성 구가장 유적 패총에서 복어 뼈 화석이 발견됐다. 일본 시모노세키 야스오카 시오마치 패총에서도 복어 화석이 나왔다.

그렇다면 대체 누가 이처럼 위험한 식도락을 개척했을까. 복어 식도락의 역사는 연속된 죽음의 역사였다. 과거로부터 현대에까지 이른다. 《조선왕조실록》에 따르면 세종 6년(1424년) 복어 독을 이용한 살인사건이 있었다. 성종 24년(1493년)에는 웅천(지금의 진해)에서 복어 알이 묻은 굴과 미역을 먹고 주민 24명이 사망하는 사고가 일어났다고 한다. 이처럼 많은 이가 복어를 먹고 죽음에 이르니 일본 위정자들은 복어 식용을 금지하기도 했는데, 공교롭게도 귀에 익은 이름들이 나온다. 임진왜란 때 왜장 도요토

미 히데요시가 복어 금식령을 내렸고, 이를 해제한 사람은 일제의 조선 침략을 주도한 이토 히로부미였다.

복어는 그 동그란 몸매처럼 살집이 많다. 양쪽으로 포를 뜨면 투실한 살점이 잔뜩 나온다. 이를 유지(?)하기 위해 복어는 엄청나게 먹어댄다. 설치류처럼 날카로운 이빨을 이용해 갑각류나 연체동물을 뜯어먹는다. 복어는 방어, 삼치, 고등어 등 겨울 제철 생선 중 가장 담백하다. 그 맛에 찾는 이가 많다. 특히, 국을 끓이면 세상에 이만큼 시원한 국물이 없다. 그래서 복국, 복매운탕, 샤부샤부 등으로 많이 즐긴다. 튀김이나 불고기로 먹기도 한다. 생선 중 살점이 푸짐한 종이 드물기 때문이다. 독의 위험을 감수하며 복어를 먹었던 건 맛 때문이다. 복어는 다른 생선과는 맛이나 식감이 많이 다르다. 두툼한 살은 단단해 씹는 맛이 좋다. 탄력 있는 껍질 부위와 뱃살, 등살 등 부위별로 맛이 달라 코스로 즐기기에도 딱이다.

복어 살점을 익히면 닭가슴살과 비슷한 느낌이지만, 닭가슴살보다 훨씬 촉촉하며 담백하다. 씹을수록 살짝 단맛도 난다. 날것으로 얇게 썰어내는 복어회는 무늬가 있는 접시에 굉장히 얇게 떠내 그 무늬가 비쳐야 한다. 생으로도 살이 단단해 얇아야 오히려 씹는 맛이 좋다. 복어회는 새콤달콤한 폰즈 소스에 살짝 찍어 한 점씩 음미하며 맛보는 것이 좋다. 일반 생선회처럼 먹었다가는 파산할 수도 있을 뿐만 아니라 그 엷은 단맛을 느끼기 어렵다. 강한 소스가 오히려 맛을 해친다.

이리도 있다. 수컷의 정소인 이리는 복어 내장 중 유일하게 먹을 수 있는 부위다. 한자로 어백魚白, 일본어는 '시라코白子'라 부른다. 생선 내장 부

**1** 숯불에 구어 먹는 복어구이. 복어는 회나 구이, 불고기 등 다양한 조리가 가능하다.
**2** 해장국 가운데 최고로 치는 복탕.
**3** 아삭한 콩나물과 미나리를 곁들여 먹는 복어 수육.

위 중 가장 헷갈리는 부위로, 알과 난소 등을 총칭하는 곤이와 혼동한다 (복어의 알을 먹으면 당장 죽는다). 복어 이리는 명란처럼 유선형에다 뽀얀 색을 띤다. 부드럽고 고소한 맛이 일품이라 특급 식재료로 꼽힌다. 중국의 미인으로 회자 되는 서시의 젖가슴에 비유, 서시유西施乳라는 별칭을 지니고 있을 정도로 인기가 높다.

복어와 가장 궁합이 맞는 식재료는 바로 미나리. 매운탕이든 맑은 탕이든 미나리를 듬뿍 넣고 끓이면 아삭하고 풋풋한 미나리 맛이 국물에 녹아들어 더욱 풍미가 좋아진다. 겨울에 제철 맞은 무를 넣으면 시원한 맛이 더하다.

한반도 해역에서 나는 복은 여러 종류가 있다. 참복, 까치복, 은복, 밀복, 자주복 등 살집 좋은 것부터 금붕어보다 조금 더 큰 졸복과 복섬까지 다양한 개체가 존재한다. 복어 독을 제거하는 인건비가 비싸니 복어가 많이 나도 값은 크게 떨어지지 않는다. 복어는 무조건 복어조리기능사가 잡아야 한다. 인명에 관련된 작업이니 시험도 일명 '복 고시'라 불릴 정도로 어렵다. 실수로 알집이나 내장을 터뜨리는 등 제독에 실패하면 여럿이 망한다.

복어는 생선 중 비싼 대접을 받는다. 멸종위기에 이른 참다랑어는 희귀성과 조업의 어려움 탓에 값이 천정부지로 뛰지만, 복어는 조리의 어려움 때문에 늘 제값을 받는다. 특히, 복 수육이나 복 불고기를 먹으려면 상당한 값을 치러야 한다. 맹독을 품었음에도 극진한 사랑을 받아온 겨울 진미 복어. 누군가의 희생(?) 덕에 그 치명적 팜파탈(옴파탈)의 매력을 지금 우리는 식탁에서 즐길 수 있다.

## 🍴 여기가 맛집

### 철철복집 — 서울 중구

₩ 복매운탕 2만4,000원, 복고니구이 3만4,000원
☎ 02-776-2418
📍 을지로3길 29

명실상부한 복어 맛집으로 인정받는 노포다. 30년 이상 다동 무교동 음식 골목의 안줏거리와 해장을 책임져왔으며, 그 명성이 일본까지 퍼졌다. 양념과 소금구이 등 복 불고기 요리와 전골로 내는 복맑은탕(지리), 복매운탕, 수육 등이 있다. 특히, 복고니구이(사실은 이리)가 인기가 높다. 유명 복어 맛집답게 값은 꽤 나가지만, 인근 회사원은 물론 멀리서도 입소문을 듣고 찾아온다.

---

### 현복집 — 서울 강남구

₩ 복 불고기 6만5,000원, 참복 풀코스A 9만9,000원
☎ 02-511-6888
📍 도산대로50길 14

일명 '종이에 끓여주는 복맑은탕'으로 유명한 강남 복어요릿집. 활복 수조를 따로 두고 때맞춰 잡은 후 제독 처리를 하고 코스로 내온다. 복어회, 샤부샤부, 맑은탕, 튀김(가라아게) 등 일식 스타일 복요리를 표방하며, 질 좋은 참복(도라후구)의 다양한 부위를 맛볼 수 있다. 코스를 주문하면 껍질, 회, 탕, 죽 등을 차례로 내준다. 단품으로 주문할 수도 있다.

---

### 수정식당 — 경남 통영시

₩ 복국 1만1,000원
☎ 055-644-0396
📍 항남5길 12-21

졸복탕이 있어서 '다찌집'이 존재한다. 해장거리가 든든하니 다찌집에서 술을 잔뜩 마셔도 된다는 의미다. 졸복은 복어 중에서도 작은 축에 든다. 사실 통영에서 먹는 졸복은 그보다 더 작은 복섬이다. 작지만 그래도 복어다. 시원한 맛을 강력하게 낸다. 이 집은 복국을 냄비째 끓여 판다. 국물을 떠먹다 밥을 말고, 냄비가 식으면 입에 대고 그대로 마셔 '위세척'하면 바로 소주 한 병쯤은 더 들어갈 정도로 회복된다.

### 복어잡는사람들 — 대구 수성구

이른바 매콤한 대구식 복 불고기가 유명한 집. 철판 솥에 올린 매콤한 양념에 두툼한 참복 살코기를 볶듯이 구워 먹는다. 마늘과 고추 양념에 숙주가 잔뜩 들어가 시원하고 칼칼한 맛을 낸다. 밥을 볶아 먹으면 한 번 더 복어 맛을 느낄 수 있다. 찜과 수육, 탕, 튀김 등 여러 가지 메뉴가 있어 다양하게 즐기려면 코스로 주문하는 것이 좋다. 대구에 분점이 여럿 있다.

₩ 참복불고기 2만5,000원, 참복어탕 1만9,000원
☎ 053-762-0707
⌂ 동대구로 209

### 신원복집 — 서울 마포구

서울 서부권의 복집 강자. 40여 년 업력을 자랑하는 곳으로 맑은탕이 유명하다. 일반 복부터 활복, 참복까지 골라서 즐길 수 있는데, 가격은 배로 올라간다. 소금구이와 불고기, 샤부샤부, 가라아게(튀김) 등 안줏거리가 있고, 코스로도 즐길 수 있다.

₩ 일반복탕 2만9,000원, 활복탕 6만원
☎ 02-333-1977
⌂ 홍익로 29

### 황산옥 — 충남 논산시

₩ 황복탕 3만원, 복탕 1만5,000원
☎ 041-745-4836
⌂ 강경읍 금백로 34

복 중에서 최고로 치는 황복을 일 년 내내 끓여 파는 집이다. 강경읍 금강 나루터 주막으로 출발해 한 세기를 보낸 노포 중 노포다. 보드랍고 촉촉한 황복을 큼지막하게 토막 내 넣고 뚝배기에 팔팔 끓여낸다. 미나리가 녹아난 국물은 술에 찌든 속을 씻어준다. 복국은 경남에서 주로 쓰는 말이고 여기선 복탕이라 한다. 소동파가 극찬한 황복이야 귀하니 값도 꽤 나간다. 황복이 아닌 은복을 쓰면 반값이다.

# 가죽 빼고
# 못 먹을 게 없소

부위에 따라 맛도 식감도 다양한 소고기 특수부위 세계
소머리와 우족은 탕과 수육, 양은 무침으로 즐겨
부드러운 우설 구이는 요즘 뜨는 인기 부위
마나, 유통선, 오드레기 등 이름 낯설지만 맛은 별미

    정말 '머리부터 발끝까지 핫이슈'다. 노래 가사이기도 하지만 소고기에 적용해도 틀린 말은 아니다. 소는 버릴 게 하나도 없는 가축이다. 살코기를 제외한 나머지, 이른바 특수부위는 살코기와는 또 다른 맛을 즐길 수 있다.

    한국인은 세계에서 가장 소고기를 세분화해서 먹는 '고기 좀 먹어본 민족'이다. 다산은 《목민심서》에 '나라에서 매일 잡는 소가 500마리에 개인이 잡는 소가 500마리'라 기록했다. 미국 인류학자 마거릿 미드는 한국인은 소고기를 먹을 때 120종의 부위를 가려서 식용한다고 했다. 35종을 먹는 영국인과 프랑스인의 4배에 이른다. 소를 한 마리 잡으면 가죽 빼고

소고기는 못 먹는 부위가 없다. 모든 부위가 고유의 맛이 있고,
조리법에 따라 최고의 맛을 선사하기도 한다.

는 다 먹었대도 과언이 아니다.

신분제가 엄격히 유지되던 조선시대는 소를 잡는 일을 백정이 도맡아 했다. 백정은 소를 잡을 때 살코기와 가죽을 우주(牛主·소 주인)에게 주고 나머지 내장과 대가리, 다리, 꼬리, 피 등을 삯으로 받았다. 여기에 뼈와 수구레(가죽과 진피 사이 콜라겐 덩어리), 등골까지 챙겼다. 이른바 소의 특수 부위는 온전히 백정의 몫이 되는 것이다. 이렇게 얻은 특수부위를 시장에 팔거나 국밥집에 넘겼다. 그 시절 그나마 일반 대중이 저렴하게 소고기를 맛볼 수 있었던 것도 이렇게 유통된 특수부위가 있었기 때문에 가능했다.

소고기 맛을 조금 아는 이들은 갈비나 등심 등 익숙한 '그냥 소고기'를 좋아한다. 그러나 소고기 맛을 제대로 아는 이들은 일부러 특수부위를 찾아다닌다. 이름도 제각각이고, 조리법도 다른 특수부위는 저마다 간직한 맛이 있다. 특수부위만의 특별한 맛에 눈을 뜨면 일부러 찾아다니지 않고는 못 배긴다.

소고기 특수부위는 소머리, 우족, 양곱창, 도가니 등 우리가 익히 아는 것도 많다. 그러나 아직은 널리 알려지지 않은 생소한 부위들도 많다. 이를테면 마나, 유통, 우설, 양깃머리, 오드레기 등은 소의 어느 부위인지조차 가늠하기 어려운 '진짜' 특수부위다. 또한 염통이나 허파, 간 등은 이름은 알고 있지만, 직접 맛을 본 경험은 많지 않을 것이다. 분명한 것은 소고기는 다양한 특수부위가 있으며, 저마다 간직한 맛의 포인트가 있다는 것이다. 이 맛의 포인트에 눈뜨면 소고기의 신세계가 열린다.

1 소 무릎 연골과 힘줄을 푹 삶아내는 도가니 수육.
2 부드러운 육질로 인기몰이 중인 우설 구이.
3 우족을 푹 고아 만드는 우족탕.
4 이름도 생소한 비장.

## 여기가 맛집

**와와소머리탕** _ 서울 용산구

₩ 소머리탕 1만원, 소머리 수육(소) 3만5,000원, 우족전골 5만원
☎ 02-798-8288
📍 한강대로62가길 18

특수부위 중 대표적인 것이 소대가리다. 일명 '소머리'라 불리는 이 부위는 원래 맛이 좋고 다양한 먹거리가 쏟아진다(누가 어두육미라 했나). 1924년 조선무쌍신식요리제법에 '소머리에는 12가지 맛이 있으며 혀는 연하고 구수해 맛이 가장 좋으며 혀 밑 살 또한 좋다'고 했다. 우족(牛足) 역시 식감이 좋아 탕이나 수육으로 즐긴다. 용산 삼각지에 있는 와와는 소머리와 우족을 취급한다. 쫀쫀하고 속은 부드러운 수육은 씹을수록 고소한 맛을 낸다. 찜과 전골로도 내니 식사로도 안주로도 딱이다.

---

**초원** _ 서울 용산구

₩ 특상우설 2만7,000원
☎ 02-749-5949
📍 한강대로80길 7

소머리에서도 가장 맛이 좋다는 우설((牛舌, 소 혀) 요리를 잘한다. 우설은 탕에도 들어가지만, 요즘은 구이용으로도 많이 팔린다. 우설과 혀 밑 살은 연하고 구수한 데다 특유의 부드러운 식감까지 있어 마니아층을 사로잡고 있다. '혀'라 하면 미간부터 찡그리는 이들도 있지만, 외국에서도 고급 식재료로 즐기는 부위다. 특히 선도 좋은 우설은 구이용으로 맛이 좋다고 입소문이 나서 저변이 넓어지는 추세다. 일명 '동그랑땡'이라 불리는 냉동 등심 주물럭과 우설, 대창 등을 판다.

## 청춘구락부 _ 서울 마포구

₩ 특양구이 3만2,000원
☎ 02-702-1399
🏠 토정로 308

양깃머리와 대창구이 맛집이다. 초식동물은 소화 과정이 길어 내장이 크다. 소는 밥통만 4개이고 소창, 대창도 잔뜩 들었다. 간, 염통, 허파, 지라 등도 제법 큼직하고 선지도 많이 받을 수 있다. 이 중 으뜸으로 치는 것은 양(첫 번째 위)이다. 다들 헷갈리는 것이 양과 양깃머리(위장을 움직이는 근육)다. 양깃머리는 쫄깃한 맛이 일품이고 구수한 육즙을 품어 고급 구이용으로 쓰인다. 지방이 거의 없어 담백하지만, 단백질 특유의 감칠맛을 품고 있다. 연분홍색의 신선한 양깃머리는 주로 기름기 많은 대창과 함께 구이로 즐긴다.

## 부민옥 _ 서울 중구

₩ 양무침 3만3,000원
☎ 02-777-2345
🏠 다동길 24-12

양무침으로 유명하다. 첫 번째 위장을 뜻하는 양은 삶아 먹거나 탕을 해 먹는다. 구수한 맛은 물론, 연한 식감까지 갖춘 양은 부들부들해 소화도 잘돼 몸보신 및 환자 회복용 식재료로 쓰였다. 특히 쪽파와 양파 등 채소를 곁들여 슬쩍 양념한 양무침은 최상의 안줏감이다. 씹으면 뽀얀 육즙이 배어 나온다. 담백하고도 감칠맛이 빼어나다. 해장과 보신에 좋은 별미 양곰탕도 판다.

## 이문설농탕 _ 서울 종로구

₩ 설렁탕, 머리탕 각 1만2,000원, 마나 1만5,000원
☎ 02-733-6526
🏠 우정국로 38-13

마나(지라)는 소의 비장(脾臟)을 뜻하는 우리말이다. 피 맛이 살짝 감돌아 호불호가 갈리는 음식이지만, 그 때문에 찾는 이도 많다. 설렁탕에 넣으면 그냥 사골과 내장으로만 끓여낸 것보다 부드럽고 진한 맛이 일품이다. 이문설농탕은 명실공히 국내에서 가장 오래된 노포다. 118년이 됐다. 옛 방식대로 소머리와 마나 등 특수부위를 넣고 끓여내 풍미가 강한 편. 설렁탕과 머리탕을 팔고 마나 수육도 따로 판다.

### 황소집 _ 서울 중구

₩ 도가니탕 1만2,000원 도가니찜 1만8,000원 ☎ 02-2273-0969
🏠 충무로2길 2

도가니 요리를 잘한다. 도가니는 소 뒷다리 무릎 연골을 지칭하는 말이다. 슬개골과 주변을 감싸는 힘줄(스지)을 함께 묶어 도가니라 부른다. 살점이 살짝 붙어 있어 다양한 맛을 한 번에 즐길 수 있는 부위다. 콜라겐 덩어리 연골과 힘줄을 함께 발라내 찜이나 탕을 끓인다. 황소집은 1965년 개업해 환갑을 바라볼 만큼 오랜 시간 사랑받아온 집으로 변치 않는 전통의 맛을 고집한다.

### 남포면옥 _ 서울 중구

₩ 어복쟁반 6만7,000원~
☎ 02-777-3131
🏠 을지로3길 24

유통이란 생소한 요리를 한다. 유통은 암소의 젖 부위 살이다. 조직 속에 유선이 촘촘히 박혀 있어 연하고 뽀얀 데다 살짝 치즈 맛까지 난다. 주로 어복쟁반에 넣어 먹는 특수부위로, 다른 메뉴에서는 쉽게 접하기 어렵다. 반세기 이상 이북식 음식을 팔고 있는 다동의 터주 격인 남포면옥은 저며낸 유통과 수육, 채소를 국물에 익혀 먹는 정통 평양식 어복쟁반이 시그니처 메뉴다. 추운 날 따끈한 국물과 함께 즐긴다. 고기와 채소를 건져 먹은 후 만두와 떡, 냉면 사리를 넣어 먹는 재미도 빼놓을 수 없다.

### 닭내장집 _ 서울 서대문구

₩ 소 허파 1만5,000원
☎ 02-303-4578
🏠 수색로 28-5

상호에 '닭'자가 들어있지만, 소 허파 찌개 또한 이 집의 별미다. 구멍이 숭숭 나 부드럽고 씹을수록 구수한 허파를 칼칼한 국물에 팔팔 끓여낸다. 값도 저렴하고 푸짐한 데다 살코기보다 훨씬 연해 소주 한잔과 함께 안주로 즐기기에 딱이다.

### 마포곱창타운 _ 서울 마포구

₩ 염통 1만4,000원
☎ 02-336-4496
🏠 동교로27길 20

염통 요리를 맛볼 수 있는 집이다. 원래 염통은 운동량이 많아 지방이 거의 없다. 기름기의 고소한 맛 대신 피 맛이 배어 진한 풍미를 낸다. 씹는 맛이 좋아 염통만 찾아다니는 사람도 많다. 이 집은 소와 돼지 내장을 구워 파는 곱창집인데 염통만 따로 주문할 수도 있다. 워낙 잘 되는 식당이라 간과 천엽도 늘 신선하다. 서비스로 넉넉히 내준다.

### 왕거미식당 _ 대구 중구

₩ 오드레기 4만3,000원
☎ 053-427-6380
🏠 국채보상로 696-8

씹을 때 오도독 소리가 나서 일명 '오드레기'라 불리는 심혈관 요리를 한다. 오드레기는 소의 대동맥 부위로 작은 파이프처럼 생겼는데 나오는 양이 적다. 이를 펼쳐 숯불에 구워낸다. 왕거미식당은 대구식 뭉티기(생고기) 집이지만 오드레기 때문에 찾는 사람이 많다. 부드럽게 저민 양지 불고기와 함께 올려준다. 뽀얀 등골도 판다. 생으로 먹는데 치즈처럼 부드럽다.

### 진주집 _ 서울 중구

₩ 꼬리토막 2만9,000원
☎ 02-753-9813
🏠 남대문시장길 22-2

소꼬리 요리를 잘한다. 소꼬리는 마리당 달랑 하나라 귀한 부위다. 소가 항상 꼬리를 흔들기 때문에 지방이 거의 없고 고소하고 진한 맛을 내, 옛날부터 고급 식재료로 꼽혔다. 국물을 내도 좋고 찜을 하면 더욱 맛있다. 가운데 별 모양의 뼈가 박혔는데 이를 들고 발라 먹어도 든든하다. 진주집은 남대문시장 안에서 꼬리곰탕으로 유명한 집으로 전국에 소문났다. 탕에도 고기가 들었지만, 꼬리토막을 주문하면 좀 더 큰 덩어리를 내준다. 아예 푸짐히 즐기려면 방치찜이나 꼬리찜을 시키면 된다.

( 갈비 )

# 뜯어라, 뼈까지 쪽쪽
# 씹어라, 육즙이 뚝뚝

과거 갈비구이는 식사 가운데 최고의 호사
소갈비가 원조지만 돼지, 닭, 고등어까지 갈비 등장
달큰 짭조름한 맛이 원조, 맵고 칼칼한 대구식도 인기
숯불에 구워 먹고, 찜으로 조려 먹고, 파스타에 넣어 먹기도

    대대로 한국인이 최고로 치는 식재료는 갈비였다. 얼마나 좋으면 갈비는 '먹는다' 하지 않고 '뜯는다'라는 전유 동사가 따로 있을 정도다. 음식 이름으로서의 갈비는 소나 돼지 등 포유류의 늑골뼈에 붙은 고기를 이른다. 함경도 등 이북에서는 '가리'로 부른다. 원래부터 내려오던 말이 있었다고도 하고, 또 등뼈를 뜻하는 배골排骨이 변형되며 생겨난 말이라고도 한다. 어쨌든 가축의 갈비 부위를 사용한 음식은 귀했다. 갈비찜은 '있는 집' 차례상에나 올라가는 것이며, 혼례에 손님을 대접하는 갈비탕은 가히 탕 중 제왕이라 할 수 있다.

갈비는 한국인의 식탁 최고의 호사다.
한때 갈비를 숯불에 구워 먹는 것이 부와 권력의 상징이던 시절이 있었다.

갈비구이는 식생활의 호사 중 최상으로 꼽히는 요리로 지금도 최고로 군림하고 있다. 1980년대 들어 소고기 등심(로스구이)이 인기를 얻기 이전부터, 양념한 소갈비를 통째로 숯불에 구워 먹는 것은 부와 권력의 상징이었다. 달콤 짭조름한 맛에 불 향까지 가미된 갈비는 외국인들도 선호하는 한식 요리로, 해외 한식당에서 인기를 끌고 있다. 일본에서는 우리말 그대로 음차한 가루비カルビ가 통용되며 중국에선 파이구排骨로 불린다.

갈비구이라 하면 소갈비가 기본 개념이었지만 워낙 고급 음식으로 명성이 높았던 덕분에 대중은 갈비 이름을 아무 재료에나 갖다 붙이기에 이르렀다. 돼지갈비, 닭갈비 등등이 그렇다.

소갈비처럼 간장 양념에 재운 돼지갈비는 그나마 낫다. 간장 베이스의 양념과는 전혀 상관없는 닭갈비, 심지어 고등어를 구운 고갈비까지 등장했다. 1980년대 갑자기 등장한 삼겹살에 밀리며 정작 갈비 부위에 살이 얼마 없으니 목살이나 앞다리살을 붙인 돼지갈비도 등장했다. 그나마 살점이 붙은 아래쪽을 사용한 등갈비(쪽갈비)도 술안주로 인기를 끌었다. 그러나 역설적으로 뼈에 붙은 고기를 갈비라 부르기 시작하면서 아무나 먹지 못하던 갈비가 대중화된 계기가 됐다.

뼈가 통째 붙은 소갈비는 비싸다. 그래서 수입육을 따로 얇게 정형한 LA갈비가 서민들의 입맛을 사로잡았다. 수입육의 아래쪽 6~8번 갈빗대가 LA갈비로 쓰이는 부위다. 이름의 유래에 대해 여러 말이 많지만, 아무래도 한국과 미국의 정형 방식이 다르기에 유래한 것이다. 미국에서는 보통 갈빗대를 뼈와 직각 방향으로 자르는 프랑켄 스타일 립 Flanken Style Ribs이 보편적이다. 미국 정육점에서는 '측면 정형'이란 말을 쓰지 않는다. 세간에 떠도는 말처럼 측면 lateral에서 나온 'LA'가 아니라는 것이다. 그래서 과거 교민 방문을 위해 미국을 다녀온 이들을 통해 퍼진 이름이란 것이 오히려 설득력이 있다.

떡갈비도 있다. 소고기와 돼지고기를 갈아 섞은 것이다. 고기 부위 중 하나로 정형하기에는 너무 비싼 부위 대신 잡고기를 갈아 뼈에 붙여낸 것이 떡갈비다. 지금은 외려 맛있는 지역 특산 음식으로 각광 받고 있다. 광주 송정과 전남 담양이 유명하다.

풍요로운 식탁에서도 시선과 젓가락을 집중시키는 갈비! 씹고 뜯고 맛보고 즐길 수 있는 갈비집을 모아봤다. 원래 갈비집 많기로 유명한 수원과 포천은 제외했다.

1 뼈는 발라내고 살코기만 연탄불에 굽는 갈빗살구이.
2 한정식 상차림에서 당당한 주인공 역할을 하는 갈비 숯불구이.
3 보기만해도 군침이 도는 정갈하게 재운 소갈비.

# 여기가 맛집

## 조선옥 _ 서울 중구

대대로 소갈비를 구워 파는 노포. 서울 을지로에서만 60년 이상 영업했다. 그야말로 옛날식이다. 양념한 소갈비를 주방에서 구워 접시에 담아 내온다. 숯불 향이 깃든 양념 소갈비 맛 또한 딱 옛날식이다. 간장과 설탕, 맛술, 대파 정도의 향이 스민 고기는 달큼하면서 짭짤하다. 칼집을 낸 고기는 씹는 맛도, 그 속에 감춰진 고기 향도 모두 좋다. 먹기 좋게 가위로 잘라 편하지만, 겨울에는 빨리 식는다는 점에 아쉬워하는 이도 있다. 연기 폴폴 나는 일반 고깃집처럼 음식 냄새가 옷에 밸 염려가 전혀 없는 것은 장점이다. 단일메뉴지만 곁들여내는 뭇국도 맛이 참 좋아 단조롭지는 않다.

₩ 양념소갈비 4만1,000원
☎ 02-2266-0333
📍 을지로15길 6-5

## 성원식품 _ 서울 중구

요즘 '힙지로'라 불리는 을지로에 LA갈비 골목이 생겼는데, 그 시원이 된 집. 조그만 가겟집에서 LA갈비와 각종 안주류를 내걸고 판다. 수입육 소고기를 팔지만, 삼겹살 가격과 비슷하다. 양념에 구워낸 LA갈비를 따로 구워 접시째 담아주는데, 부드럽게 구워내는 것이 이 집 인기의 비결. 양념도 강하지 않아 고기 본연의 맛에 살짝 달금한 맛을 더한 정도다. 사실 LA갈비야 보통 집에서 먹는 메뉴지만 안주로도 썩 훌륭하다. 빙글빙글 돌려가며 뼈에 붙은 고기를 입으로 뜯으면 매번 손을 닦아야 하지만 그 정도 수고야 원래 다른 메뉴에도 있는 것. 대신 '갈비를 뜯었다'는 즐거움이 남는다.

₩ LA갈비 1인분 1만5,000원
☎ 02-2285-3865
📍 을지로20길 36

## 진고개 _ 서울 중구

서울의 옛 지명인 진고개는 선비들이 살던 남산골을 부르던 이름이다. 비만 오면 진흙탕이 되는 고개라 진고개(泥峴)다. 내외국인에게 유명한 충무로 진고개(珍古介)도 근처에 있다. 진고개는 1963년 문을 열어 60년 가까이 영업 중인 노포다. 어복쟁반과 게장 등의 메뉴도 알려졌지만, 갈비찜 정식을 파는 보기 드문 집이다. 1인분에 한 냄비씩 제공하는 갈비찜은 푸짐하다. 달콤하면서도 진한 간장 맛에 한약재 향까지 살짝 난다. 오래 조려내 보들보들 결대로 찢어지며 고소한 맛을 남긴다. 갈비뼈에 바로 붙어 있는 콜라겐 성분 막까지 부드럽다.

₩ 갈비찜 정식 1만9,000원
☎ 02-2267-0955
🏠 충무로 19-1

## 장안문 _ 서울 중구

돼지 늑골에서 삼겹살을 떼고 나면 뒤쪽으로 남는 부위가 등갈비다. 보통은 목살이나 앞다리살을 붙여 돼지갈비로 내는데, 등갈비는 살짝 남은 고기와 뼈를 그대로 낸다. 상대적으로 저렴한 가격에 많이 낼 수 있다. 뼈에 붙은 남은 살코기를 뜯는 재미가 있다. 외국에서는 포크립(Pork Rib)이라 부르는 부위라 패밀리레스토랑에서도 만날 수 있다. 등갈비구이의 역사라 할 수 있는 장안문은 이 골목 대표 점포. 바깥에서 양념을 발라 직화로 초벌구이한 다음 불판에 올려준다. 달콤하면서도 살짝 매콤한 양념 맛에 존득한 고기가 입에 찰싹 달라붙어 식욕을 당긴다. 등갈비도 엄연한 갈비다.

₩ 돼지 등갈비 1만5,000원
☎ 02-755-0673
🏠 을지로3길 29

### 금돼지식당 _ 서울 중구

이름은 삼겹살인데 독특하게도 큼지막한 갈빗대가 붙어 있다. 돼지갈비에서 삼겹살을 따로 도려내지 않고 갈빗대와 함께 판다. 거의 이 집에서만 맛볼 수 있는 부위로 마니아층을 열광시키고 있다. 당연히 삼겹살의 기름진 맛과 돼지갈비의 고소한 맛을 함께 즐길 수 있다. 양념이 아닌 소금구이라 고기의 참맛에 집중할 수 있어서 좋다. 두꺼운 고기를 통째로 이리저리 돌려 구워내온 것을 다시 한입 크기로 썬 다음 먹는다. 가장 뜨는 고깃집으로 돼지테리언(돼지고기를 유독 즐기는 사람)의 순례 명소가 됐다.

- ₩ 본삼겹 1인분 1만7,000원
- 📱 0507-1307-8750
- 🏠 다산로 149

### 이태리식당 _ 경기 파주시

매운 갈비 파스타로 입소문 난 집이다. 크림과 토마토, 오일 등 3가지 소스에 자체 개발한 매운맛을 더해 파스타와 리소토로 즐길 수 있다. 갈비 파스타란 이름처럼 꽤 튼실한 소갈비가 두 도막 들었다. 부드럽게 조리한 갈비가 넓적한 생면과 매콤달콤한 소스와 잘 어울린다. 이탈리안 리볼리타(Ribollita)와 같은 맥락이다. 포크로 갈빗대 살점을 슬쩍 긁어 파스타와 함께 맛보면 딱이다. 갈비는 슬슬 부서질 만큼 부드럽다. 매운 소스는 조절할 수 있는데, 2단계가 신라면 정도의 맵기다.

- ₩ 매운갈비크림파스타 1만6,900원
- 📱 0507-1360-8770
- 🏠 가람로21번길 51-10

### 고덕갈비 _ 충남 예산군

- ₩ 한우갈비 1인분 3만7,000원
- 📱 041-337-8700
- 🏠 덕산면 덕산온천로 371-8

2대째 심심한 양념에 재워 구워내는 커다란 한우 갈빗대로 전국적 인기를 얻은 곳이다. 양념은 전통식. 고기가 좀 더 맛있을 정도로만 슬쩍 재웠다. 연탄불에 커다란 뼈다귀에 붙은 살코기를 올리고, 살짝 익으면 잘라내 한입에 쏙 넣으면 된다. 촘촘히 들어간 칼집이 질긴 부위는 야들야들 씹히도록 도와주고, 살코기 속으로 불 향기가 스며들 수 있도록 했다. 센 연탄불에 양념이 살짝 타들어 가면서 풍기는 그윽한 불 향이 훌륭하다.

## 해운대암소갈비집 _ 부산 해운대구

- ₩ 생갈비 5만2,000원, 양념갈비 4만6,000원
- ☎ 051-746-0033
- 🏠 중동2로10번길 32-10

부산 해운대 한옥으로 지은 갈빗집. 이곳에서 소갈비 익어가는 냄새가 바다 향기를 압도한다. 보통 부산에서 갈비집 하면 꼽는 손가락에 든다. 고기 좋기로 소문났다. 칼집을 제대로 낸 갈빗살에 진간장 양념을 슬쩍 한 양념갈비 구이가 이 집의 시그니처 메뉴다. 선명한 분홍빛이 도는 생갈비도 좋다. 최고급 윗부분 뼈 쪽 부위를 쓰고 칼집을 잘 내 불이 잘 스민다. 두꺼운 번철의 복사열과 그사이에 치솟는 숯불이 고기를 육회처럼 부드럽게 만들고 불맛도 잘 들게 한다. 사리와 된장도 맛있다. 사리는 갈비 국물에 익힌 감자면이다. 갈비뼈를 가져가 보글보글 끓여온 뚝배기 된장 역시 예술이다.

## 낙영찜갈비 _ 대구 중구

- ₩ 수입 갈비찜 2만원, 한우 갈비찜 3만원
- ☎ 053-423-3330
- 🏠 동덕로36길 9-17

'갈비찜'이 아니라 '찜갈비'다. 한자를 쓰기 좋아하는 영남 '양반식' 명칭이다. 대구 찜갈비는 매운 것을 선호하는 지역 특유의 입맛대로 찌고 조려낸 음식이다. 달콤한 간장 소스가 아니라 매콤한 고추장을 곁들였다. 대구시청 인근 동인동에 찜갈비 골목이 있다. 이 중 낙영찜갈비는 수입산 찜갈비와 한우 찜갈비 두 종류를 판다. 마늘과 고춧가루를 뒤집어쓴 찜갈비. 부드럽지만 두꺼워 씹는 맛은 살아 있다. 먼저 매운 양념이 입속을 한가득 채우고 우물우물 씹자면 고소한 갈비 육즙이 죽죽 배어 나온다. 양념 국물이 아까워 밥에 쓱쓱 비벼 먹게 된다. 칼칼하고 시원하게 끓여낸 갈빗살 찌개도 곁들이면 미각의 만족감이 더하다.

## 전

# 파전, 배추전, 육전⋯
# 뜨거울 때 '煎'해야 제맛

비가 오면 생각나는 그 사람 아닌 뜨끈한 전
밀가루 귀하던 시절 고급 요리에서 푸짐한 안주로
일본은 물론 영어권에도 인기 끌며 한식 세계화 앞장
채소는 물론 육류, 해물 등 재료가 무궁무진한 전의 세계

　비가 오거나 놀러 가서 생각나는 음식, 전煎. 전은 한국의 대표적 요리 중 하나다. 격식 있는 어느 상에도 빠뜨릴 수 없는 것이 전이다. 전국 어느 지역에서나 공통되는 몇 안 되는 잔치, 명절 요리로 당당히 이름을 올린다.

　밀가루와 기름이 귀하던 시절 고급 요리였던 전은 이제 상식하는 반찬 및 안줏거리가 됐다. 전은 외국에서도 인기 있는 한식 요리다. 영어권에서는 어소티드 코리안 팬케이크Assorted Korean Pancake이라 부른다. 일본에서는 아예 전의 강원권과 영남권 방언인 지지미チヂミ로 부른다.

　전유어煎油魚, 전유화煎油花, 저냐 등으로 불리는 전은 이름에 조리법

한국인에게 전이란 듣기만 해도 입이 즐거운 음식이다.

(지지다·煎)까지 포괄적으로 담고 있다. 기름을 두른 번철에 식재료를 넣어 지져낸(부쳐낸) 음식 종류를 총칭한다. 기름진 음식이 생각나는 장마철과 놀러 가서 번철 펴기 좋은 휴가철, 전국 유명한 전집 소개로 전 한 판을 들들 부쳐봤다. 마침 요즘 대파도 좋고 배추도 애호박도 맛이 들었다.

정말이지 전의 세계는 놀랍다. 안 쓰는 식재료가 없다. 전 중 제일이라는 민어부터 각종 해산물에 소고기, 간, 처녑 등 내장에다 스팸, 소시지, 참치 통조림까지 모든 식재료로 전을 만들 수 있다. 채소는 말할 것도 없다. 배추, 김치, 파, 고추, 호박, 감자 등은 누구나 사랑하는 전의 재료다. 이밖에

1 명태 한 마리를 통으로 부친 동태전.
2 비 오는 날 유난히 당기는 파전.
3 가요 '빈대떡 신사'가 떠오르는 정감어린 전집.

도 수많은 채소를 전으로 부쳐 먹는다. 경상도에서는 고수나 방아풀 같이 향이 강한 채소로 전을 부치기도 한다. 전북 전주 아중도토리묵촌 식당에서는 도토리를 갈아 전을 부쳐 판다. 옛사람들은 봄날 진달래가 피면 그 꽃잎을 따 화전을 부쳐 먹으며 꽃놀이를 즐기기도 했다.

채소로 전을 부치는 방식은 조금씩 다르다. 채소를 썰어 밀가루와 버무려 부치는 방식이 가장 일반적이다. 번철에 밀가루 반죽을 깐 뒤 배추나 김치, 쪽파를 썰지 않고 그대로 올려서 부치기도 한다. 감자전은 더 다양하다. 감자를 갈아 물기를 빼낸 다음 그대로 부치거나 밀가루와 함께 반죽해 부친다. 또 채 썬 감자를 밀가루 반죽에 넣어 부치기도 한다. 특히, 감자를 얇게 채 썰어 부치면 바삭함이 더하다. 섬유처럼 서로 얽힌 감자전에 기름과 불기운이 고루 스며 식감이 뛰어나다. 좀 더 바삭한 맛을 강조한 뢰스티(Rosti·스위스 요리)라 생각하면 된다. 서울 마포구 상암동 '차림'에서 이 같은 감자전을 맛볼 수 있다.

전은 가끔 떡과 혼용되기도 한다. 전병이나 빈대떡이 여기에 해당한다. 전煎은 부치는 것이고, '떡'을 뜻하는 병餅은 찌는 것이다. 따라서 전병煎餅은 '부친 떡'이 된다. 보통 안에 김치나 팥 등 소를 넣는 경우가 많다. 그러나 조리법을 보면 전이 맞다. 예외로 일본의 센베煎餅는 같은 한자를 쓰지만 구운 과자다. 빈대떡貧者餅에도 이름에 떡이 들어간다. 하지만 조리법상 '전'의 범주에 든다. 진달래 등 꽃을 올리고 지지는 화전花煎은 모양새는 떡과 비슷하다. 그러나 이것 역시 기름에 지져 구우니 역시 전에 속한다.

전은 막걸리와 제대로 궁합을 이루는 안주다. 가격도 저렴해 부담없이 시킬 수 있다. 재료를 달리한 여러 가지 종류의 전을 모듬으로 먹기도 좋다. 특히, 뜨거울 때 먹으면 그 맛이 더하다. 간식으로도 탁월한 선택이다. 칼로리가 높다는 것을 염려하는 이들도 있지만, 비가 오거나 궂은 날이면 전 부치는 고소한 기름 냄새에 회가 동하는 것은 인지상정이다.

## 여기가 맛집

### 나들목빈대떡 _ 서울 마포구

₩ 모둠전 2만원, 해물파전 1만5,000원
☎ 02-324-5086
📍 동교로 33

서울 변두리 주택가였던 망원동이 핫한 '망리단길'이 됐다. 그 중심에는 여러 유명 가게가 있는데, 일명 '망원동 전집'도 한 자리를 차지한다. 그냥 막무가내로 망원동 전집 하면 모른다. 하지만 토박이들은 잘 안다. 원래 한 동네에 오랫동안 살아온 이들은 상호로 잘 안 부른다. 이 집 이름이 '나들목 빈대떡'이다. 이 집은 커다란 번철을 놓고 주문을 받으면 수시로 전을 부쳐낸다. 빈대떡이며 김치전, 동그랑땡 등 안줏거리로 딱인 것들을 당장 부쳐준다.

모둠전을 주문하면 동태전, 고추전, 깻잎전, 부추전, 애호박전, 동그랑땡 등을 한가득 내준다. 분홍색 옛날 소시지전도 판다. 젊은 층은 '그게 뭔 맛이냐'고 할지 모르지만, 중장년들은 좋아한다. 소시전은 예전에 꽤 귀한 도시락 반찬이었다. 그걸 접시째 내준다. 덕분에 소주 한 잔 털어 넣고 추억 한 입 베어 문다. 해물이 가득한 해물파전도 잘 나간다. 향긋한 쪽파 사이에 오징어와 조개가 푸짐하게 들어 든든하다. 값도 헐하다. 두부부침은 5,000원부터 시작한다. 코다리찜, 오징어초무침 등 안줏거리도 많다. 국물 삼아 먹는 라면도 술 한 병을 더 부른다.

## 육전명가 _ 광주 서구

₩ 육전 2만7,000원, 홍어전 2만6,000원
☎ 062-384-6767
🏠 상무자유로 174

원래 전은 관혼상제의 상차림에 쓰일 만큼 귀한 음식이다. 이 중 가장 사치스러운 전은 광주에 가면 맛볼 수 있다. 광주의 명물 중 하나가 소고기전, 즉 육전(肉煎)이다. 식재료도 그렇고 조리도 굉장히 호사스럽다. 광주시 상무지구에 있는 육전 전문식당 육전명가는 요리를 주문하면 한복을 입은 직원이 쿠커를 들고 들어와 테이블 옆에서 직접 일일이 계란옷을 입혀 육전을 부친 뒤 젓가락으로 개인 접시에 덜어준다. 식도락 드라마 '고독한 미식가'의 주인공 고로 씨가 봤으면 혼잣말을 열 번이라도 되뇌었을 방식이다. 이 집은 육전이 전문이지만, 꼭 육전만 파는 것은 아니다. 키조개 관자, 낙지, 홍어, 맛조개 등 해산물을 이용한 전도 낸다.

## 하연옥 _ 경남 진주시

₩ 진주육전 1만9,500원, 물냉면 1만원
☎ 055-746-0525
🏠 진주대로 1317-20

기생집으로 대변되는 조선 외식문화의 중심지 진주. 이곳은 냉면과 비빔밥 등 음식문화가 발달했다. 진주냉면에 꼭 들어가는 것이 바로 육전이다. 전을 부쳐 국물에 넣는 것은 원래 전 자체가 다른 음식의 중요 식재료가 되기 때문인데, 여기서는 시원한 냉면 고명으로 올린다는 점이 다르다. 전을 고명으로 올리는 것은 수육보다 손이 많이 간다. 그런데도 고명으로 전을 올리
는 것은 진주가 한양이나 개성처럼 권력형 외식문화였던 까닭이다.
진주냉면 명가로 꼽히는 하연옥. 이곳은 냉면에 육전 한 접시는 하나의 세트처럼 인식된다. 소고기 육전은 진한 고기 향을 잃지 않도록 빈틈없이 노릇한 계란옷을 차려입고 접시 위에서 기다린다. 뜨거운 육전 한 점은 시원한 냉면 국물과도 잘 어울린다. 서울에도 마포와 잠실에 분점이 있다.

## 부림상가 _ 경남 창원시

₩ 명태전 1만원  
☎ 없음  
🏠 마산합포구 3·15대로 352

우리가 아는 명태전은 명태살을 발라 한입 크기로 부쳐낸 것이다. 가시가 있고 없고, 밑간을 하고 안 하고 정도의 차이가 있을 뿐, 어딜 가나 대부분 그렇게 나온다. 하지만 창원 마산부림시장 앞 명태전은 개념이 다르다. 명태 한 마리를 펴서 통째로 부쳐내는 방식이다. 기름을 두른 번철 위에 명태를 반으로 갈라 펴고 밀가루 풀과 매운 고추, 방아풀(배초향), 부추 등으로 양념을 바르듯 옷을 입힌다. 껍질까지 바삭하게 익으면 다시 뒤집어 지져내는데 이 맛이 별미다. 익은 명태전을 먹기 편한 크기로 잘라서 내주면 한입에 쏙 넣고 우물우물 씹기만 하면 된다. 매콤한 양념이 바삭하고 부드러운 명태살과 잘 어우러진다. 몸통부터 꼬리까지 각각 다른 맛을 낸다. 6·25떡볶이 옆집이다.

## 삼정면옥 _ 충북 충주시

₩ 동부부침 4,000원, 물냉면 9,000원  
☎ 043-847-4882  
🏠 관아3길 21

충주에는 보기 드문 평양냉면집이 있다. 시내 중앙시장 인근 삼정면옥은 40년 넘게 영업해온 노포다. 슴슴하면서 구수한 국물에 메밀 향 진한 국수를 말아내는 집으로 유명하다. 쇠고기를 삶아 뭉텅뭉텅 썰고, 중국식 냉채처럼 채소와 겨자 양념에 무쳐내는 수육도 맛이 좋다.

근데 이 집 별미는 따로 있다. 바로 동부부침. 동부콩을 갈아 반죽한 후 번철에 지져낸다. 빈대떡 방식인데, 녹두와 또 다르다. 밀가루가 아닌 단백질을 많이 함유한 콩으로 부쳐낸 전이라 처음 베어 물면 바삭한 것이 꼭 고기 파이처럼 느껴진다. 돼지비계 기름을 두르고 부쳤을까? 속에는 푸성귀만 들었는데, 입에 넣으면 고소한 단백질 맛이 한가득 퍼진다.

## 방천찌짐 _ 대구 중구

₩ 배추전 3,500원, 부추전 3,500원
☎ 053-421-4494
⌂ 달구벌대로446길 3

지역 출신이 아니면 잘 모르는 맛의 세계. 바로 배추전이다. 배추 이파리를 펴서 번철에 얹고 묽은 반죽을 부어 지져내는 배추전. 경상북도와 강원권에서 주로 먹는다. 재료라고는 달랑 배추 한 잎과 멀건 밀가루 풀뿐이다. 이 맛을 두고 수도권이나 호남에서는 '아무 맛도 나지 않는다'고 한다. 사실 경상도에서도 처음 먹으면 뭔가 빠진 섭섭한 맛으로 느낀다. 하지만 배추전은 그 무미(無味)로 먹는 음식이다. 나이가 들고 자주 접하다 보면 배추의 달달하고 시원한 맛을 느낄 수 있다. 대구 김광석길로 유명한 방천시장에 조그마한 전집이 하나 있다. 이름하여 방천찌짐. 찌짐(전)을 주로 파는 막걸리집이다. 이 집에서 정통 대구식 배추전과 부추전을 판다. 물론 해물파전과 동태전도 있다. 반들반들한 번철에 기름을 두르고 배추전을 즉석에서 부쳐낸다. 부드럽고 시원한 맛의 배추전에 참기름 향 고소한 양념장을 찍어 먹으면 그 맛이 기막히다. 정구지라 부르는 부추전도 밀가루는 거의 없다.

---

## 부민옥 _ 서울 중구

₩ 모둠전, 파전 각 2만6,000원
☎ 02-777-2345
⌂ 다동길 24-12

전과 어울리는 재료 중 파가 있다. 쪽파든 대파든 상관없다. 기름기의 느끼함을 없애주기 때문이다. 유명한 동래파전 역시 파에 찹쌀가루 반죽을 뿌려 익힌다. 파전 하면 보통 해물전이다. 대부분 해물파전이라는 이름으로 판다. 오징어와 조개 등 해물과 파의 궁합도 좋다.

많은 한식 메뉴를 파는 부민옥의 경우 파전에 큼지막한 대파와 고기가 들어 있다. 육전이라 해도 될 만큼 소고기를 많이 다져 넣었다. 어떨 때는 대파와 소고기가 상당히 떨어져 있어 파전과 육전을 반반씩 시킨 것처럼 즐길 수 있다. 해물은 없지만, 대파가 고기와 기름 맛을 향기로 보(補)한다. 혹자는 부민옥 파전을 '숨은 메뉴'라 하는데, 아무도 숨긴 적은 없다. 메뉴에도 당당하게 적혀 있다. 메뉴 중에는 모둠전도 있다. 이것 역시 숨긴 적은 없다.

> 오징어

# 국 반찬 안주 간식
# '맛의 팔방미인'이라 불러다오

서민 밥상 책임지던 오징어국, '국민 주전부리' 마른오징어
싱싱하게 회로 먹고, 데침은 대폿집 소주 안주로 인기
뼈대 있는 갑오징어는 고급, 한치 길이 다리 한치는 차져
피로 해소에 좋은 타우린 많고, 소화 잘되는 단백질도 풍부
스페인 그리스 이탈리아 등 지중해권에서도 사랑받아

'오징어가 돌아왔다!'

제철 생선이 별로 없는 여름철. 부드러운 매력 속 깊은 마성을 지닌 오징어가 돌아와 인기가 하늘을 찌른다. 몇 년 동안 품귀 현상을 빚어 '금징어'라 불렸던 오징어가 최근 어획 사정이 나아져 서민들의 식탁에서 당당히 존재감을 과시하고 있다. 중국 어선들의 남획이 예전보다 줄고, 동해안 수온이 평년보다 1도 정도 높아져 약 15~20도로 유지되면서 오징어 어획에 최적 환경이 조성된 덕이다. 오징어 어선들은 매일같이 만선기를 휘날리며 귀항하고 있다. 주요 산지 동해안 어민들은 7월 중순까지 이런 조건이 유지돼 오

오징어는 데치고, 튀기고, 볶고, 말려 먹는 한국인의 영원한 단백질 공급원이다.

랜만에 '오징어 대풍'을 맞을 것으로 기대하고 있다.

오징어는 오랜 세월 한국인과 함께한 어족자원이다. 오징어의 길쭉한 몸통(사실은 머리) 속에는 근현대를 살아온 민초의 애환이 숨어들었다. 시원한 오징어국으로 끼니를 챙겼고, 오징어 데침은 소주 한잔과 함께 대폿집을 지켰다. 오징어덮밥은 저렴한 분식집 점심 메뉴로 학생들과 함께 했고, 마른오징어는 사시사철 열차 안이나 영화관, 야구장 등에서 심심풀이 주전부리 역할을 톡톡히 했다. 이뿐이랴. 오징어채는 도시락에서, 오징어튀김은 노점 좌판에서 학생들의 든든한 먹거리가 됐다. 집에서도 반찬으로 더없이 활용

1 씹는 맛이 좋은 갑오징어는 횟감으로 인기다.
2 오징어는 국거리와 튀김 등 다양한 곳에 식재료로 쓰인다.
3 남해안에서는 특이한 모양의 오징어가 잡히기도 한다.
4 오징어 통찜은 감칠맛 가득한 내장이 들어 그냥 먹어도 건건하다.

도가 높다. 볶음, 조림, 무침에 불고기까지 다양한 맛을 낸다. 국민 식생활에서 따로 빼놓고 생각할 수 없는 해산물이 오징어인 것이다.

오징어는 무척추동물이다. 세계 전역에 서식하고 있는데, 길이 15m에 이르는 남극하트지느러미오징어, 10m가 넘는 대왕오징어, 2~3m짜리 훔볼트오징어부터 작은 꼴뚜기까지 다양한 종이 있다. 우리나라 동해에서 많이 잡히는 오징어는 살오징어로, 피둥어꼴뚜기라 한다. 성체는 30㎝에 이르며 몸통 길이 절반 정도의 다리 8개와 20㎝에 가까운 촉완 한 쌍을 지니고 있다. 식용하는 대부분 오징어는 '살오징어'며 서해안의 갑오징어, 제주 해역의 한치꼴뚜기 등과는 명확하게 구분된다.

갑오징어는 갑옷처럼 두른 뼈가 외투막에 숨어 있어 붙은 이름이다. 원래 오징어란 이름은 서해안에서 쉽게 볼 수 있던 갑오징어에 먼저 붙었다고 한다. 나중에 이름을 빼앗은 '살오징어'와 구분하기 위해 갑甲 자를 붙였다. 두툼하고 탄력 있는 육질과 담백한 맛으로 다양한 요리가 가능해 서남해안에선 고급어종으로 친다. 괜히 '갑'이 아니다. 영화 '자산어보'에 등장하는 오징어도 갑오징어다. 정약전은 책에 갑오징어의 다양한 효능에 대해 적었다. 갑오징어 뼛가루를 상처에 뿌리면 피가 멎는다고 했다. 실제 지혈제로 쓰인다.

한치는 다리가 짧아 한치다. 정작 다리가 한 치一寸(약 3㎝)에 불과하단 말인데, 괜스레 점잖게 들린다. 원래 이름은 창오징어다. 제주에선 부드러운 한치를 오징어보다 값지게 취급한다. 생물은 채를 썰어 회나 물회로 먹고, 말려서 그대로 먹기도 한다. 오징어보다 식감이 더 차지고 쫀쫀하니 착

달라붙는다. 제주 속담 중에 '한치가 인절미면 오징어는 개떡'이라는 말도 있다. 동해에도 한치라 불리는 화살오징어가 있다. 살아 있을 때 붉은색이 도는 제주 창오징어보다 좀 더 하얗고 끄트머리가 뾰족하다.

제주 해역에는 이보다 더 귀한 무늬오징어도 있다. 흰오징어가 공식 명칭인데 낚시꾼들은 무늬오징어라 한다. 그도 그럴 것이 갓 낚으면 번질거리고 얼룩얼룩한 무늬가 뚜렷하게 보이고, 죽고 난 뒤에야 하얗게 변한다. 낚시꾼 입장에서는 신선한 무늬오징어가 맞는 말이다. 갑오징어처럼 통통한 흰오징어는 연안에 자주 나타나고 몸집이 커서 낚시하기에 좋은 어종이다. 갑오징어는 제주와 남해 쪽에 출몰하며, 크게는 2㎏ 이상 대어도 있어 이를 노리고 출조를 나가는 동호인이 많다. 살오징어는 어딜 가나 '친척'에 밀린 셈이다. 그래도 존재감은 확실하다.

오징어는 중량 대비 영양가가 우수하다. 일단 소화흡수가 좋은 고급 단백질이 가득하다. 피로 해소에 좋은 타우린과 비타민E, 아연, DHA, EPA를 풍부하게 함유했다. 콜레스테롤이 많은 점을 제외하면 고단위 영양 식품이라 '여름을 앞두고 몸 만들기'에 딱 좋다. 닭가슴살 못지않다. 단백질에 비해 열량도 낮아 당뇨식으로도 좋다. 이처럼 흔하고 맛과 영양이 좋은 오징어는 꾸준히 사랑받는 식재료로 그 가치를 인정받았다. 말리면 보존성까지 좋다. 6·25전쟁 당시 국군 전투식량으로 보급됐다. 마른오징어는 말리는 과정에서 또 다른 맛이 난다. 생물 오징어보다 진한 풍미를 내고 이를 좋아하는 사람도 많다. 조기보다 굴비를 더 좋아하는 사람이 많은 이유와 같다. 하지만 강한 냄새도 난다. 미국인들은 이런 마른오징어의 향취를 시신 썩는 냄새에 비유하기도 한다. 그래서 한국과 일본 이외에는 조미하지 않은 오징어를 그대로 말려서 먹는 경우가 드물다.

오징어먹물도 좋은 식재료다. 단백질로 이뤄져 있으며 감칠맛 덩어리다. 남유럽에서는 이에 착안해 리소토나 파스타에 즐겨 쓴다. 실제 먹이나 잉크로도 썼다. 동서양을 막론하고 오징어나 문어 먹물로 글을 썼다. 매끌매끌 잘 써졌다. 하지만 오래가지 않았다. 일 년 정도 지나면 사라져버리기 때문에 '지켜지지 않는 약속'을 일러 '오적어묵계烏賊魚墨契'라고 비꼬았다.

오징어 먹물은 곧 사라지지만 오징어의 우수한 맛과 영양은 오래간다. 다만, 오징어 자체가 명태처럼 우리나라 연근해에서 사라질지도 모른다. 인간의 욕심 탓이다. 오랜만에 대풍이 든 오징어를 지금 당장 맛봐야 할 이유다.

## 여기가 맛집

**오징어풍경** _ 서울 중구

₩ 오징어마늘칩 1만5,000원
📞 02-756-0777
🏠 다동길 5

무교동에 있는 그야말로 오징어 전문점. 다른 해산물 중 이렇게 대표적으로 간판에 이름을 올리는 것이 또 있을까. 활오징어회를 채 썰지 않고 너붓너붓 잘라내 찰떡처럼 차진 식감이 좋다. 가늘게 썬 오징어 살을 마늘과 함께 튀겨낸 오징어마늘칩은 찾아보기 힘든 별미. 생맥주를 빨아들이는 블랙홀이다.

**원조두꺼비집불오징어** _ 서울 은평구

₩ 불오징어 2인분 1만8,000원
📞 02-355-3130
🏠 연서로28길 5

안주나 식사로 푸짐한 오징어볶음을 즐기러 찾는 곳. 연신내 먹자골목에 위치한 집으로 널리 입소문이 났다. 메뉴는 불오징어지만 직화도 아니고 맵지도 않다. 미나리, 쑥갓, 부추 등 제철 채소 중 한 가지와 양배추를 잔뜩 올려 볶아먹는 철판 오징어불고기다.

### 종가집 _ 서울 서초구

서울에선 생소하던 오징어 주물럭이란 메뉴가 강남에 뿌리를 내리는 데 혁혁한 공을 세운 집. 50년 가까이 됐다. 직접 담근 고추장을 베이스로 한 목살과 오징어 등을 주물럭 구이로 판다.

₩ 오징어 주물럭 1인분 1만3,000원
☎ 02-522-8379
🏠 서초대로48길 108

### 향미 _ 서울 마포구

연남동 화교가 운영하는 노포로 몇 년 전부터 새로운 메뉴가 도입됐는데, 이중 인기를 끄는 것이 바로 충칭오징어튀김이다. 홍고추와 풋고추, 청양고추 등 여러 가지 고추를 잘라 부각처럼 바삭하게 튀겨낸다. 매운맛이 강하지 않고, 튀김의 느끼함을 걷어내는 칼칼함 정도로 뒷맛을 살린다.

₩ 충칭오징어튀김 2만5,000원
☎ 010-5835-6851
🏠 성미산로 193

### 전일갑오 _ 전북 전주시

말린 갑오징어를 맛볼 수 있는 곳은 현실적으로 드물다. 살오징어에 비해 워낙 살이 두껍고 단단하기 때문이다. 전주 가맥집 중 가장 유명한 전일슈퍼는 갑오징어를 잘해 '전일갑오'라고도 불린다. 단단한 갑오징어를 망치로 두드려 부드럽게 펴고 연탄불에 잘 구워내 맥주 안주로 낸다.

₩ 갑오징어 1만5,000~3만원
☎ 063-284-0793
🏠 완산구 현무2길 16

> 족발

# 쫀득한 껍질과 살코기의 하모니
# 야식계 '발군의 맛'

족발은 돼지 발로 만든 야식의 대명사
족발은 국물에 쪄낸 중국요리 '장육'과 닮아
체코는 '콜레뇨', 베트남은 '족발 쌀국수'
빨간양념 닭발, 유럽선 육수로 많이 쓰여

야식하면 생각나는 음식은? 당연히 치킨과 족발이 1순위를 다툴 것이다. 족발은 야식의 대명사로 자리 잡은 지 오래다. 세계적으로 족발을 즐겨 먹는 나라는 몇 안 된다. 그러나 이를 좋아하는 나라에서는 끔찍이도 사랑한다. 특히, 중국은 족발을 보양식으로 좋아하니 인구로 따지면야 족발 선호 저변은 무척 단단하다. 돼지고기를 워낙 즐기는 중국인들은 족발을 스태미나식으로 여긴다. 동남아시아에서도 따로 값을 더 매겨 팔 만큼 값진 부위다.

고기 좀 먹을 줄 안다는 독일과 체코 등 중부유럽에는 전통식에 족발

술안주로도, 야식으로도 족발만 한 게 없다.
콜라겐 듬뿍 든 쫄깃한 족발 한 점이면 술 한 잔이 저절로 따라온다.

을 쏙 빼닮은 것이 있는데, 바로 슈바인스학세다. 돼지 무릎 아래 부위를 통째로 맥주에 삶았다가 살짝 구워낸 것이 영락없는 족발이다. 이름 역시 돼지 **Schwein**와 발목**Haxe**이란 뜻으로 결국 돼지족발이란 얘기다. 이외에도 찜 요리 아이스바인**Eisbein**도 있다. 이런 요리가 있으니 독일은 족발 공화국이다. 체코에서는 훈연했다가 구워낸 돼지 발목을 콜레뇨**Koleno**라고 부르며 전통 요리로 내세운다. 폴란드에도 염장한 족발을 구워낸 골롱카가 있다. 오스트리아에는 슈텔체가 있다.

족발이란 매우 특이한 조어다. 똑같이 발을 뜻하는 두 글자가 나란히 이어진 겹말이다. 한자로 발 족足에 한글로도 발이 붙었다. 마찬가지 조어 원리로 우두머리率란 말이 있긴 하지만, 두머리(頭머리)나 수손(手손)이라면 무척 어색할 테다. 하지만 족발은 무척 익숙하고 자연스럽다. 게다가 족발이란 말은 돼지에만 쓴다. '돼지족발'이라고 규정지어 부르기도 하지만, 실상은 족발 하면 죄다 돼지의 것을 말한다. 소는 우족이라 부른다.

양념과 조리법을 보자면 족발이 어디서 유래한 음식인지 살짝 유추된다. 그전에도 물론 가축의 다리 아랫부분 요리는 있었을 테지만(설마 버렸을까) 각종 양념을 넣은 국물에 쪄낸 요리로서 지금 족발의 형태는 장육醬肉이라는 중국식 요리와 닮았다. 실상 중국에선 툰제豚蹄라 하는데, 우리 족발과 삶는 과정부터 써는 법까지 굉장히 유사하다.

우리 문헌에 족발이란 이름이 처음 등장하는 때도 근대에 들어서다. 일제가 패망하고 떠나 빈집이 많던 서울 장충동으로 6·25전쟁 후 이북 피란민들이 몰려들면서 요리법을 전했다고 한다. 중국 간장에 향신료를 첨가한 양념 국물에 삶은 돼지족발은 누린내가 나지 않아 인기를 끌었다고 한다. 1970년대 이후 장충동에서 체육관만큼 유명해진 것이 장충동 족발이다.

족발의 단면을 보자면 부들부들한 껍질과 그 아래 지방층과 살코기가 함께 있어 샌드위치처럼 각각 다른 맛을 낸다. 족발 한 접시에도 껍데기 부위, 살코기 부위, 물렁뼈, 발가락뼈, 통뼈 등 여러 가지 형태의 고기가 나와 맛보는 재미가 쏠쏠하다. 주로 살코기와 지방층이 섞인 부드러운 앞다리 부분을 선호한다. 이 때문에 값을 좀 올려받더라도 앞다리만 취급하는 족발집도 있다.

## 🍴 여기가 맛집

### 미담진족 __ 서울 마포구

정통 방식으로 오향 약재 소스에 잘 삶아낸 오향족발이 대표메뉴다. 껍데기째 한입 크기로 썰어놓은 살점을 수북이 깔아놓았다. 보기에도 튼실한 육젓과 함께 집어먹으면 된다. 존득한 고기가 붙은 뼈를 발라 먹는 재미도 있다. 수많은 식당이 명멸하는 홍대 앞에서 10여 년째 족발 맛집으로 입소문이 난 집이다.

- ₩ 오향족발 2만9,000~4만3,000원
- ☎ 02-334-7574
- 🏠 잔다리로3안길 27

---

### 라도스트 __ 서울 종로구

체코에서나 맛볼 수 있는 콜레뇨를 역시 귀한 체코 맥주와 함께 즐길 수 있는 곳이다. 콜레뇨는 발목을 통째로 구워내 썰어 먹는 요리인데, 삶아낸 우리 족발과는 달리 햄처럼 훈연향을 내는 것이 특징이다. 역시 바삭하게 구워진 껍질 부위가 가장 맛있다.

- ₩ 콜레뇨 4만2,000원(코젤다크 4잔 포함)
- ☎ 0507-1343-6868
- 🏠 우정국로2길 17

### 권씨네족발 __ 전북 전주시

미향으로 소문난 전주에서도 소문난 족발 맛집이다. 국내산 생족을 손질해 특제 간장에 부드럽게 삶아 특유의 야들한 식감을 최대한 끌어냈다. 곁들인 가정식 깻잎지가 포인트. 족발을 싸 먹으면 그리도 궁합이 좋다. 주문과 배달로도 딱이다. 중동에 혁신점도 있다.

- ₩ 앞다리 4만2,000원. 외식 3~4인 6만5,000원~
- ☎ 0507-1325-4177
- 🏠 완산구 서곡2길 5

**로칸다몽로** __ 서울 마포구

**괴흐엉관** __ 경기 파주시

족발을 삶았다가 오븐에 굽는 몽로식 족발찜을 낸다. 육즙 강한 그레이비 소스와 피시 소스, 옥수수 알갱이 등을 넣고 조려내 감칠맛을 더했다. 나이프를 얹으면 바로 결대로 찢어지는 족발 속살에 소스를 흠뻑 발라 맥주(또는 리큐어)와 함께 즐기면 술술 넘어간다. 고수를 한가득 올려 향기와 아삭한 식감까지 즐길 수 있다.

₩ 2인 기준. 2만8,000원
☎ 02-3144-8767
🏠 잔다리로7길 18 지하층

베트남인이 운영하는 쌀국수집으로 이름도 어렵다. 후띠우(가느다란 국수)를 파는 것을 보면 남부식 베트남 요리를 한다. 이 집의 명물은 족발쌀국수. 돼지족발을 넣고 푹 끓인 육수에 쌀국수를 말아낸다. 두툼하게 토막 낸 족발은 사람마다 호불호가 갈린다. 이 외에도 소고기 쌀국수, 공심채 볶음, 검스언느엉(돼지고기덮밥) 등 다양한 현지식 메뉴가 있다.

₩ 족발쌀국수 8,000원
☎ 031-946-0506
🏠 금정24길 16-9

**황금족발** __ 전남 목포시

₩ 황금족발 3만2,000원
☎ 0507-1395-0055
🏠 하당남부로 80

이름하여 '목포족발'로 소문난 집. 한돈 앞발과 뒷발을 쓰고 깔끔하게 삶아 저며낸 족발이 쫄깃한 식감으로 인기를 끌고 있다. 주먹밥과 순두부 등 다양한 곁들임을 제공해 푸짐한 족발 한상차림을 펼친다. 상호처럼 금가루를 뿌려주며 삼 한 뿌리를 고명으로 얹어내는 비주얼이 좋다. 직화양념족발과 불족발, 보쌈과 함께 묶은 세트도 있어 모임이나 회식에 좋다.

### 자매국수 _ 제주 제주시

아강발이라는 독특한 이름의 족발을 낸다. 아강발은 어린 돼지의 것이 아니다. 돼지족발 가운데 발가락 부위다. 작고 살점은 별로 없지만 대신 그만큼 부드럽다. 마디 사이 오돌뼈를 뜯는 재미가 있다. 오랜 시간 고기국수와 멜(멸치)국수로 유명했던 집인데 최근 공항 부근으로 옮겼다.

₩ 아강발 2만원, 고기국수 8,500원
☎ 064-746-2222
🏠 탑동로11길 6

### 장군보쌈 _ 서울 중구

서울시청 뒤 무교동 노포로 족발로 아성을 구축한 곳이다. 깨끗이 손질한 앞다리 족발을 잡내 하나 없이 쫀득하게 삶아내는 기술이 압권이다. 발그레한 껍질은 탱글탱글하고, 보드라운 속살은 입안에서 눈 녹듯 사라진다. 회식의 명소답게 보쌈과 달콤한 김치까지 함께 즐길 수 있는 세트도 있다.

₩ 장군족발(대) 3만8,000원,
보쌈족발세트(대) 4만8,000원
☎ 02-778-2496 🏠 무교로 16

### 지구대표족발 _ 충남 천안시

₩ 앞다리 3만8,000원
☎ 0507-1307-5251
🏠 서북구 불당8길 3

불족발, 냉채족발 등 다양한 족발 메뉴를 갖춘 전문점이다. 족발도 앞발과 뒷발을 선택할 수 있다. 양도 뒷발 반을 주는 1인 족발부터 특대 사이즈까지 고를 수 있어 좋다. 짭조름하고 달콤한 양념에 삶아내 족발 특유의 탱글탱글한 식감을 살렸다. 알싸한 수삼 한 뿌리를 올려준다. 고추튀김만두와 시원한 밀면도 도저히 외면할 수 없는 곁들임 메뉴다. 안산에도 분점이 있다.

> 육회

# 야구는 '6회'부터 보는 맛
# 고기는 '육회'부터 먹는 맛

선사시대부터 즐겨 먹고 나라마다 다양한 문화 존재
육회는 구운 고기 먹기 전 입맛 돋워줘
저지방 부위 사용 단백질 풍부하고, 빈혈에 특효
호남에서는 닭가슴살과 근위도 육회로 먹어

　인류가 먹은 최초의 요리(?)는 회다. 회膾는 칼로 저민 날고기나 날생선을 그대로 먹는 음식 문화로서 사실은 육회肉膾를 뜻하는 단어다. 수렵과 채취, 어로 생활을 하던 선사 인류가 먹던 방식에서 크게 변화하지 않은 형태로 지금껏 전해지고 있다.

　문헌에 '식재료'로서 회가 가장 먼저 언급된 것은 고대 중국으로, 춘추전국시대 공자와 관련된 것으로 나온다. 《논어》 상론의 향당에는 공자의 생활 습관을 설명하며 '찧은 쌀밥과 가늘게 채 썬 회를 즐겼다食不厭精 膾不厭細'고 기록했다. 이게 벌써 2,500년 전쯤이다. 사람의 입人口에 즐겨 오

육회 맛을 알면 생선회가 싱겁다. 요즘은 싱싱한 소고기 육회를 낙지 등 해산물 회와 섞어 먹기도 한다.

르내린다는 회자膾炙란 말도 생겨났다. 날고기와 구운 고기란 뜻이다. 얼마나 맛이 좋고 입에 당겼으면 '회자'라 썼을까.

　지금이야 회 하면 생선회를 먼저 떠올리지만, 원래는 들짐승이나 날짐승, 가축, 가금류의 날고기를 가리켰다. 회膾 자의 한자 부수(月·고기 육월)를 보면 알 수 있다. 옛날에는 꿩부터 소, 말, 염소 등을 그대로 썰어 먹었다. 그러던 것이 훗날 생선회가 회를 대표하고 육고기 회는 따로 육회란 이름으로 불리게 된다. 신기하게도 중국에서 융성했던 회 식문화는 송대 이후 홀연 사라지고, 한국과 일본을 중심으로 전통 식문화로 계승되고 있다. 이탈리아나 스페인, 페루 등에도 동아시아의 생선회와 같은 식문화가 있다. 육회 식문화는 유럽에서 타르타르 스테이크, 카르파초 등의 이름으로 명맥을 지켜오고 있다.

세계인이 먹는 회를 보면 생각보다 다양하다. 이탈리아의 카르파초 Carpaccio는 소고기 살을 얇게 잘라내 올리브 오일과 레몬즙, 후추 등을 뿌려내는 일종의 샐러드다. 소고기뿐 아니라 사슴고기, 문어, 생선도 많이 사용한다. 그러나 명성에 비해 그리 오래된 음식은 아니다. 1950년 이탈리아 베네치아의 한 바Bar에서 처음 생겨났다. 올해로 칠순을 갓 넘긴 카르파초의 탄생이다.

독일은 돼지고기를 생으로 갈아 후추 양념을 한 메트Mett를 빵에 발라 먹는다. 터키와 중동 일부 지역에는 양고기를 갈아서 향신료를 첨가한 키베 나예Kibbeh Nayyeh 같은 샐러드 요리가 있지만, 형체가 없다는 점에서 육회와 비슷하진 않다. 차라리 태국의 코이 소이Koi Soi나 베트남의 보타이 찬Bo Tai Chanh이 더 비슷하다.

육회 형태로 역사가 오랜 것은 타르타르 스테이크Tartar Steak다. 13세기 유럽을 침공한 몽골군의 한 부족인 타르타르족으로부터 유래한 것으로 알려졌다. 프랑스와 독일, 동유럽에서 즐겨 먹는 이 음식은 신선한 소고기를 다져 양념을 하고 뭉친 다음, 그 위에 달걀노른자를 얹어 먹는다. 우리네 육회와 똑 닮았다. 특히 체코의 타타락Tatarak은 마늘을 잔뜩 곁들인 육회 요리로 그 맛까지 비슷하다.

전쟁 중에 어쩔 수 없이 생고기를 먹었던 타르타르족은 말고기 등 가축의 날고기를 안장 밑에 깔아두고 달리다 식사 때가 되면 썰어 먹었다. 장거리 원정 중 초원에서 불을 구하기 어려웠던 까닭이다. 이것이 헝가리와 체코 등 동유럽으로 퍼졌다가 새로운 식문화로 정착했고, 일부는 그대로 불에 익히는 등 레시피의 변형을 거쳤다. 독일 함부르크Hamburg를 통해 미국으로 건너가 햄버거Hamburger 스테이크의 기원이 됐다는 것도 이 타르타르 스테이크다.

일본 규슈에도 말고기를 육회로 즐기는 바사시馬刺し 식문화가 있는데, 사실 이는 한반도에서 시작했다. 임진왜란 당시 조선을 침공했던 왜장 가토 기요마사가 울산왜성에 갇혀 있을 때 식량이 떨어져 말을 잡아먹었던 것에서 유래했다는 설이 전해진다.

회 문화가 발달하기로는 대한민국이 제일이다(인간에게 불을 전해줬다는). 프로메테우스가 섭섭해 울고 갈 노릇이다. 우리에게는 생선회와 어패류를 날것으로 먹는 다양한 식문화가 있다. 두릅회 등 채소에도 회라 이름을 붙여 즐긴다.

소고기 육회는 이름도, 종류도 많다. 타르타르 스테이크와 닮은 육회가 있고, 뭉텅 썰어낸 뭉티기(영남), 넓적한 생고기(호남)가 있다. 일본 생선회의 이름을 가져다 '육사시미'라고도 부르고, 울산에서는 '막찍기'라고도 한다. 소고기 육회는 도축 즉시 지방과 힘줄을 뗀 홍두깨나 우둔살, 사태, 채끝 등을 저며 먹는다. 하루 정도 숙성시켜 찰기를 더한 방식도 있다. 간과 천엽은 원래 익히지 않고 먹는다. 보통은 산패하기 쉬운 기름을 제거하고 살코기만 먹는데, 때로는 지방 있는 부위도 그대로 먹는다. 지방층이 두꺼운 차돌박이도 회로 즐기는 경우가 있다.

심지어 호남 일부 지역에서는 닭도 근위(모래집)와 가슴살을 그대로 저며 먹는다. 토종닭을 주로 쓰는데, 백숙이나 구이를 주문하면 가슴살 육회를 살짝 양념에 무쳐서 낸다. 살코기밖에 없는 가슴살 부위는 익힌 것보다 오히려 부드럽고 달달해 먹기 좋다. 일본에도 도리와사라 해서 겉면만 익힌 닭고기 육회가 있지만 그리 대중적이지는 않다. 대신 한국식 육회가 인기다. 현재는 2011년 식중독 사고로 모든 고기 요리를 겉면이라도 익혀서 내야 하지만 한때 이름까지 그대로 한 유케그ッケ란 한국식 육회 메뉴가 폭발적인 인기를 끌었다. 부드럽고 달콤한 맛이 일본인들의 입맛을 사로잡았다.

육회는 기온이 선선하고 딱히 불판 앞에 앉기 싫은 기후에 더욱 선호도가 올라간다. 고깃집에서 애피타이저(전채요리) 격으로 가장 먼저 즐기는 메뉴가 육회다. 기름진 구운 고기를 먹기 전 싱싱한 육회를 맛보면 입맛이 당장 살아난다. 그래서 '야구와 고기는 육회(6회)부터'란 말이 생겨났다.

생선회처럼 넓게 뜬 육회는 고추장을 찍어 먹거나 참기름 소금장을 곁들여 낸다. 잘게 저민 육회는 살짝 양념해 그대로 먹으며, 비빔밥에 올리는 고명 중 최고 식재료로 꼽힌다. 생고기는 우선 저지방 부위를 주로 쓰는데, 우량한 단백질을 다량 함유하고 있다. 무기질, 철분, 비타민 등 필수영양소가 많아 면역력 증강에 좋다. 빈혈 등에도 특효가 있다는 연구결과가 있다.

여름을 앞두고 더워지기 전에 체력 보강을 하고 싶다면 육회를 먹자. 신선한 고기 살점을 씹노라면 그 충만한 영양으로 봄볕에 처진 기운이 펄펄 살아날 듯하다.

**1** 육회는 숙성을 잘 시키면 육질이 쫀득해져 접시에 찰싹 달라붙는다.
**2** 생고기의 참맛을 알면 최소한의 조리가 가장 맛있는 조리법이란 것에 동의하게 된다.

## 여기가 맛집

### 동대문허파집 _ 서울 종로구

₩ 육사시미 2만원
☎ 02-747-1235
⌂ 종로17길 26

일명 '종삼(종로3가) 먹자골목'의 오랜 선술집이다. 탑골공원 담장을 따라 허름하고 맛좋은 집들이 줄을 섰는데, 이 중 생고기(메뉴에는 '육사시미'라고 써 있다)와 육회, 등골, 간처녑 등 특별한 부위 날고기로 유명한 집이다. 초저녁만 돼도 테이블 예닐곱 개가 어김없이 채워지고, 모두 앉아 날고기를 먹고 있는 풍경이 경이롭다. 물론 지글지글 구워 먹는 구이 메뉴도 다양하다. 상호에 장기 이름이 박혀 있을 정도로 시그니처 메뉴로 꼽는 허파탕도 칼칼하니 좋다.

### 참숯골 _ 서울 중구

₩ 한우육회비빔밥 1만6,000원
☎ 02-774-2100
⌂ 무교로 16 대한체육회관 2층

한우육회비빔밥으로 소문난 집이다. 각종 채소와 나물이 가득한 사발이 꼭 작은 식물원 같다. 빼곡한 식물 위를 장식하고 있는 것이 바로 분홍빛 한우 육회. 고추장과 밥을 넣고 쓱쓱 비비면 숨이 죽어 비로소 익숙한 비빔밥이 된다. 아삭한 생채소와 부드러운 육회가 밥알에 섞여들면 그 한 숟가락에 다채로운 식감이 팔레트처럼 펼쳐진다.

### 도청한우 _ 전남 무안군

- ₩ 생고기(300g) 4만5,000원
- ☎ 061-281-7892
- ⌂ 삼향읍 오룡2길 15

생고기인데 흔한 생고기가 아니다. 차돌박이까지 떡 얹어줄 때도 있다. 두툼한 한우 암소 생고기는 특유의 감칠맛이 가득하다. 차돌박이는 씹는 맛이 좋다. 불판이 어디 갔냐고? 우선 그냥 고기를 집어 기름장에 찍어 먹으면 된다. 생고기를 한판 깔아주면 주섬주섬 집어먹고 그다음 구이로 전환한다. 차례로 맛볼 수 있도록 세트메뉴도 준비했다. 이름난 고깃집답게 늘 많은 손님과 신선한 고기가 오간다. 반찬으로 소문난 전남이라 한 상 떡하니 차려낸 갖은 안줏거리도 최고다.

---

### 녹양 _ 대구 중구

- ₩ 뭉티기 중 5만원
- ☎ 053-257-1796
- ⌂ 중앙대로 441

50여 년 전 대구 원도심 향촌동에서 시작한 뭉티기는 국내 생고기 식문화의 정점에 올라 있다. 경북 지방에서 소 도축 즉시 뭉텅뭉텅 잘라 먹은 데서 유래했다. 녹양은 수요미식회 대구편에 나왔던 40여 년 된 노포다. 특히, 신선한 뭉티기가 맛있다고 소문났다. 당일 도축 생고기를 사용하며, 고기의 차진 식감과 자체 제작한 특제 양념이 일품이다. 마늘과 고춧가루, 참기름 등을 절묘한 비율로 배합해 감칠맛 넘치는 붉은 살점에 풍미를 더한다. 뭉티기를 시키면 비장 같은 특수 부위가 따라 나온다.

---

### 고도05 _ 경기 파주시

- ₩ 캐비어 육회 2만5,000원, 뭉태기와 김태김밥 2만8,000원
- ☎ 0507-1352-7872
- ⌂ 번영로 20 IN0 프라자 105호

금촌역 인근에 이처럼 '핫'하고 '힙'한 술집이 있다는 게 믿어지지 않는다. 다양한 수제요리와 함께 전통주를 판다. 생고기 종류로는 캐비아 육회와 뭉티기 감태가 있다. 캐비아와 수란 등 두 가지 '알'을 곁들인 육회는 깍둑썰기라 씹는 맛이 좋고, 그리 달지 않은 양념은 안주로 딱이다. 타르타르 샐러드 느낌이지만 풍미가 좋아 고도주(高度酒)에 곁들이는 메인 메뉴로도 그만이다.

## Chapter 04

# 정식 부럽지 않은 분식

> 떡볶이

# 몸도 마음도 데워주는 간식의 '辛'이자 만인의 솔 푸드

원래 궁중떡볶이는 간장, 6·25 후 고추장 양념 등장
1970년대부터 전국 노점에 '빨간 열풍' 불며 대히트
오뎅, 순대와 함께 '오떡순'으로 불리며 분식의 왕 등극
전국의 떡볶이 맛집만 찾아다니는 덕후들도 등장

몸도 마음도 추운 계절, 옷깃 세우고 고개 숙인 퇴근길. 별안간 매콤한 향기가 발길을 붙든다. 포장을 젖혀 보니 김 폴폴 나는 어묵(오뎅)꼬치 가득한 솥 옆에 새빨간 떡볶이가 가득 누운 철판이 곱게도 펼쳐졌다. 그걸 보고 나면 입에 군침이 돌며 식욕이 확 산다.

굳이 따지자면 떡볶이에도 제철이 있다. 햅쌀이 나는 가을이다. 도정을 마친 햅쌀로 가래떡을 뽑자면 향긋하기도 한 것이 그리도 차진 맛이 좋았다. 요즘은 원하는 때에 맞춰 쌀을 도정할 수 있으니 떡볶이 제철이 큰 의미는 없다.

떡볶이의 진화는 놀라울 정도다. 21세기 대한민국 곳곳에 다양한 떡볶이 영웅들이 세력 다툼을 하고 있다.

떡볶이에 쓰이는 가래떡은 밀가루와 쌀 두 가지로 만들었다. 본래 떡볶이(궁중떡볶이)는 쌀떡을 썼다. 과거에는 쌀도 귀했지만, 밀은 더욱 구하기 힘들었다. 밀떡은 한국 전쟁 이후 등장했다. 귀한 쌀을 쓰지 못하던 시절에 대용품으로 밀떡이 생겨났다. 그 시절은 막걸리도 쌀로 빚지 못했다. 떡볶이집에서는 저마다 밀가루 가래떡을 뽑아 썼다. 1970년대 생까지는 어린 시절 떡볶이라고 하면 당연히 밀떡이 익숙했다. 이후 쌀떡이 다시 돌아오며 떡볶이 양념 물결을 이끄는 쌍두마차가 돼 떡볶이 인기를 함께 누리고 있다. 지금은 밀떡파, 쌀떡파가 따로 공존한다. 마치 탕수육에 소스를 부어 먹는 방식에 따라 '부먹'과 '찍먹' 마니아층이 생겨난 원리와 같다. 일반적으로 밀떡은 매끈한 목넘김, 쌀떡은 씹을수록 단맛을 내는 쫄깃함이 인기 요인이다. 반면 빨리 퍼짐(밀떡), 다소 묵직한 치감(쌀떡) 등은 기피요인으로 꼽힌다.

떡볶이는 추억의 음식이다. 50대 중년까지는 누구나 자신의 사연이 담긴 떡볶이가 있을 것이다. 동네마다 하나쯤 단골 떡볶이집이 있었다. 영화 '말죽거리 잔혹사'에서 학교 앞 떡볶이집은 주된 내용이 펼쳐지는 공간이 됐고, 주인(김부선 분)도 상당한 메시지를 전달하는 역할을 맡았다. 드라마 '응답하라 1988'의 쌍문여고 앞 브라질떡볶이도 마찬가지다(실제 쌍문여고는 없고 브라질떡볶이는 정의여고 앞에 존재했던 상호다).

떡볶이는 오랜 역사를 지녔다. 그러나 본래는 지금과 많이 다르다. 애초의 떡볶이는 고기와 해물, 채소 등을 떡과 함께 간장에 조렸다. 떡만 해도 귀한데, 고급 식재료가 한가득 들었으니 민가에서는 엄두를 못 냈다. 궁중에서 수라상에 올렸다. 그래서 궁중떡볶이라 불렀다. 지금의 떡볶이는 다시 생겨난 것이다. 2009년 작고한 마복림 할머니가 6·25전쟁 직후인 1953년 처음 고안(?)했다고 알려졌다. 짜장면에 쓰는 춘장과 고추장을 섞은 양념에 떡을 조려 동대문 노점에서 팔았다. 인근 신당동이 떡볶이 골목이 되고 난 후 1970년대부터 빨간 열풍이 전국을 휩쓸었다. 노점에서 떡볶이와 어묵꼬치, 튀김, 순대를 파는 것이 일상화됐다.

외국인들도 떡볶이를 좋아한다. 서구권보다는 쌀 문화권인 중국, 베트남, 태국, 인도네시아, 대만 등 아시아 지역에서 인기를 끌고 있다. 최근 유튜브나 국내 드라마 등을 타고 퍼져 미국과 유럽에서도 관심을 끌고 있다.

**1** 고춧가루와 고추장으로 맛을 낸 매운맛의 떡볶이는 보는 순간 군침이 돈다.
**2** 각종 튀김은 떡볶이의 친구들. 떡볶이 국물을 듬뿍 찍어 먹어야 제맛이다.
**3** 떡볶이 양념의 깊이는 오뎅 국물에서 나온다. 사 먹는 떡볶이가 맛있는 이유다.

매운 음식에 초점을 두고 떡볶이를 소개하는 외국인 먹방도 심심찮게 찾아볼 수 있다. 가히 주전부리의 황제라 칭할 만하다.

떡볶이는 간식이지만 든든한 한 끼 역할을 충분히 한다. 치밀한 구조의 탄수화물로 밥이나 국수에 비해 거의 폭탄 수준의 열량을 섭취하게 된다. 여기다 물엿이나 설탕, 나트륨이 들어가고 튀김이나 라면 사리까지 넣게 되면 하루 생활하기에도 충분한 열량이다. 다만, 단백질과 식이섬유가 부족하니 단무지나 김치, 양배추, 소시지, 어묵, 만두 사리 등을 곁들이는 것이 좋다.

떡볶이에 곁들이는 부재료는 떡볶이가 분식을 넘어 요리로 자리하게 만든 일등공신이다. 그만큼 재료가 다채롭고 맛도 다양하다. 딱딱해서 그냥은 씹을 수 없는 떡볶이 전용 튀김 만두, 국물에 적셔 먹는 것이 표준이 된 김말이 튀김, 탄수화물에 다시 탄수화물을 더하는 라면과 쫄면 사리, 부드러운 사각 어묵, 꼬마 김밥과 당면 순대 등은 무엇하나 빼기 어려울 정도로 떡볶이와 잘 어울리는 부재료다. 심지어 고기육전이나 새우튀김처럼 고급 메뉴를 떡볶이에 넣는 경우도 있다. 어디 이뿐인가. 삶은 계란, 햄, 게맛살 튀김, 모차렐라 치즈, 체다 치즈, 중국 당면, 오징어튀김, 고기 완자 등이 화끈한 떡볶이 국물에 담겨 있기도 하다. 이만큼 포용력 있는 음식은 드물다. 동서고금을 통틀어도 훠궈火鍋나 퐁듀 정도밖에 없다.

최근 《죽고 싶지만 떡볶이는 먹고 싶어》라는 에세이가 크게 히트했다. 이 책의 제목처럼 영혼이 허기질 때, 무언가 속상한 일로 심사가 꼬일 때, 우리는 떡볶이를 떠올린다. 이제 떡볶이는 그냥 간식이 아니라 한국인의 솔푸드가 되었다.

## 여기가 맛집

### 윤옥연할매떡볶이 _ 대구 수성구

₩ 떡볶이, 만두, 튀긴 어묵 각각 1,000원, 쿨피스 1,500원
☎ 053-756-7597
⌂ 들안로77길 11

호사가들이 '전국 ×대 떡볶이'를 꼽을 때 늘 이름을 올리는 집으로 매운 국물 떡볶이로 유명하다. 후추와 '땡초'(매운 고추)를 적절히 배합해 얼얼하고 매콤한 양념이 흥건한 국물 속에 녹아들었다. 주문이 마치 마법 주문처럼 알쏭달쏭하다. "이천, 천, 천." 떡볶이 2,000원(2인분), 만두 1,000원, 튀긴 어묵 1,000원이란 뜻. 추가 양념도 있는데, 보통 다들 넣어서 먹는다. 매끈한 밀가루 떡을 쓰며 국물에 튀긴 어묵과 만두를 적셔서 먹는다. 대구에 분점이 여럿 있다.

---

### 어디로가든 _ 경기 고양시

₩ 마라떡볶이 1만3,000원
☎ 0507-1411-1179
⌂ 일산서구 일현로 97-11 지하 1층

일산 제니스 상가 내 주점 카페 '어디로가든'의 시그니처 안주메뉴. 최근 인기를 구가하고 있는 마라(麻辣) 양념이 적절히 녹아든 국물 떡볶이를 선보인다. 쓰촨 지방의 명물 마라 국물에 떡, 채소와 비엔나소시지 등 다양한 재료가 들어 있어 안주와 끼니를 동시에 해결하는 메뉴다. 여행을 좋아하는 부부가 각 나라의 음식과 식문화에 영감을 받아 손수 만든 음료와 음식이 수준급이다.

---

### 원조범일동매떡 _ 부산 부산진구

₩ 매떡 4,000원, 세트 메뉴 1만2,600원
☎ 0507-1356-0166
⌂ 골드테마길 52-2

부산에서 '매운 떡볶이'로 소문난 집이다. 부산역과 가까워 떡볶이 마니아들의 순례코스에 들었다. 큰 가래떡에 끈끈히 묻은 양념은 국내산 고추와 후추를 섞어 경악할 만큼 매운맛을 낸다. 하나만 먹어도 온몸의 땀구멍에서 땀이 한 방울씩 돋아나는 느낌. 튀김과 어묵을 함께 곁들이면 그나마 덜 맵다. 얼마나 매운지 먼저 한 점을 시식시켜 준다. 일단 먹어보고 덤빌 만하면 주문하라는 뜻. 버석한 얼음에 달달한 팥과 미숫가루를 얹은 팥빙수는 추억 속 'B급'의 맛이지만, 매운 혀를 다스려주는 것만으로도 고맙다.

> 오뎅

# 쫀쫀한 어육, 뜨끈한 국물
# '후후' 불어 한입, 추위야 물럿거라

오뎅은 생선 갈아낸 후 빚어 튀긴 음식
일제강점기 일본식 어묵 들어와 노점 대표 메뉴
종주국 일본은 소힘줄, 달걀, 곤약, 유부 넣어 탕으로 즐겨
제천, 대구에서는 매운 양념의 오뎅이 인기

　호주머니가 양손을 저절로 삼킬 만큼 차가운 겨울. 뜨끈한 '오뎅' 한 사발에 마음이 끌리는 계절이다. 이쯤이면 뭐라 말이 나올 시점이다. '오뎅'이 아니라 '어묵'이라 써야 한다는. 국립국어원에서 오뎅은 어묵으로 순화했다고. 좋다. 그렇다면 일본어 오뎅おでん이란 과연 어묵(생선묵)을 정확하게 일컫는 단어일까. 정답부터 말하자면 '아니올시다'다. 일본요리 오뎅은 국물에 끓이는 음식이다. 나베鍋요리라고 한다. 어묵도 들어가지만, 그 외에도 다양한 재료가 들어간다. 심지어 어묵이 안 들어가는 종류도 있다.
　어묵은 오뎅 요리에 포함되는 식재료 종류일 뿐이다. 따라서 오뎅을

어묵? 오뎅? 가마보코? 무엇이라 부르던 우리가 아는 대한민국 '오뎅'의 의미를 충족시키지 못한다. 그저 뜨끈하게 한 꼬치 즐기면 된다.

그저 어묵이라 부르면 맞지 않는다. 김치를 배추라고 부르는 것과 같은 실수다. 굳이 적당한 대체어를 찾자면 '어묵탕'이 국물 요리 오뎅에 더 가깝다. 어묵과 다른 재료로 탕을 끓였으니 조리 원리상 비슷하다. 반대로 오뎅을 꼬치 전골이라 부른다면 그 의미에 더 가까워진다. 원래 오뎅이란 말은 꼬치 요리를 이르던 말이다.

생선살을 갈아서 다시 뭉쳐내 굽거나 튀긴 어묵(생선묵)은 여러 나라에 있다. 일본의 가마보코, 중국의 위환, 태국의 룩친쁠라, 포르투갈 파스데이스 데 바칼라오, 노르웨이의 피스케카케 등 생선을 즐겨 먹는 해양 문화

267

권에는 어묵 문화가 발달했다. 우리의 어묵은 조선 숙종 때 연회지침서 《진연의궤》에 생선숙편生鮮熟片으로 등장한다. 생선을 으깨 녹말, 참기름, 간장을 넣고 쪄낸 음식이니 영락없는 지금의 어묵이다.

우리에게는 일본식 어묵이 가장 익숙하다. 일제강점기에 들어왔다. 상품으로 쓰기 어려운 잡어 등 생선을 맷돌로 갈아 빚어 고래기름으로 튀겼다. 맛이 좋았던지 금세 유행했다. 부산에 어묵 공장이 줄줄이 들어섰고 전국적으로 '부산오뎅'이 명성을 떨쳤다. 어묵을 사다가 집에서 만들어 먹고, 길거리 노점에서도 팔았다. 대나무살에 꿰어 국물에 담가 익힌 오뎅은 한 꼬치에 얼마씩 받고, 국물은 얼마든지 줬다. 유난히 국물을 좋아하는 한국인의 입맛에 맞았다. 1970년대 후반 들어 마침 떡볶이가 유행하며 뜨거운 국물을 제공할 수 있는 오뎅은 분식 노점의 양대 대표메뉴가 됐다. 일본 요리 오뎅은 그렇게 한국에서 노점 간식으로 전락(?)했다.

어묵은 조리거나 볶는 도시락 대표 반찬도 됐다. 국수에도 들어가고 휴게소 우동의 고명으로도 썼다. 소시지처럼 바 형태로 만들어 튀겨낸 '핫바'로 변신하기도 했다. 심지어 오뎅탕이란 이름으로 한식의 '국'이 됐다. 어묵과 무를 넣고 끓여내 고춧가루를 친 다음 국처럼 밥을 말아 먹는 오뎅(국)백반까지 생겨났다. 만약 일본인들이 한국에서 오뎅에 밥을 마는 광경을 본다면? 아마도 깜짝 놀랄 것이다.

일본 오뎅은 무엇이 다를까. 일단 들어가는 재료가 다르다. 일본 오뎅에는 다양한 어묵과 무, 소힘줄(스지), 달걀, 곤약, 떡 등이 들어간다. 문어를 넣기도 하고 아예 생선 도막을 넣기도 한다. 실곤약을 채운 유부 주머니도

1 오뎅은 길에서 간단히 즐기고
2 술 한잔과 함께 넘기고
3 출출할 때 한 꼬치 먹고
4 훌륭한 안줏거리로 흡족하다.

빠뜨리지 않는다. 양배추와 당근, 버섯 등 채소를 넣는 경우도 있다. 국물은 온도가 겨우 유지될 정도로 자작하게 내준다. 밑국물은 여러 재료에서 흘러나온 맛이 뒤섞인 것이라 풍미가 진하다.

일본에서 어묵은 보통 가마보코라고 부른다. 이는 '부들蒲의 이삭'이라는 뜻으로, 작대기에 생선살 반죽을 발라 익혀낸 모양을 보고 붙인 이름이라고 한다. 가고시마 지역 명물로 반죽에 다른 재료를 가미한 다음 튀겨낸 것은 사쓰마아게薩摩揚げ, 봉에 꿰어 구워낸 파이프 모양은 따로 치쿠와竹輪라고 한다. 사쓰마아게는 맛을 더하기 위해 다양한 고명을 넣는데 우엉, 연근, 버섯, 양파 등 채소나 오징어, 문어 등 해산물을 주로 쓴다. 달걀 섞은 생선 살에 분홍색을 입힌 간사이 지방의 우메야키梅燒와 붉은 회오리 문양이 들어간 나루토 마키鳴門卷き는 주로 우동이나 라멘의 고명으로 유명하다.

우리 어묵은 주로 형태에 따라 구분한다. 넓적한 어묵을 접어 꼬치에 꿰거나 떡볶이에 주로 넣는 꼬불이(넙죽이) 어묵과 부들 모양의 원통형 어묵이 '꼬치오뎅'의 이름으로 수십 년 동안 대표의 위상을 차지하고 있다.

부산에서는 곤약이나 가래떡 꼬치(물떡), 유부 주머니 등을 함께 넣어 일본식 정통 오뎅에 가깝게 세팅한다. 물떡이란 게 매끈해 육수 맛이 배어들지 않을 것 같지만, 먹어보면 신기하게도 맛이 난다. 제천과 대구 지역에서는 매운 양념에 볶아먹는 '매운 오뎅'이 인기를 끌고 있다. '일본요리 오뎅의 굴레'를 벗어나 한국 토착화에 성공한 셈이다. 그러나 그것이 오뎅이든 어묵이든 무슨 상관이랴. 이 계절 뜨끈하고 구수한 국물 한 모금과 함께 탱탱한 어육을 한입 베어 물면 추위 따위가 감히 두려울까.

## 여기가 맛집

### 을지로남작 _ 서울 중구

₩ 오뎅오마카세 1인 3만3,000원
☎ 070-7795-8000
🏠 을지로14길 16-8

서울에서 일식 오뎅의 진수를 경험할 수 있는 곳. 오마카세(맡김)로 오뎅과 어묵 본연의 다양한 맛을 접할 수 있다. 간단한 생선회와 어묵 파이를 시작으로 고등어와 갈치 등 신선한 생선살을 직접 갈아 숯불에 굽거나 튀겨낸 사쓰마아게(薩摩揚げ)와 쟈코텐(雑魚天), 소힘줄찜, 오뎅 쓰유에 푹 끓여낸 닭날개와 무, 소시지 꼬치, 오뎅국물에 지은 밥 등을 2시간에 걸쳐 차례로 제공한다. 양식 스타일과 숯불구이(炭火燒き), 찜 등 조리법도 다양한 메뉴 모두를 일일이 수작업으로 만든다. 딱 '오뎅' 하나로 구성된 코스도, 플레이팅도 새롭다. 그야말로 오뎅계의 파인 다이닝이라고 부를 만하다. 각 메뉴에 어울리는 사케 페어링도 주문할 수 있다.

### 미소오뎅 _ 부산 남구

₩ 오뎅 3,000원, 스지오뎅탕 2만7,000원
☎ 051-902-2710
🏠 유엔평화로 14 동광전기철물

오뎅의 메카 부산에서도 주목받는 오뎅바. 생선살 함유가 높은 쫀득한 어묵을 모아 꼬치 오뎅으로 파는 곳. 좌석을 두른 바에서 꼬치 오뎅을 골라 빼먹고 국물을 떠서 마시면 된다. 꼬치 개수와 종류에 따라 나중에 정산하는 구조다. 어묵뿐 아니라 곤약과 물떡 등 다양한 어묵을 갖췄다. 참치 다다키(叩き)와 디코와사비 등 일식주점 메뉴도 있어 맥주와 와인, 사케에 곁들이기에 좋다. 한우를 쓴 스지오뎅탕도 따로 주문할 수 있다.

### 동락 __ 전북 전주시

- ₩ 오뎅탕 1만5,000원
- ☎ 063-284-7454
- 🏠 완산구 전라감영5길 15-7

생선탕으로 유명한 전주의 도심 속 일식 노포. 화려한 오뎅탕이 맛있다. 튀김과 어묵을 뚝배기에 잔뜩 넣고 팔팔 끓여낸다. 어묵 맛을 내기 전에 이미 밑국물이 듬직하다. 어묵 맛이 진하게 우러난 달큼한 국물에 겨자를 풀어 한 수저 떠 마시고 나면 속이 다 후련해진다. 생선살이 가득 들어 쫀쫀한 어묵을 골라 사용해 부드럽게 씹힌다. 튀김과 쑥갓 등을 곁들여 식감 대비도 좋다.

---

### 교동할매양념오뎅납작만두 __ 대구 중구

- ₩ 양념오뎅 3,000원
- ☎ 053-423-6403
- 🏠 동성로 70-8

원래부터 빨간 음식특성이인 대구 역시 맵게 먹는 어묵이라면 빠지지 않는다. 양념오뎅 이름으로 팔리는 이 메뉴는 봉 모양의 어묵을 떡볶이처럼 철판에 볶듯 익히는 스타일이다. 맵싸한 양념이 잔뜩 배어든 어묵이 옛날 그 맛이다. 튀긴 어묵이지만 칼칼한 양념 맛이 더해져 쉽게 질리지 않는다. 양도 넉넉하니 출출할 때 간식으로 딱이다. 매운맛에 자신 없다면 소라와 식혜를 곁들이면 된다.

---

### 대가 __ 서울 중구

- ₩ 오뎅백반 1만원, 오뎅모밀 8,500원
- ☎ 02-754-2600
- 🏠 을지로1길 15 서광빌딩 2층

우동과 메밀국수로 유명한 집인데 알고 보면 '오뎅백반'도 인기 메뉴다. 다양한 맛의 어묵을 뚝배기에 끓여내고 우선 건져 간장에 찍어 먹다 밥을 말면 속이 다 든든하다. 짭조름한 오뎅국물이 밥알과도 잘 어울린다는 걸 발견해낸, 영락없는 한국식 오뎅 섭취법이다. 용암처럼 끓어 뜨겁지만, 목을 타고 넘는 순간 시원함을 주는 국물로 해장하기에도 좋다. 밥 대신 메밀면을 말아낸 '오뎅 모밀'도 마니아 층을 뒀다.

## 외갓집 _ 충북 제천시

₩ 빨간 오뎅 3개 1,000원
☎ 043-652-7767
🏠 풍양로17길 7

제천 중앙시장에서 '빨간 오뎅'으로 유명한 집. 꼬불이어묵을 꼬치에 꿰어 매운 양념에 담가놓는다. 입안에 넣는 순간부터 확 밀려드는 매운맛에 눈물이 찔끔 나오지만, 뒷맛은 달달하니 계속 입맛을 당기는 마성이 있다. 얼큰한 매운맛이 어묵의 고소한 맛을 살려준다. 국물에 넣지 않고 양념에 무쳐 낸 어묵이라 불지 않아 쫀득한 식감을 유지한다. 튀김을 곁들이면 매운맛이 덜하다.

## 부산집 _ 서울 마포구

₩ 광안집 어묵 2인분 1만7,000원, 광안리 세트 3만3,000원
☎ 0507-1306-9950
🏠 광성로6길 34

서강대 앞 숨은 맛집으로 소문난 오뎅바. 광안집에서 부산집으로 상호를 변경했다. 이 집은 국물이 쉽사리 식지 않도록 테이블마다 오뎅바를 만들어놔 안전(?)하고 오붓하게 즐길 수 있다. 꼬불이어묵, 매운오징어, 물떡, 오징어완자, 문어완자, 아카볼, 메추리알 등 다양하게 구성한 어묵을 주문하면 먹고 싶은 것을 1인당 하나씩 고를 수 있다. 세트 중 맛있었던 것은 따로 추가할 수 있다. 광안리 세트를 주문하면 어묵 2인분에 가라아게(닭튀김) 등 메인요리를 묶어 즐길 수 있다.

> 만두

# 영양 꽉 차고 먹기도 편해
# 세계인이 '사랑할 만두'하지

밀가루 피에 고기, 채소 소 채워 넣어 한 끼 식사로 든든
네모난 개성 '편수', 대구 '납작만두', 원주 '꿩만두' 등 다양
영어권은 '미트파이', 이탈리아는 국수처럼 '라비올리' 즐겨
만두 종주국 중국은 차원 다른 만두로 미각 사로잡아

설 명절이 다가오면 슬슬 만두 준비하는 집이 많다. '그럴 만두'하다. 만두는 시식時食이자 절식節食인 까닭이다. 경기 북부와 황해도, 평안도, 함경도 등에서는 명절이나 집안 행사 때 으레 만두를 빚었다. 설날에는 당연하고 추석이나 잔치에도 만두는 상차림의 주인공이었다.

만두는 밀가루 피에 고기나 채소로 만든 소를 채워 넣은 음식. 중국에서 기원한 것으로 알려져 있으며, 세계적으로 인기를 끌고 있는 보편식이다. 우리나라에서만 유독 '그것'을 총칭해 만두라 부른다. 외국에서 부르는 이름은 다르다. 중국에서 만터우饅頭는 소를 넣지 않은 밀가루 빵을 이른다. 만터우

탄수화물과 고기, 채소를 한 번에 섭취할 수 있는 만두.
우리에게 필요한 영양소를 완전히 갖췄을 뿐만 아니라 맛도 좋다.

는 반찬과 함께 먹는 밥 또는 식빵 개념이다. 우리가 아는 만두는 바오즈包子, 또는 가오즈餃子라 부른다. 샤오마이燒賣나 샤오룽바오小籠包 등으로 칭하는 것도 있다. 일본에서도 교자, 슈마이 등으로 나눠 부르지 총칭해서 만두라 하지는 않는다. 영어로는 덤플링Dumpling이 보편적이지만, 튀긴 만두의 경우 팟 스티커Pot-Stickers라고도 부른다.

만두의 기원으로는 제갈량의 남만南蠻 정벌 고사가 널리 알려졌다. 하지만 이전에도 만두와 비슷한 음식이 있었을 것이란 학설이 유력하다. 어차피 만두는 빵의 종류다. (고기로 만든) 소가 들었고 안 들었고의 차이다.

따지고 보면 만두나 사모사Samosa, 미트파이Meat Pie는 모두 같은 맥락이다. 사모사는 고기와 채소를 다져 간을 하고 밀가루 반죽 피 속에 넣고 튀겨낸 음식. 인도 요리로 분류되긴 하지만 중동과 서남아시아 지방 대부분 국가에서 만들어 먹는다. 내용물과 맛은 조금씩 다르지만, 삼사(터키), 삼부사(이란), 산부삭(아랍) 등 비슷한 음식을 비슷한 이름으로 부르며 먹는다. 우즈베키스탄이나 중국 신장위구르 자치구 등에서는 빵 속에 양고기를 조려 넣는 만두와 유사한 '고기 빵'이 거의 주식이나 다름없다. 러시아 서부에도 피로시키나 사므사, 펠메니로 불리는 고기만두가 있다. 터키 만트는 이름까지 닮았다. 이탈리아의 라비올리Ravioli도 소가 적게 든 대구의 납작만두와 유사하다. 정작 이탈리아 사람들은 라비올리를 국수로 여기지만 말이다. 영국과 호주, 뉴질랜드 등 영국문화권에서 즐기는 미트파이 역시 원리상 만두 종류다. 고기를 다져 양념한 후 빵 반죽에 넣고 구워낸 것이 미트파이다.

만두는 손이 많이 가는 음식이지만, 먹을 때는 편하다. 탄수화물과 단백질, 채소류를 한 번에 섭취할 수 있다는 것도 장점이다. 샌드위치, 햄버거와 다를 게 없다. 누구에게나 맛있고 균형 잡힌 영양가 덕분에 만두는 세계 곳곳에서 각각 두루 발전했다. 한국도 편수, 꿩만두 등 만두 문화가 발달하며 식문화로 자리 잡았다. 우리나라 냉동 만두는 세계적으로 인기를 끌고 있다. 몇 년 전부터 미국 내 만두 판매 1위는 당연히 한국 업체의 몫이다.

개성지방의 명물인 편수는 일반적 만두인 교자餃子나 포자包子의 형태가 아니다. 오히려 인도 만두인 사모사와 닮았다. 옆에서 보면 피라미드 모양 사각뿔이고 위에서 보면 네모지다. 두부와 숙주나물, 고기뿐 아니라 굴과 잣, 버섯 등 다양한 재료가 들어간다. 고기도 소고기에 꿩, 돼지고기 등 다양한 부위를 섞어서 쓴다. 주로 만둣국으로 먹는데, 보통은 차게 먹는다.

편수는 중국에서 건너왔다. 문헌에 네모난 물만두 형태를 편수, 또는 편식이라 불렀다는 기록이 나온다. 중국에 삼을 팔러 갔던 송도상인들이 전해온 것이라는 설이 우세하다. 어쨌든 찬 국물에 말아 먹는 게 남쪽 사람 입맛에는 잘 맞지 않았는지 편수의 유행은 남한으로 내려오지 않고 북쪽으로 올라갔다. 러시아로 건너간 편수는 크기나 먹는 방법이 바뀌고 이름도 판세пянсе가 됐다고 한다. 블라디보스토크의 유명한 간식이 바로 판세다.

우리나라 만두 문화에서 특징 중 하나가 꿩을 쓰는 것이다. 특히, 강원도와 충북 일원은 겨울에 잡은 꿩을 통째로 맷돌에 갈아 만두소로 쓴 '꿩만두'가 별미 음식이었다. 대개 만두피는 구하기 어려운 밀가루 대신 메밀을 썼다. 뼈째 갈았기 때문에 다소 버석거리긴 해도 진한 꿩고기 맛을 한입에 즐길 수 있다. 꿩만두는 생치만두生雉饅頭라 해 지금도 파는 집이 강원 원주와 평창 쪽에 더러 있는데, 꿩의 수급 문제와 생소한 식재료를 꺼리는 소비자들 탓에 그리 인기를 얻지는 못하고 있다.

한국 만두의 또 다른 특징은 김치다. 무엇이든 김치만 넣으면 무난한 음식이 되는데, 굳이 만두라고 김칫소를 안 넣을 이유는 없다. 당면을 넣어 만두소의 양을 불리고, 두부와 숙주가 고기 맛을 보충하지만, 김치의 강력한 풍미를 대신할 수는 없다. 이제 김치만두는 '짜장이냐 짬뽕이냐'처럼 만두를 선택할 때 한국인의 뉴노멀 기준 중 하나가 됐다.

우리 만두는 엄청난 크기도 특징 중 하나다. 어른 주먹만 한 '이북식 만

1 요즘은 만두라는 이름 대신 교자가 가장 보편적이다.
2 커다란 포자를 왕만두라 부른다.
3 국물을 좋아하는 한국인은 전골로도 먹는다.
4 고기소가 가득 찬 만두는 한 끼 식사로도 충분하다.
5 육즙을 듬뿍 품도록 고안된 샤오롱바오.

두'는 크기에서 주는 시각적 포만감이 실로 대단하다. 당연히 수저로 터뜨려 먹는다. 한식의 대부분 요리가 소찬小餐 위주지만 만두만큼은 아주 크다.

만두는 일상식이나 간식에도 빠지지 않는다. 아예 떡볶이에 넣어 먹을 요량으로 튀긴 만두를 따로 만들 정도다. 일부러 딱딱한 만두를 빚고 튀겨 내 떡볶이 국물에 푹 적셔 먹도록 했다. 떡볶이 전용 만두라니! 창의적이기 이를 데 없지 않은가.

대구에서는 전처럼 부친 납작만두를 즐긴다. 납작만두는 만두라 하기에 민망할 정도로 소가 적다. 전이라고 생각하면 그나마 감지덕지한 형태를 취하고 있다. 얇은 두 겹의 만두피 사이에 갈아낸 듯 약간의 채소와 당면이 남아 '만두의 혈통'임을 주장한다. 라비올리 스타일과 다름없다. 하지만 기름에 부쳐 매콤달콤한 쫄면이나 양배추를 싸 먹으면 맛이 꽤 훌륭하다.

만두가 흔해지면서, 한국에서는 만두가 고급 요리의 반열에 오르지는 못했다. 우리 조상님들은 명절에나 맛볼 수 있던 진귀한 음식이 라면 따위에 들어가고 군부대 PX나 편의점 마이크로웨이브 기기에서 빙글빙글 익어가는 값싼 대중음식이 될 것이라고는 상상조차 못 했을 것이다.

만두는 중국인이 가장 잘한다. 볶음밥처럼 종주국 중국 솜씨에 결코 따라갈 수 없는 메뉴가 있는데, 그중 하나가 만두다. 중국에서는 모든 재료가 만두가 될 수 있고, 또 그 맛을 따라잡기란 여간 어려운 것이 아니다.

중국의 만두는 현지인들도 놀랄 만큼 다양하다. 밀가루 반죽이 아닌 것으로 만두를 빚는 경우도 있다. 채소 이파리나 생선살, 생선껍질, 닭껍질, 닭날개, 계란부침, 불린 해삼 등을 쓴다. 배춧잎으로 말아낸 만두는 따로 숭채

만두라 한다. 둘둘 말아내기만 한다고 만두가 되지는 않는다. 사방이 막혀 있어야 비로소 만두라는 명칭을 얻을 수 있다. 아무리 유사한 소가 들었대도, 전병이나 춘권이라 따로 부르지 만두라 하지 않는다.

새우나 채소를 넣고 쪄내 한입 크기로 맛볼 수 있는 샤오마이는 미식 천국 홍콩에서도 별미로 손꼽힌다. 작은 바구니小籠에 쪄낸다고 해서 붙은 이름인 샤오롱바오는 수많은 만두 종류에서도 가장 정체성이 확실하다. 최근에는 '만두의 기본이자 딤섬의 시작'으로 알려지면서 인기를 얻고 있다. 냉장과 조리 온도 차를 이용해 육즙을 가둬 촉촉하고 진한 맛을 느낄 수 있다.

여러 가지 이유로 한국에서 중국식 만두는 만드는 공에 비해 어처구니없이 저렴하게 팔린다. 짜장면 서너 그릇에 당연히 '군만두 서비스'를 기대한다. 박찬욱 감독의 영화 '올드보이'의 오대수(최민식 분)는 15년간 좁은 방에 갇혀 군만두를 주식으로 먹었지만, 사실 그 군만두는 박철웅(오달수 분)이 부하들과 시켜먹은 짜장면에 따라온 '보너스'였을 뿐이었다.

본래 화교 사회에서 만두는 공장에서 떼오는 게 아니라 일일이 직접 빚어 만드는 것이기에 서비스로 줄 만큼 값싼 만두는 없다. 몇 년 전부터 만두를 잘 빚기로 소문난 몇몇 화상華商 중국요리점이 만두 마니아의 입소문을 타고 기나긴 줄을 세우며 인기를 끌고 있다. 직접 빚은 군만두나 찐만두, 부추합 등은 기존 공장 만두(?)와는 확연히 다르다. 솜씨 훌륭한 만둣집 덕에 조연이었던 만두가 이제야 당당한 주연으로 제값을 받는 분위기가 만들어진 것이다.

## 여기가 맛집

### 연교 _ 서울 마포구

₩ 성쟁바오 7,000원
☎ 010-5882-5112
🏠 연희로1길 65

연남동 화교 식당 골목에 있다. 만두와 함께 간단한 요리를 파는 집인데, 만두도 요리도 모두 맛있다. 이름에 교(餃)가 들어가니 당연히 만두 맛집. 가장 인기 있는 것은 샤오룽바오. 육즙 가득한 만두는 미각과 후각을 동시에 충족시킨다. 한 면만 바싹 구워낸 성쟁바오(生煎包)도 맛이 좋다. 가게는 몇 테이블 되지 않아 늘 대기와 포장 줄을 길게 세운다.

### 태산만두 _ 대구 중구

대구 화교들도 만두를 잘한다. 특이한 점은 찐만두를 찐교스라 부른다. 태산만두와 영생덕이 유명하다. 영생덕은 찐교스와 고기만두, 태산만두에선 군만두가 인기다. 태산만두는 바삭한 군만두를 매콤한 무침과 곁들여 내온다. 간장 슬쩍 찍는 대신 채소 무침과 곁들여 아삭하고 바삭하게 즐긴다. 비빔군만두, 비빔찜만두 등 대구만의 스타일 만두도 있다.

₩ 비빔군만두 7,500원
☎ 053-424-0449
🏠 달구벌대로 2109-32

### 장모님만두 _ 충북 충주시

충주 시내 자유시장 내 순대와 만두를 파는 골목의 식당 가운데 가장 오래됐다. 매일 직접 빚어 쪄내는 만두가 주메뉴로 매콤새콤 아삭한 김치소로 빚어낸 김치만두가 인기다. 고기만두, 감자만두 등도 있는데, 한입 크기라 먹기도 좋고 국에 말아내도 전혀 흐트러짐이 없다. 부드러운 만두피 속에 적당히 칼칼한 김치의 맛과 향이 끝내준다.

₩ 김치만두 8개 2,000원
☎ 043-843-9032
🏠 충인8길 4-2

> 라면

# 배고픔 달랬던 '한 봉지'
# 이젠 참기 힘든 '아는 맛'

일본에서 2차대전 패전 후 원조받은 밀가루로 라멘 만들어
한국에는 1963년 처음 들어와 분식 시장 장악
농심 신라면 출시 후 매운 맛 VS 순한 맛 시장 양분
고급화, 다양화로 세계 시장 주름잡는 라면 강국 코리아

'드디어' 라면이다. 그 시작이야 어쨌든 한국인이 가장 많이 먹는 음식 중 하나다. 한국인은 1인당 매년 70개 이상 라면을 먹는다. 노인도 어린아이도 해당하는 통계다. 그만큼 우리 삶에 단단히 자리 잡은 음식이다. 이쯤 되면 밥과 빵처럼 주식主食이라 해도 되지만, 그리 규정하면 괜히 '쓸쓸해지니', 끼니를 돕는 조식助食이라 하는 게 좋을 듯하다.

중국에서는 라면의 기원이나 형식을 생각하지 않고 '인스턴트'의 장점만을 염두에 둔다. 방펴엔미엔方便面이라 부르는데, 간

라면은 값과 맛을 불문하고
인류가 가장 많이 먹는 면 요리다.

편한 국수란 뜻이다. 대만이나 홍콩에서도 마찬가지다. 종주국에서 그러니 '라면이 어디서 왔니'하는 도래설은 별로 의미가 없어 보인다. 영어로는 즉석 국수 Instant Noodles라 부르고 완성된 것은 누들 수프 Noodle Soup라 한다. 요즘은 그냥 라멘 Ramen으로 부르기도 한다. 인스턴트 라면을 개발한 일본 제품으로 첫인상을 익혔던 탓이다.

중국의 것을 일본이 즉석식품으로 만들어 널리 알렸지만, 이제 세계적으로 많이 먹는 식품이 라면이다. 세계 어느 곳이나 재난이 발생하면 가장 먼저 라면이 구호품으로 날아간다. 전쟁 난민이나 대지진 이재민에게도 그랬다. 라면은 그 탄생 배경 자체가 구황식품이었던 까닭이다. 2차대전 패전 후 일본에 식량 부족 사태가 벌어지자 미국에서 원조한 밀가루를 이용해 만든 값싸고 편리한 국수가 바로 라멘이다.

1958년 대만 출신 귀화 일본인 안도 모후쿠(1910~2007)가 최초의 라면 '치킨 라멘'을 만들었다. 저렴한 데다 끓일 물과 젓가락만 있으면 됐다. 든든한 한 끼를 대신하며 단숨에 시장을 사로잡았다. 한국에는 1963년 일본 묘조明星식품과 기술 제휴로 처음 들어왔다. 쌀 부족에 허덕이던 당시 사회에 단비 같은 대체식으로 각광받게 됐다. 라면이 도입되는 데 삼양식품 전중윤 회장의 공이 컸음은 삼양의 기업 비사를 통해 잘 알려졌다.

라면은 한국 시장에서 처음에 고전했다. 삼양식품이 최초로 내놓은 건 치킨 라면이었는데 당시 10원으로 가격이 그리 저렴하지 않았다. 한국인 입맛에도 맞지 않았다. 튀긴 면이라 느끼한 데다, 일본인 입맛에 맞춰진 라면을 들여온 탓에 얼큰하지도 않았다. 이후 롯데(농심)와 동명식품 등이 뛰어들며 한국 인스턴트 라면 산업은 급속도로 성장했다. 1960년대 말에는 수많은 중소 라면 회사가 생겨났다 사라졌다. 삼양과 농심의 쌍두마차 시대에 터진 공업용 우지 파동 이후에는 청보식품, 팔도식품(야쿠르트), 빙그레, 오뚜기식품 등이 경쟁에 뛰어들었다.

라면의 전성시대는 1980년대 중반 이후다. 자고 일어나면 무슨 무슨 라면이 줄줄이 명멸했다. TV CF의 상당 부분은 당대 내로라하는 인기 스타들이 등장하는 라면 광고였다. 1986년 매운맛을 앞세운 농심 신라면이 등장한 후 국내 라면 시장은 매운맛과 그렇지 않은 맛으로 양분 재편됐다. 일반 순한 맛의 제품도 매운맛 버전이 따로 나오니 매콤한 맛이 좀 더 많다. 이후 고급화, 다양화된 라면은 세계로 수출되며 한국은 인스턴트 라면의 최강국으로 인정받고 있다. 해외에서 한국 라면의 인기는 국산 스마트폰 못지않다. 이처럼 한국에서 라면 산업이 발전하게 된 것은 사실 내수에서 치열한 경쟁을 거쳐온 덕이다. 대부분 라면이 맛있고 든든했지만, 한국 소비자의 입맛은 까다로웠다. 라면 한 봉지를 사더라도 자신의 입맛을 추구했다. 저마다 레시피가 있었다.

인스턴트 라면의 활약은 가히 놀랍다. 세계인의 입맛과 시장을 사로잡는 데 반세기도 채 걸리지 않았다. 세계에서 연간 1,000억 개 이상이 소비되는 인스턴트 라면. 인류의 식생활을 바꾼 음식이라 할 만하다. 뉴욕타임스가 라면에 대해 쓴 칼럼이 걸작이다. 탈무드 구절을 인용하며 라면을 예찬했다. "인스턴트 라면을 끓일 수만 있으면 신의 은혜를 받을 수 있다. 사람이 평생 먹을 수 있도록 물고기를 잡는 법을 가르쳐주면 된다고 했지만,

1 인스턴트 라면은 현대 한식의 한 부분을 차지했다.
2 일본에서 라멘의 개념은 우리네 설렁탕과 비슷하다.
3 푸짐한 고명을 얹은 다양한 일본식 라멘.
4 진한 육수에 말아낸 라멘 한 그릇은 일본인의 든든한 한 끼를 책임진다.

인스턴트 라면을 주면 그 무엇도 가르쳐줄 필요가 없다."

인스턴트 라면의 원리는 간단하다. 밀반죽을 면으로 뽑아내면서 뜨거운 수증기로 바로 익힌다. 이후 꼬불꼬불한 면발을 일정한 형태(사각형이나 원)로 정형한 다음 기름에 튀겨 말린다. 처음에는 면을 반죽할 때 양념을 했지만, 요즘은 거의 가루로 된 수프를 별첨한다. 라면은 가볍고 부피가 작으며 보존 기간이 길다. 탄수화물과 지방이 대부분이라 열량도 높다. 성인 한 끼의 칼로리를 충분히 충족시킨다.

라면 전문점의 다양한 라면 메뉴처럼 만두와 햄, 어묵, 콩나물 등이 추가로 들어가면 인스턴트 라면이라 할지라도 한 그릇에 든 영양가는 더욱 풍성해지게 마련이다. 값비싼 식재료를 넣은 고급 라면까지 등장했다. 각종 해산물을 넣은 해물라면부터 대게나 홍게, 랍스터를 넣은 라면, 삭힌 홍어를 넣어 끓여낸 홍어라면도 등장했다. 한우 국물과 고기 건더기를 넣었다는 라면도 나왔다.

과거에 라면은 가난했던 시절을 상징했다. 운동선수가 매일 라면만 먹고 달렸다거나, (변변한 도시락도 없이) 컵라면 하나 챙겨 일터로 나갔다는 식의 고생담에 익숙했다. 하지만 이제 한국인에게 라면은 그저 대체식, 증량식이 아니다. 추억의 음식이자 일상의 주찬主餐이다. 치열한 삶을 살아가는 이들의 에너지를 담당하는 조식이자 야식, 등산객이나 캠퍼들의 낭만이다. 학생들의 공부의 지루함을 덜어주는 조력자이기도 하다. 가난한 이들도 먹지만, 부자들도 먹는다. 편도에 몇백만 원 이상 하는 국적기 상위 클래스에서는 언제나 라면을 식사나 간식으로 주문할 수 있다. 어쩌면 우리는 라면 앞에서 누구나 평등해지고 있는지도 모른다.

## 여기가 맛집

### 서대문외할머니라면 _ 서울 서대문구

₩ 다슬기라면 7,000원
☎ 02-312-6279
🏠 충정로6길 59

다슬기가 라면에 들어간다면 가공할(?) 해장력을 낸다. 다슬기 특유의 진한 풍미가 연녹색 국물에 스몄다. 자칫 진한 다슬기 향이 모든 맛을 집어삼킬 수 있는데 그렇지 않다. 쌉쌀한 다슬기 맛이 얇은 라면 수프에 부드럽게 착 들러붙어 으쌰으쌰 시너지를 낸다.

### 삼숙이라면 _ 서울 종로구

₩ 삼숙이라면 6,000원
☎ 02-720-9711
🏠 종로11길 30

종각 뒤에서 해물라면, 부대라면 등을 끓여 파는 라면집이다. 대표 메뉴는 매운 국물에 콩나물과 파채를 넣은 삼숙이라면. 라면은 그 기본일 뿐 국밥집이라 해도 손색없을 정도로 완성도가 높다. 해물 라면에 홍합과 새우, 절단 꽃게가 들어간다.

### 서촌계단집 _ 서울 종로구

₩ 바다라면 7,000원
☎ 02-737-8412
🏠 자하문로1길 15

해물 전문 소줏집으로 유명한 곳. 바다라면이라는 이름에 걸맞게 해물을 넣어 라면을 끓여준다. 국물이 거의 보이지 않을 정도로 오징어와 홍합, 피조개 등을 잔뜩 넣었다. 조개의 감칠맛이 가득 우러난 국물은 살짝 매콤한 편.

### 라스타 우장산역점 _ 서울 강서구

- ₩ 얼큰해물라면 7,000원
- ☎ 0507-1408-8573
- 🏠 강서로45라길 36 1

라면을 요리처럼 취향에 따라 종류별로 즐길 수 있는 라면 전문점이다. 분위기도 딱 파스타집 느낌. 시그니처 메뉴인 얼큰해물라면을 많이 찾는다. 새우와 조개, 오징어 등을 넣고 매콤하게 해물탕 식으로 끓였다.

---

### 훼드라 _ 서울 서대문구

- ₩ 최루탄해장라면 5,000원
- ☎ 02-323-3201
- 🏠 연세로5길 32

1973년 개업해 오랫동안 신촌을 지켜오며 연세대생과 인근 대학생 술꾼들에게 대대로 유명한 선술집. 라면 메뉴는 눈물이 찔끔 날 정도로 맵대서 '최루탄'이란 이름이 붙었다. 조개와 청양고추를 넣어 얼얼하면서도 시원한 맛을 낸다.

---

### 권참치 _ 서울 동작구

- ₩ 참치회 A코스 5만5,000원
- ☎ 02-597-7080
- 🏠 사당로30길 142

직접 참치를 해체해 다양한 코스로 내는 참치 전문점이다. 이곳에 듣기만 해도 탄성을 자아내는 랍스터 라면이 있다. 랍스터 특유의 진한 풍미가 국물에 녹아들어 참치 회식의 깔끔한 마무리로 좋다. 따로 팔지는 않고 참치 코스에 포함됐다.

---

### 동아매점 _ 서울 중구

- ₩ 해장라면 3,500원
- ☎ 02-318-9777
- 🏠 남대문로 117 지하 1층

'매점라면'의 진수로 해장라면이 맛있다. 콩나물과 김치, 고춧가루 정도만 넣었는데 입맛을 확 당긴다. 라면에 넣기 딱 좋게 담근 김치가 시원하고 새큼한 맛으로 숙취에 깔깔해진 혀를 씻어주는 역할을 한다.

( 국수 )

# 새하얀 면발, 시원한 국물
# 사랑을 말아 후루룩

소면은 가는 면이 아니라 하얀 국수를 뜻해
결혼식에 잔치국수 내는 것은 길게 사랑하고 오래 살라는 뜻
625 이후 미국 밀가루 원조로 흔해지면서 소면 유행
어디서나 편하게, 저렴하고 푸짐하게 먹을 수 한 끼

언뜻 한자어 같지만 국수는 순우리말이다. 밀가루나 메밀, 녹두 가루를 반죽해 길쭉하게 (빚거나 썰거나 눌러 빼는 방식으로) 만들어 국물이나 양념과 함께 먹는 음식이다. 일본이나 중국에서는 그냥 국수만 먹기도 한다. 하지만 우리는 그리하지 않는다.

우선 소면에 대한 이름부터 정의하고 가자. 소면은 국숫발이 가늘다고 해서 지은 이름이 아니다. 작을 소小를 쓰는 것이 아니라 이름 素麵처럼 그저 '하얀색 국수'라는 뜻이다. 이 국수가 유행하며 잔치국수의 형태도 바뀌었다.

국수만큼 간단한 한 끼가 있을까!
밀가루가 대중화된 이후 국수는 서민의 벗이 됐다.

일제강점기 한반도 곳곳에 국수 공장이 생겨났다. 가내 수공업 형식에서 제면 기계를 들여오며 국수 공장은 현대 식품산업의 기수가 됐다. 1933년 대구에서 풍국면이 나왔고, '소표', '곰표' 등 국수 브랜드가 쏟아졌다. 지금은 굴지의 글로벌 기업이 되었지만, 이 무렵 창업한 삼성도 1938년 대구에서 국수를 만들어 팔며 사업을 시작했다. 이름은 '별표 국수'였다. 당시 국수를 만들 때 기계를 썼지만, 원리는 재래식 면과 비슷했다. 베틀처럼 생긴 국수틀에서 빠져나온 반죽을 막대기로 실처럼 가늘고 기다랗게 죽죽 늘인다. 이것을 막대에 걸어 말린 다음 잘라서 팔았는데, 이게 아주 인기를 끌었다.

원래 밀가루가 귀한 한반도에서 국수는 굉장히 귀한 음식이었다. 그런데 일제강점기 소면의 유행으로 비교적 흔하게 접할 수 있게 된 것이다. 한국전쟁 이후에는 미국의 구호 원조품 밀가루가 쏟아지며 국수가 최고의 패스트푸드로 각광받았다. 값싸고 빨리 해먹을 수 있는, 배부른 메뉴가 국수였던 까닭이다. 시장에서도 먹고, 일터에서도 먹었다(국숫값은 지금도 그렇듯 비싸지 않다). 하근찬 소설 《수난이대》에서도 팔 한쪽이 없는 아버지가 다리 하나를 잃고 돌아온 아들을 만나 국수를 사 먹인다. "참기름도 치소. 알았능교"라고 외치는 아버지의 마음처럼 희고 부드러운 국수에는 맛과 정성이 담겼다.

1969년 제3공화국 정부가 밥(쌀)을 절약하기 위해 실시한 혼분식 장려운동은 과거 특별하던 날에만 먹던 국수(소면)가 거의 모든 한식 메뉴에 들어가는 전환점이 됐다. 수요일과 토요일은 쌀을 먹지 않는 무미일無米日

로 두고 절미운동節米運動을 벌였다. 이때 국수와 수제비가 활약했다. 설렁탕, 곰탕에 밥 대신 국수를 말아냈다. 추어탕에도 국수가 들어갔다. 이런 흔적은 지금도 이어져 90년 전통의 용금옥(1932년 개업)에서 추어탕에 마는 국수를 따로 내준다. 이후 국수는 입맛에 맞춘 기호식품으로 되돌아 왔지만, 아직도 일부 식당은 그 전통을 따른다.

예전에는 선남선녀가 만나 가약을 맺을 때면 마땅히 잔치를 열고 국수를 나눴다. 지금도 결혼식 하례식장에 가면 국수가 빠지지 않는다. 요즘은 거의 챙기지 않지만, 예전에는 환갑잔치에도 국수가 빠지지 않았다. 이는 국수 가락처럼 길게 사랑하고, 오래 살란 뜻에서다. 영원한 사랑과 무병장수를 기원하는 의미다. 이처럼 국수는 한국인에게 진정한 파티 음식이었다. 지금은 어디서나 주머니가 가벼워도 먹을 수 있는 따뜻한 한 끼가 됐다.

**1** 국수는 다양성의 시대에 맞춰 각양각색으로 진화했다.
**2** 국수의 주재료 소면도 별의별 것이 다 나왔다.

## 여기가 맛집

### 원당국수잘하는집 _ 서울 마포구

₩ 잔치국수 4,500원
☎ 02-322-5582
🏠 동교로 22

일단 잔치국수가 푸짐하다. 곱빼기를 주문하지 않아도 든든할 만큼 커다란 사발에 푸짐히 담아준다. 진한 멸치국물은 살짝 단맛을 내는 것이 우동 국물을 닮았다. 김가루와 유부, 당근, 대파 등을 고명 삼아 후루룩 빨아들이면 소면 가닥 틈새로 국물이 딸려와 후련한 뒷맛을 남긴다. 이름난 국숫집의 비기(秘技)인 김치도 칼칼한 것이 참 잘 어울린다.

### 진밭국수 _ 경기 고양시

₩ 잔치국수 4,500원. 녹두전 6,000원
☎ 031-976-5190
🏠 일산동구 진밭로 11

레트로한 분위기를 간직한 국숫집으로 잔치국수와 비빔국수를 잘한다. 시원한 국물맛의 잔치국수는 푸짐하고 부드럽다. 칼칼하기보다는 감칠맛이 두드러진 양념에 아삭한 열무김치가 어우러진 비빔국수는 입에 짝짝 붙는다. 국수는 가늘지도 굵지도 않은 중간 정도의 소면. 양도 많고 값도 좋다. 살펴보면 어느 테이블이나 곁들이고 있는 녹두전은 필수 아이템. 바삭한 기름 맛이 담백한 국수와 잘도 맞아 떨어진다.

### 진우네집국수 _ 전남 담양군

담양 국수거리를 알고 있다면 여행깨나 다닌 이가 틀림없다. 담양읍 관방제림 옆으로 국숫집들이 늘어섰다. 초입에 위치한 이 집은 시원한 전남 특유의 진한 멸치국물이 특징이다. 얼추 우동 가락의 절반 정도 되는 굵은 면을 쓴다. 한입 집어도 입안 가득 포만감이 느껴진다. 고명으로 고춧가루와 대파만 얹었는데도 부족함이 없다. 2알에 1,000원 하는 삶은 계란도 필수 곁들임 메뉴. 한 알은 까먹고 나머지는 국수에 넣어 먹으면 든든하니 좋다.

₩ 비빔국수 5,000원. 멸치국물국수 5,000원
☎ 061-381-5344
🏠 담양읍 객사3길 32

### 가이오국수 _ 서울 은평구

₩ 얼큰 부추국수 6,000원
☎ 02-352-3489
🏠 응암로 22길 13

얼큰 부추국수가 메인이다. 국수에 부추무침과 김가루를 수북이 얹은 비주얼이 위압감을 준다. 잘 헤쳐야 국수가 보인다. 겉절이 부추와 국수를 한 번에 오물오물 씹으면 아삭함과 부드러움이 교차하는 식감의 대비가 좋다. 이름과 달리 국물은 그리 맵지 않다. 뜨거운 국물을 계속 채워준다. 식으면 맛이 덜하다나. 열무김치와 배추김치도 맛이 잘 들었다.

---

### 할매집회국수 _ 부산 중구

₩ 회비빔국수 6,000원. 물국수 4,500원
☎ 051-246-4741
🏠 남포길 25-3

2대째 대물림된 40년 노포로 가자미회를 넣은 회국수 맛집이다. 일반 잔치국수 소면보다는 약간 더 굵은 면을 쓴다. 냉국수라 더욱 쫄깃하다. 국수를 양은그릇에 담고 가자미회와 미역, 양배추, 특제 초고추장을 얹어 내온다. 숙성된 가자미회는 분식 특유의 허전함을 달래주며 맛의 깊이를 더한다. 문제는 그리 매워 보이지 않는 고추장에 있다. 색이 빨갛지 않다고 더 넣으면(상에 구비되어 있다) 정말 매워서 땀이 뻘뻘 난다.

---

### 이원화구포국시 _ 부산 북구

1950년대부터 인기를 이어오는 구포국수다. 현지에선 '국시'라 한다. '밀가리'로 만드는 게 확실하다. 구포시장 내 위치한 이 집은 2대째 이어오는 노포로 구포국수 특유의 맛을 지켜오고 있다. 국수는 주로 중면을 말아먹는데, 쉽게 붇지 않고 씹는 맛이 뛰어나다. 원래 면발 반죽에 소금을 넣는 데다 고명으로 시금치와 단무지 채, 김가루 등을 올리는 까닭에 시원한 국물을 들이켜가며 그냥 먹어도 간이 맞다.

₩ 따신국시 4,500원, 비빔국시 5,500원.
☎ 051-333-9892
🏠 구포시장1길 6

### 춘자멸치국수 _ 제주 서귀포시

₩ 국수 보통 4,000원, 곱빼기 5,000원
☎ 064-787-3124
⌂ 표선면 표선동서로 155

제주도 여행객들이 출출할 때 들르는 멜(멸치)국숫집. 메뉴는 딱 2개뿐이다. 보통과 곱빼기. 고기국수에 주로 쓰는 중면을, 진하지만 비릿함이나 쓴맛이 전혀 없는 멸치육수에 말아서 낸다. 중면 특유의 씹는 맛이 좋다. 양은그릇에 대파만 썰어 넣었는데, 맛있게 먹는 비결은 칼칼한 깍두기에 있다. 반쯤 먹다 깍두기 국물을 넣으면 시원한 맛이 더해져 감칠맛 만점의 달달한 국물을 즐길 수 있다.

### 묵쳐먹고가는집 _ 대구 동구

₩ 도토리묵국수 6,000원
☎ 053-983-8184
⌂ 팔공로26길 15

도토리묵을 썰어 넣고 국수를 말아주는 집으로 대구 동구 불로동 전통시장 앞에 있다. 메밀을 섞은 까무잡잡한 면을 쓴다. 국물이 고소하면서도 담백하다. 대구지방 특유의 입맛인 '시원한 맛'이 강조된 육수다. 시원한 맛을 내기가 얼마나 어려운가. 심심한 묵과의 조화도 예사롭지 않다. 대구에서 찾기 힘든 '빨갛지 않은' 음식이다.

### 새참국수 _ 전북 전주시

₩ 물국수(소) 5,000원
☎ 063-278-6188
⌂ 완산구 전주객사4길 100

전주 객사길에서 인기 좋은 맛집이다. 무슨 일본 우동 장인처럼 밸런스가 완벽한 육수를 낸다. 달콤하면서도 어딘가 칼칼한 맺음이 숨어있다. 별반 많은 고명을 얹지는 않았지만, 이따금 풋고추 한입 베어 물고 그저 국물 속 잠긴 면만 건져 먹어도 그걸로 충분하다.

### 철규분식 _ 경북 포항시

₩ 국수 3,500원
☎ 054-276-3215
🏠 구룡포읍 구룡포길 62-2

원래 찐빵으로 전국적 인기를 얻은 집이다. 포항 최대 어항 구룡포에서 오랫동안 장사를 해온 집이다. 몇 번을 지나며 찐빵만 사 먹었다가 한 번은 찐빵 출하를 기다리다 국수를 맛봤는데, 이 역시 인상적이다. 시원하고 깔끔한 멸치육수에 부드럽게 삶은 국수를 말아준다. 육수는 진하지 않지만 심심하면서도 감칠맛을 낸다. 포항 시금치와 양념장을 얹고 휘휘 저어 한입 크게 빨아들이면 후루룩 잘도 들어간다.

### 선광집 _ 충북 옥천군

₩ 생선국수(중) 7,000원
☎ 043-732-8404
🏠 청산면 지전1길 26

멸치국수도 일종의 생선국수일 테지만, 민물고기로 끓여낸 생선국수라는 이름은 뜻밖에도 내륙인 충청북도에서 주로 쓴다. 옥천군 청산면에는 아예 생선국수 거리가 형성돼 있다. 1962년 창업한 선광집은 이 중에서도 전국구 입소문을 몰고 다니는 집이다. 생선국수와 생선튀김, 도리뱅뱅이가 주메뉴. 물고기를 통째로 갈아 고춧가루와 김칫국물을 넣고 오랜 시간 끓여내 죽처럼 진한 국물에 국수를 말아낸다.

### 영일분식 _ 서울 영등포구

₩ 칼국수 6,000원, 칼비빔국수 7,000원
☎ 02-2636-9817
🏠 도림로141가길 34-1

문래동 철공소 뒤편에서 칼국수 하나로 이름을 떨친 곳. 특히, 여름이면 쫄깃한 수제면에 칼칼한 양념을 얹어 비벼낸 '칼비빔'이 인기다. 메뉴는 단출하다. 조개와 멸치를 넣고 시원하게 끓여낸 칼국수, 그리고 면을 삶자마자 소쿠리에 찬물로 헹궈 매콤 달달한 양념과 채소를 함께 비벼 먹는 칼비빔(이 두 가지는 칼국수 대신 소면으로 해주기도 한다). 여기다 곁들여 먹는 메밀만두가 끝이다. 입맛 확 살리는 시원한 국물과 양념, 푸짐한 양에다 가격까지 저렴해 모든 메뉴가 인기 있다.
인근 단골은 물론 멀리서 찾아온 손님도 많다. 비빔양념은 고추장에 깨와 채소를 듬뿍 넣어 칼칼하면서도 고소하고 상큼하다. 압권은 면발. 심이 제대로 박힌 굵은 면이라 씹는 맛이 일품이다. 삶자마자 찬물에 헹구고 얼음을 넣어 내니 쫀득한 맛이 더욱 좋아진다.

> 돈가스

# 호프집도, 기사식당도 정복한
# 겉바속촉 국민 메뉴

그 시절 짜장면과 함께 외식 대표하던 돈가스의 진화
얼굴만 한 크기 남산 왕돈가스는 배가 불뚝!
육즙이 넘치는 일본식 돈가스 신주류로 자리 잡아

    어릴 적 흙바닥에서 놀던 시절에 '돈가스'라는 놀이가 있었다. 땅에 원을 그려놓고 주변에서 번갈아 공격과 수비를 하며 "돈~ 가스!" 구령을 외치고 서로의 발을 밟는 놀이다. '돈~'을 할 때는 원 안을 밟고, '가스' 하면서 상대방의 발을 밟거나 피하는 룰이다. 돌이켜보면 왜 했는지도 모르겠고, 그게 왜 하필 '돈가스'였는지는 더욱 모르겠다. 다만, 당시만 해도 돈가스는 굉장히 맛있는 음식이었기 때문에 아이들은 돈가스를 먹고 싶은 소망을 담아 게임 이름으로 삼았던 것은 아닐까 짐작한다.

    그 무렵에는 돈가스를 먹는 걸 '썬다'고 했다. 가장 먼저 나이프와 포

유럽에서 일본으로, 다시 한국에 상륙한 '양식의 기본' 돈가스, 지금은 남녀노소가 사랑하는 점심 메뉴다.

크를 사용한 음식이라, '썰러 가자'고 하면 경양식집 돈가스 외식을 뜻했다. 그만큼 신비롭고도 귀한 체험이었다. 돈가스는 일반 음식 이상의 존재감을 가졌다.

　돈가스는 일본에서 전해졌다. 빵가루를 묻힌 돼지고기를 튀긴 음식은 이탈리아에서 유래했지만, 코톨레타Cotoletta, 즉 커틀릿Cutlet은 일본식 조어 '돈 가쓰레쓰豚+cutlet'의 이름표를 달고 대한민국에 상륙했다. 말이 줄어 돈가쓰로 왔지만, 한국에서는 돈까스, 돈가스로 뿌리를 내렸다. 기록상 일본 도쿄의 양식 레스토랑 렌가테이煉瓦亭가 1899년 최초로 '돼지고기

299

커틀릿'을 메뉴에 넣었다고 알려졌다. 현재의 두툼한 일식 돈가스가 아닌 넓게 저며 두드려 튀겨낸 슈니첼Schnitzel과 비슷한 형태로 팔았다.

돈가스는 한국에 그 형태 그대로 유입됐다. 돼지고기 공급이 넉넉해진 1970년대 말부터 경양식집을 중심으로 급속도로 퍼져나갔다. 1990년대에는 학교 식당과 호프집에까지 등장할 정도로 대중화됐다. 기사식당이나 한식뷔페에서도 쉽게 찾아볼 수 있다. 유명 식당가 역시 주메뉴로 취급할 만큼 그 스펙트럼은 다양하다.

돈가스는 크게 일식과 한식 돈가스로 나뉜다. 굳이 따지자면 한식 돈가스는 경양식 돈가스와 분식 돈가스로 다시 구분된다. 번외로 안주용 돈가스도 있다. 어떻게 구분하든 돈가스는 기본적으로 기름기를 머금은 구수한 튀김옷, 염지鹽漬한 돼지고기, 채소 샐러드와 소스, 된장국(또는 수프) 등을 함께 섭취하니 맛도 좋고 고열량이라 가끔씩 입맛을 당기는 국민 메뉴로 자리 잡았다.

돈가스는 '애들 입맛'의 상징으로 여겨지지만 사실 어른도 좋아한다. 바삭하고 고소하면서 풍부한 기름 맛이 감도니 도저히 싫어할 수 없다. 기사식당 중에 유독 돈가스집이 많은 것이 그 증거다. 서울과 수도권 지역의 맛있는 돈가스집을 모았다.

## 여기가 맛집

### 명동돈가스 _ 서울 중구

₩ 로스가스 1만4,000원
☎ 02-775-5300
🏠 명동3길 8

일식 돈가스를 국내 처음 선보인 돈가스 노포다. 1983년 개업했다. 히레(안심)와 로스(등심)를 선택할 수 있으며, 치즈가 든 '코돈부루'도 있다. 1층 바에 앉으면 주문과 함께 바로바로 고기에 옷을 입혀 7~8분 튀긴 다음 접시에 올려준다. 먹기 좋게 썰어 나와 젓가락으로 집어 먹는 일식 돈가스다. 양배추 샐러드와 된장국을 밥과 함께 즐기는 구성. 고기도 부드럽고, 소스도 국도 궁합이 좋다. 매운 겨자를 찍어 먹으면 풍미가 더욱 살아난다.

---

### 남산왕돈까스 _ 서울 중구

₩ 왕돈까스 1만500원
☎ 02-755-3370
🏠 소파로 107

도심과 가까운 남산 중턱의 기사식당으로 출범했다. 얼굴만 한 돈가스를 튀겨준다는 소문을 듣고 찾아온 일반손님까지 모여 늘 북적이는 집이다. 수프로 속을 달래고 커다란 돈가스를 기세 좋게 썰면 그 바삭한 손맛에 기분까지 좋아진다. 접시에 양배추 샐러드와 콘샐러드를 곁들여 장식하고 깍두기와 단무지도 내준다. 기사식당의 상징인 매운 고추도 빠지지 않는다. 매운 소스도 따로 있다.

---

### 잉글랜드왕돈까스 _ 인천 중구

₩ 잉글랜드돈가스 1만원
☎ 032-772-7266
🏠 우현로90번길 7

드라마 '응답하라 1988'에 배경으로 등장할 만큼 옛 경양식집의 분위기다. 맛은 세월을 따라 진화했다. 두툼하고 촉촉한 돈가스를 큼지막하게 튀겨내 달콤 짭짜름한 소스를 끼얹었다. 당연히 수프가 먼저 등장하고 빵과 밥 중 하나를 선택할 수 있다. 바삭한 튀김옷과 함께 고기를 '썰며' 식도락의 시간여행을 즐길 수 있다.

### 곰돌이돈까스 _ 서울 동대문구

₩ 돈가스 보통 7,500원
☎ 02-927-5939
🏠 한빛로1길 3

신설동 '술 마시는 돈가스집'으로 소문난 명소다. 돈가스는 훌륭한 안주가 되기도 한다. 고기튀김이란 점에서 탕수육과 비견되니 맥주는 물론, 소주에도 썩 어울린다. 바삭한 돈가스에 옛날식 데미글라스 소스를 올려준다. '겉바속촉'에 옛날식답지 않은 두께감도 제법이다. 매운 소스나 카레를 선택할 수 있으며, 함박스테이크와 생선가스를 함께 맛볼 수 있는 정식도 판다.

### 가쯔야 _ 서울 중구

안심을 그대로 튀겨낸 히레가스와 이른바 멘치가스로 불리는 다진 돼지고기(Minced) 커틀릿이 인기 메뉴. 안심을 갈아 양파와 섞어 뭉친 다음 튀김옷을 입혀 튀겨낸다. 생고기를 쓰는 것보다 속살이 훨씬 부드럽다. 입술로 베어 물어도 뚝뚝 잘리니 나이프가 거들 기회조차 없다. 씹을수록 고소한 육즙이 흘러나오는 히레가스와 생선가스를 곁들인 메뉴도 판다.

₩ 히레까스정식 1만2,000원
☎ 02-772-9023
🏠 다동길 46

### 돈까스의 집 _ 서울 송파구

1984년 개업했으니 잠실 대표 노포라 할 수 있다. 40~50대까지 웬만한 잠실 사람들은 이 집 돈가스를 먹고 자랐다. 큼지막한 돈가스를 바삭하게 튀겨내고, 특제소스로 맛을 더한다. 두껍지도 얇지도 않은 고기에 튀김옷이 제대로 달라붙었다. 달착지근한 소스도 입맛을 살린다. 함박스테이크와 생선가스를 조금씩 올린 모둠 메뉴인 '정식'이 인기다.

₩ 돈가스 1만원, 정식 1만1,000원
☎ 02-413-5182
🏠 삼전로 100

## 혼가츠 _ 서울 마포구

₩ 치즈돈가스 1만원
☎ 02-322-8850
🏠 와우산로21길 36-6

치즈를 넣은 치즈 돈가스로 입소문 난 집. 때마다 기나긴 대기 줄을 드리운다. 튀김옷을 입히기 전 치즈를 넣어둔 두툼한 고기를 뜨거운 기름에 재빨리 튀겨낸다. 잘린 단면에서 한가득 흘러내리는 치즈는 부드러운 돼지고기에 활력을 불어넣는다. 죽죽 늘어나는 치즈를 나이프로 돌돌 말아 입에 밀어 넣으면 고소한 향이 밀려온다.

---

## 금왕돈까스 _ 서울 성북구

₩ 안심돈가스 1만2,000원
☎ 02-763-9366
🏠 성북로 138

돈가스 마니아의 성지순례 코스가 된 곳. 1980년대식 돈가스의 원형을 지키고 있다. 넓게 두드린 등심살을 노릇하게 튀겨 소스를 끼얹어 내준다. 고기는 얇지만 고소한 맛을 품고 있다. 소스가 복고풍이면서도 독특하다. 느끼한 기름맛을 싹 걷어주면서 밥과도 잘 어울린다. 깍두기와 매운 고추 역시 이 집의 상징이다.

---

## 맛나호프 _ 서울 중구

₩ 돈가스 1만3,000원
☎ 02-777-5894
🏠 다동길 10

무교동의 이름난 호프집이지만 다양하고 전문적인 메뉴로 인기를 끄는 곳. 2차가 아닌 저녁 식사 때부터 찾게 만드는 메뉴는 바로 돈가스 안주. 두툼하고 고소한 고기를 튀겨 짭조름한 소스를 얹어주는데, 맥주 안주로 그만이다. 웬만한 수제 돈가스 전문식당보다 더 푸짐하고 감칠맛이 난다.

---

## 요리소녀파스타앤슈니첼 _ 경기 김포시

₩ 로제 슈니첼 8,900원
☎ 010-2351-8852
🏠 김포한강1로 97번길 32-25

이름은 슈니첼을 내걸었지만, 서양식 소스의 코톨레타에 더 가깝다. 반반 슈니첼은 달콤한 로제소스와 매운 살사소스를 뒤집어쓴 안심이 퍽 보드랍다. 공학박사 출신 오너셰프가 고안했다. 감자와 토마토의 조합인 로제소스는 첫맛에 식욕을 일깨운다. 차가운 살사소스는 매콤달콤한 끝맛을 살린다.

햄버거

# 패스트푸드의 지존,
# 하나만 골라 먹기 '버거~워'

1921년 미국서 첫 전문점 연 뒤 '미국 음식'의 대명사
소고기 패티는 기본, 닭과 생선 등 패티와 속재료 다양
패티에 치즈, 상추, 베이컨 등 재료 다 넣으면 20cm도 가능
최근에는 취향에 맞춰 재료 선택하는 맞춤식도 인기

 더 이상 햄버거는 낯선 음식이 아니다. 햄버거는 공식적으로 1989년 체인점(롯데리아)을 통해 이 땅에 처음 상륙했다. 하지만 그 이전에도 미군 부대 주변이나 경양식 집 메뉴판에 있었다. 햄버거 체인점에 가보면 알겠지만, 이제는 우리나라 50~60대도 딱히 꺼리지 않고 즐겨 먹는 음식이 햄버거다.

 햄버거는 몇 안 되는 '미국 음식'이다. 공식 문헌에 등장한 것은 20세기 초(역사가 짧아 보이지만, 사실 알고 보면 우리네 유명한 음식들도 역사가 그리 오래되지 않았다). 갈아서 성형한 고기(패티)를 구워 둥그런 빵(번)에

미국식 패스트푸드의 대명사 햄버거.
타르타르 스테이크에서 유래한 햄버거는 육회와 비슷한 뿌리를 가졌다.

끼운 음식이다. 햄버거는 패스트푸드의 대명사로, 팝뮤직과 같은 시기에 미국 문화의 대표 아이콘이 되어 전 세계로 퍼져나갔다.

햄버거Hamburger란 이름은 같은 철자를 쓰는 독일 함부르크에서 나왔다. 19세기 독일계 이민자가 스테이크로 쓸 수 없을 만큼 남은 여러 자투리 고기 부위를 다져 섞어 만든 하크스테이크Hack Steak가 햄버거 패티의 원조다. 우리 육회와 같은 타르타르스테이크를 구운 것이란 설도 있다.

그런데 여기다 실용적 아이디어가 더해졌다. 이 저렴하고 맛 좋은 고기 요리를 빵 사이에 끼워 넣어 먹은 것. 그리고 이 샌드위치를 아예 햄버거라 부르기로 했다. 간편하면서도 든든한 햄버거는 순식간에 인기를 끌었다. 전문식당도 여기저기 생겨났다. 1921년 화이트캐슬이 햄버거 전문점으로 처음 문을 열었다.

1930년대 미국 각 지역에 햄버거 유명 프랜차이즈 가게가 우후죽순 생겼다. 서부의 인앤아웃버거, 동부 뉴욕의 쉐이크 쉑과 워싱턴DC의 파이브 가이즈, 샌디에이고의 버거라운지, 남부의 왓어버거 등이 유명한 햄버거 프렌차이즈다. 미국을 대표하는 전통(?) 요리가 처음 탄생한 순간이다.

햄버거 전문점 탄생 10주년인 1931년 인기만화 뽀빠이에 등장한 캐릭터 윔피Wimpy를 보자. 선원 뽀빠이의 뚱뚱한 친구 웰링턴 윔피는 만화에서 늘 "돈은 화요일에 지불할 테니 햄버거 하나만 주세요I'll gladly pay you Tuesday for a hamburger today"라고 말한다. 1900년대 초반에야 등장한 햄버거가 얼마나 빨리 당시 미국 전역의 입맛을 사로잡은 인기 음식이었는지 알 수 있다.

햄버거는 세계로 역진출해 각국의 입맛에 맞게 변형된 '~버거'도 많다. 요르단 낙타버거, 노르웨이 고래버거, 두바이 양고기버거, 일본 연어버거 등이다. 미국인은 그들의 자부심 어린 이 음식에 대해서 유독 깐깐하다. 고기 패티 대신 치킨이나 생선튀김을 넣은 것에는 아예 '버거'를 붙일 수 없다. 그저 치킨 샌드, 피시 샌드라 부른다.

사실 햄버거의 원리는 단백질과 지방(패티와 치즈), 섬유소(채소)를 탄수화물(번)에 끼워 먹는 간편식이다. 샌드위치는 물론 타코나 케밥, 심지어 만두나 김밥도 비슷한 원리의 음식이다. 여러 맛을 한 번에 씹는 '복합미複

合味'다. 그래서 세계인의 입맛에 모두 잘 맞는다.

햄버거 맛은 대부분 비슷하다고 느끼는 사람들도 있겠지만, 사실은 꽤 다양한 맛을 낸다. 내용물 조합에 따라, 소스에 따라 다르다. 번도 각양각색이다. 같은 가게의 메뉴도 각각 다른 매력으로 손님들의 입맛을 당긴다. 요즘 인기를 끈다는 햄버거 맛집을 모았다.

1 햄버거는 저렴한 패스트푸드지만, 한 접시에 18만원 하는 것도 있다.
2 함박스테이크도 독자적 영역을 구축해 돈가스와 함께 경양식 대표메뉴로 위상을 지키고 있다.

## 📌 여기가 맛집

**르프리크** _ 서울 성동구

**뉴욕아파트먼트** _ 서울 마포구

패티 대신 치킨 튀김을 쓰니 버거라 하면 안 되겠지만, 어차피 맛으로 소비자를 사로잡을 집이니 이름 따위야 무슨 상관이랴. 두툼한 치킨을 튀겨냈는데, 이게 이 집 햄버거 맛을 책임지는 주연이다. 바삭한 튀김옷 속에 이게 과연 닭고기인가, 크림인가 싶을 만큼 촉촉하고 부드러운 살이 들었다. 절인 양상추 샐러드가 다소 심심할 수 있는 흰살 닭고기에 진한 풍미를 더해 준다. 무엇보다 촉촉한 번이 끝내준다. 향긋한 밀 향을 내는 번이 이 개성 강한 두 식재료를 포용한다. '유럽 일등석 열차여행'이라는 평을 들을 만큼 가게 분위기도 근사하다.

₩ 시그니처버거 1만800원
☎ 0507-1376-0199
🏠 연무장5길 9-16 블루스톤타워 B103

그냥 치즈버거가 아니다. 미국인이 어릴 때부터 집에서 즐겨 먹는 '전통 가정식' 맥 앤드 치즈(Mac & Cheese)를 넣은 햄버거다. 이름처럼 마카로니를 삶아 치즈와 버무린 음식인데, 미국 어린이들이 '라면 끓이기'처럼 처음 배우는 요리다. 100% 소고기 수제 패티를 철판에 구워 아래 번에 채소와 함께 맥 앤드 치즈를 들이붓듯이 듬뿍 올리고 위에 번을 살짝 얹어 내온다. 눅진한 맥 앤 치즈 맛이 영혼까지 촉촉이 적시는 기분이다. 도저히 점잖게는 못 먹겠지만 거리낄 건 없다. 이 정도 맛이면 체면이고 뭐고 없다. 맥 앤드 치즈를 흘뜨리고 버거를 잘라 함께 먹으면 기분까지 뿌듯하다.

₩ 맥앤치즈버거 1만2,500원
☎ 0507-1408-7626
🏠 양화로6길 50 화성빌딩 1층

## 브루클린더버거조인트 _ 서울 종로구

₩ 브루클린 웍스버거 9,800원
📱 02-2251-8080
🏠 종로3길 17

번쩍번쩍한 네온과 레트로 콘셉트의 인테리어. 정말 브루클린이라도 온 것일까. 맛은 더하다. 직항 비행기를 타고 뉴욕에서 바로 날아온 듯 따끈한 정통 햄버거를 내는 집이다. 시그니처는 브루클린웍스버거. 아래 번만큼 두꺼운 패티 위로 피클과 치즈, 양상추, 양파, 토마토, 베이컨 등을 차곡차곡 올렸다. 자르지 않고 베어 물어야 더 맛있도록 구성한 조합이다. 애써 올려놓은 재료들이 조화로운 화음을 내는데, 이를 흩뜨려 따로 먹기에는 아깝다. 맨 위에 뿌려놓은 소스는 보통의 미국식 햄버거와 달리 은은하지만 패티 위에 녹아내린 치즈의 풍미가 이를 대신한다. 치즈를 듬뿍 넣어서 햄버거를 곧잘 먹는 누구라도 뚝뚝 흘리도록 고안된 '냅킨 플리즈 버거'도 있다. 서래마을이 본점인데, 곳곳에 분점이 있다.

## 미스리버거 _ 경기 평택시

₩ 불고기버거 5,500원
📱 0507-1390-7172
🏠 쇼핑로 33 월드플라자 1층

1982년 개업이라니! 국내 최초(롯데리아 1989년)보다 7년이나 앞선다. 미군 부대 앞 토종 햄버거집이지만, 단골 미군들이 전출을 갈 때 그리도 아쉬워한다는 햄버거집이다. 역시 불고기버거가 인기. 기본 크기만 주문해도 속이 든든할 정도로 실하다. 패티 이외에도 치즈, 양배추 샐러드와 살짝 반숙한 달걀 프라이가 들어갔다. 번이 무너지면서 달걀노른자가 내용물과 서로 잘 섞이면 눅진해지며 감칠맛을 낸다. 낯익은 달곰한 불고기 소스가 그 중재자 역할을 한다. 케첩을 잔뜩 뿌린 옛 맛이 좋다면 오리지널 버거를 주문하면 된다. 가격도 저렴하다.

### 엘더버거 _ 서울 성동구

₩ 엘더클래식버거 1만1,000원
☎ 02-462-5612
🏠 서울숲2길 40-7

챔피언의 집이란다. 그것도 미국 수제 햄버거 챔피언이다. 클래식 버거는 대표메뉴다. 호주산 와규를 빚어 만든 패티와 체더치즈, 채소(양배추, 양상추, 토마토). 그리고 특제소스와 번으로 구성돼 겉보기에는 그리 큰 차이가 없다. 하지만 한입 베어 무는 순간 그 특유의 조합에서 나오는 풍미가 보통이 아님을 깨닫게 된다. 패티와 소스에 중점을 둔 느낌. 보기에는 투박하지만, 씹는 맛이 고소한 번도 고급스러운 뒷맛에 한몫한다. 시키는 대로 번을 꾹 눌렀다 먹으면 번에 소스가 배어들어 맛이 좀 더 조화롭다. 로메인 상추와 고다치즈를 넣은 '뉴클래식'도 있다. 또 하나의 햄버거 메카로 부상하고 있는 성수동에서 늘 기나긴 줄을 세우는 집이다.

### 자코비버거 _ 서울 용산구

₩ 자코비버거 8,900원, 내장파괴버거 2만4,900원
☎ 02-3785-0433
🏠 신흥로 38

햄버거의 성지 이태원 해방촌에 위치한 유서 깊은(?) 수제 햄버거집이다. 빵과 패티, 치즈, 채소 등을 취향에 맞춰 자신만의 버거를 만들어 먹을 수 있다. 이름도 무시무시한 '내장파괴버거'가 유명하다. 두툼한 패티 2장과 양상추, 양파, 토마토, 베이컨, 크로켓, 치즈 등을 거의 20㎝ 높이로 쌓아 올렸다. 치즈도 보통 3장을 넣는다. 여러 항목을 취향대로 꼼꼼히 기재한 다음 제출하고, '생각했던 맛'이 나오면 성공이다. 패티도 로즈메리와 마늘 패티 등 2종류, 치즈도 8종류나 된다. 시그니처인 자코비버거도 생각보다 크다. 한입에 안 들어간다. 힘껏 베어 물면 먼저 치아에 부드럽게 닿는 치즈와 달콤한 소스, 패티 속 뜨거운 육즙이 입속에 한가득 퍼진다. 짭조름한 베이컨과 피클이 간을 맞춰준다.

### 에이플랫 _ 경기 파주시

₩ 동패버거 9,900원
📞 070-8838-0815
🏠 동패동 1936-5

에이플랫(A-plat) 가게 안에 성조기를 걸어놓았지만 이질감이 없다. 분위기가 미국 한 동네의 식당 콘셉트인 덕이다. 식기나 플레이트 역시 그렇다. 맛까지 본다면 저절로 고개가 끄덕여진다. 정통 '아메리칸' 버거다. 단단하지 않고 성긴 소고기 순살 패티를 구워 부드러운 빵에 욱여넣었다. 소고기 장조림을 다시 엮어놓은 것처럼 결결 육질이 들여다보이는 패티는 고기즙을 한껏 품었다. 치즈에 흠뻑 녹여 넣은 콘샐러드는 철철 흘러넘치며 식욕을 돋운다. 자칫 느끼할까 걱정하지만, 볶은 양파가 맛을 제대로 지휘한다.

### 젠버거 _ 인천 연수구

₩ 젠버거 7,400원
📞 0507-1337-1280
🏠 센트럴로 232 128호

메뉴 이름은 젠버거지만 '송도수제버거'란 이름으로 더 유명하다. 치아바타 번을 쓴다. 빵을 직접 굽는 브런치 카페이자 버거집이다. 얼핏 보면 프랜차이즈 패스트푸드 식당처럼 생겼지만, 주문 즉시 구워주는 조리과정을 보면 역시 '패스트'는 아니란 것을 알 수 있다. 넓적한 치아바타 빵에 소스를 두르고 패티와 채소를 끼워준다. 고기 알갱이가 씹히는 패티와 토마토 등 채소는 양과 맛에서 균형이 잡혔다. 단맛이 별로 없는 소스가 오히려 구미를 당겨 인상적이다. 생감자를 잘라 튀겨낸 프렌치프라이는 다시 빵에 넣어 곁들여도 된다. 더블을 시켰대도 빵에 여유 공간이 있다.

### 바스버거 _ 서울 중구

₩ 바스더블버거 7,200원, 하와이안버거 8,600원
📞 02-722-6653
🏠 다동길 5 광일빌딩 지하 1층

일명 '맥주 마시는 버거집'이다. 안주로도 좋다. 칩도 무료로 제공한다. 햄버거집 어디나 그렇지만 정통 미국식을 표방한다. 특히 '칠면조버거'와 파인애플이 들어간 '하와이안버거'가 메뉴에 있어 좀 더 '스타즈 앤드 스트라이프스(星條)'의 느낌이 난다. 아삭한 양파와 양상추, 여기다 치즈를 끼워준다(덤이란 뜻이 아니다). 얇기는 하지만, 손으로 쥐면 부스러질 듯한 '장조림' 패티가 시그니처. 그래서 두 장짜리 '더블'이 인기 메뉴다. 1,400원만 더 주면 된다. 알고 보면 이게 기본인 셈이다. 번은 부드럽고 패티는 더 부드럽다.

## '오늘 한 끼 어떠셨나요?'에 소개된 맛집

### 서울

| | |
|---|---|
| 효계 \| 강남구 \| 닭고기 숯불구이 | 045p |
| 돼장 \| 강남구 \| 붕장어탕 | 051p |
| 진미평양냉면 \| 강남구 \| 냉면 | 177p |
| 현복집 \| 강남구 \| 복어요리 | 210p |
| 라스타 \| 강서구 \| 얼큰해물라면 | 289p |
| 무쇠집 \| 광진구 \| 김치국밥 | 021p |
| 권참치 \| 동작구 \| 랍스터라면 | 289p |
| 곰돌이돈까스 \| 동대문구 \| 돈가스 | 302p |
| 마루심 \| 마포구 \| 장어덮밥 | 043p |
| 리우 \| 마포구 \| 계란볶음밥 | 050p |
| 행진 \| 마포구 \| 냉동삼겹살 | 053p |
| 어메이징 농카이 \| 마포구 \| 태국식 볶음밥 | 051p |
| 진진 \| 마포구 \| XO볶음밥 | 052p |
| 다락투 \| 마포구 \| 닭곰탕 | 081p |
| 홍대포 \| 마포구 \| 해물닭 | 083p |
| 서산꽃게 \| 마포구 \| 간장게장 | 038p |
| 향미 \| 마포구 \| 오징어튀김 | 243p |
| 다이닝 야경 \| 마포구 \| 민물새우튀김 | 146p |
| 오자와 \| 마포구 \| 튀김덮밥&오야코동 | 058p |
| 상해소홀 \| 마포구 \| 멘바오샤&바지락볶음 | 112p |
| 맛이차이나 \| 마포구 \| 굴짬뽕 | 168p |
| 용머리숯불꼼장어굴찜 \| 마포구 \| 굴찜 | 169p |
| 무삼면옥 \| 마포구 \| 냉면 | 175p |
| 동무밥상 \| 마포구 \| 북한냉면 | 175p |
| 모던 \| 마포구 \| 에그타르트 | 059p |
| 합정옥 \| 마포구 \| 속대국 | 091p |
| 소곱놀이 \| 마포구 \| 소곱창구이 | 192p |
| 청춘구락부 \| 마포구 \| 양대창구이 | 193p |
| 망원양꼬치 \| 마포구 \| 양꼬치구이 | 202p |
| 불이아 \| 마포구 \| 양고기훠궈 | 202p |
| 램랜드 \| 마포구 \| 양갈비구이 | 203p |
| 신원복집 \| 마포구 \| 복어요리 | 211p |
| 마포곱창타운 \| 마포구 \| 돼지곱창 | 219p |
| 나들목빈대떡 \| 마포구 \| 모둠전 | 232p |
| 뉴욕아파트먼트 \| 마포구 \| 햄버거 | 308p |
| 미담진족 \| 마포구 \| 오향족발 | 247p |
| 로칸다몽로 \| 마포구 \| 족발찜 | 248p |
| 부산집 \| 마포구 \| 오뎅바 | 273p |
| 연교 \| 마포구 \| 만두 | 281p |
| 원당국수잘하는집 \| 마포구 \| 잔치국수 | 294p |
| 혼가츠 \| 마포구 \| 돈가스 | 303p |
| 연희미식 \| 서대문구 \| 새우볶음밥 | 052p |
| 형제갈비 \| 서대문구 \| 불고기 | 074p |
| 완차이 \| 서대문구 \| 홍합요리 | 110p |
| 정김밥 \| 서대문구 \| 계란김밥 | 059p |
| 연희일품향 \| 서대문구 \| 계란볶음밥 | 060p |
| 서대문외할머니라면 \| 서대문구 \| 다슬기라면 | 288p |
| 훼드라 \| 서대문구 \| 최루탄라면 | 289p |
| 종가집 \| 서초구 \| 오징어 주물럭 | 242p |
| 돈까스의 집 \| 송파구 \| 돈가스 | 302p |
| 기후 \| 성동구 \| 생참치회덮밥 | 045p |

312 부록

| | | |
|---|---|---|
| 욱수동화덕피자 \| 성동구 \| 풍기피자 | 162p | |
| 르프리크 \| 성동구 \| 햄버거 | 308p | |
| 엘더버거 \| 성동구 \| 햄버거 | 310p | |
| 금왕돈까스 \| 성북구 \| 돈가스 | 303p | |
| 또순이네 \| 영등포구 \| 된장찌개 | 105p | |
| 봉평이네메밀막국수 \| 영등포구 \| 막국수 | 128p | |
| 고흥민물매운탕 \| 영등포구 \| 빠가사리매운탕 | 135p | |
| 이치류 \| 영등포구 \| 징기스칸 양고기 | 201p | |
| 영일분식 \| 영등포구 \| 칼국수 | 297p | |
| 미성중국관 \| 용산구 \| 기스면 | 082p | |
| 용산양꼬치 \| 용산구 \| 양다리구이 | 201p | |
| 와와소머리탕 \| 용산구 \| 소머리곰탕 | 216p | |
| 자원대구탕 \| 용산구 \| 대구탕 | 184p | |
| 자크비버거 \| 용산구 \| 햄버거 | 310p | |
| 초원 \| 용산구 \| 우설구이 | 216p | |
| 평양집 \| 용산구 \| 곱창&차돌박이 | 192p | |
| 원조두꺼비집불오징어 \| 은평구 \| 오징어볶음 | 242p | |
| 가이오국수 \| 은평구 \| 부추국수 | 295p | |
| 순대실록 \| 종로구 \| 순대요리 | 068p | |
| 청진옥 \| 종로구 \| 선지해장국 | 022p | |
| 시타마치 텐동 아키미츠 \| 종로구 \| 튀김 덮밥 | 044p | |
| 홍복성 \| 종로구 \| 후난식 볶음밥 | 050p | |
| 박보연간장게장 \| 종로구 \| 간장게장 | 037p | |
| 울릉도조개구이 \| 종로구 \| 조개&새우구이 | 145p | |

| | | |
|---|---|---|
| 티엔미미 \| 종로구 \| 새우딤섬 | 058p | |
| 조선기술 \| 종로구 \| 생국 | 168p | |
| 호반 \| 종로구 \| 어리굴젓회 | 170p | |
| 열차집 \| 종로구 \| 굴전 | 170p | |
| 신성 \| 종로구 \| 생대구탕 | 184p | |
| 신승관 \| 종로구 \| 계란탕 | 060p | |
| 후라토식당 \| 종로구 \| 반숙오므라이스 | 061p | |
| 맹버칼 \| 종로구 \| 버섯칼국수 | 162p | |
| 이문설농탕 \| 종로구 \| 소고기 특수부위 | 217p | |
| 라도스트 \| 종로구 \| 체코식 족발요리 | 247p | |
| 동대문허파집 \| 종로구 \| 육회 | 256p | |
| 서촌계단집 \| 종로구 \| 조개라면 | 288p | |
| 삼숙이라면 \| 종로구 \| 해물라면 | 288p | |
| 브루클린더버거조인트 \| 종로구 \| 햄버거 | 309p | |
| 무교동북어국집 \| 중구 \| 북엇국 | 022p | |
| 서울고기집 \| 중구 \| 김치찌개 | 030p | |
| 장호왕곱창 \| 중구 \| 곱창 | 192p | |
| 정원순두부 \| 중구 \| 순두부솥밥 | 030p | |
| 계류관 \| 중구 \| 능이닭장작구이 | 031p | |
| 북경 \| 중구 \| 덮밥 | 043p | |
| 짱이네 \| 중구 \| 주꾸미덮밥 | 044p | |
| 청키면가 \| 중구 \| 광둥식 볶음밥 | 050p | |
| 을지면옥 \| 중구 \| 불고기&냉면 | 073p | |
| 남포면옥 \| 중구 \| 불고기&냉면 | 073p | |
| 무교원 원대구탕 \| 중구 \| 대구탕 | 184p | |
| 닭진미강원집 \| 중구 \| 닭곰탕 | 080p | |
| 사랑방칼국수 \| 중구 \| 닭곰탕 | 081p | |

| | | |
|---|---|---|
| 무교삼계탕 \| 중구 \| 삼계탕 | 082p |
| 충무집 \| 중구 \| 도다리쑥국&굴전 | 097p |
| 오징어풍경 \| 중구 \| 오징어회 | 242p |
| 동강나루터 \| 중구 \| 참게매운탕 | 134p |
| 고씨네고추장찌개 \| 중구 \| 새우튀김 | 147p |
| 용금옥 \| 중구 \| 추어탕 | 154p |
| 부원면옥 \| 중구 \| 평양냉면 | 177p |
| 광화문 몽로 \| 중구 \| 서양식 대구요리 | 185p |
| 인천집 \| 중구 \| 조개칼국수 | 111p |
| 전주풍남회관 \| 중구 \| 계란찜 | 058p |
| 라칸티나 \| 중구 \| 봉골레파스타 | 110p |
| 형제분식 \| 중구 \| 보리밥 | 121p |
| 한성식당 \| 중구 \| 곱창전골 | 090p |
| 철철복집 \| 중구 \| 복어요리 | 210p |
| 부민옥 \| 중구 \| 양무침&파전 | 217p |
| 황소집 \| 중구 \| 도가니탕 | 218p |
| 진주집 \| 중구 \| 소꼬리곰탕 | 219p |
| 조선옥 \| 중구 \| 양념소갈비 | 224p |
| 성원식품 \| 중구 \| LA갈비 | 224p |
| 진고개 \| 중구 \| 갈비찜 | 225p |
| 장안문 \| 중구 \| 돼지등갈비 | 225p |
| 금돼지식당 \| 중구 \| 본삼겹 | 226p |
| 장군보쌈 \| 중구 \| 족발 | 249p |
| 참숯골 \| 중구 \| 육회 | 256p |
| 을지로남작 \| 중구 \| 오뎅오마카세 | 121p |
| 대가 \| 중구 \| 오뎅백반 | 272p |
| 동아매점 \| 중구 \| 해장라면 | 289p |
| 명동돈가스 \| 중구 \| 돈가스 | 301p |
| 남산왕돈까스 \| 중구 \| 돈가스 | 301p |
| 가쯔야 \| 중구 \| 돈가스 | 302p |
| 맛나호프 \| 중구 \| 돈가스 | 303p |
| 바스버거 \| 중구 \| 햄버거 | 311p |

### 경기

| | | |
|---|---|---|
| 강릉삼교리동치미막국수 \| 고양시 \| 막국수 | 127p |
| 준우식당 \| 고양시 \| 생새우구이 | 145p |
| 대나무집 \| 고양시 \| 능이버섯백숙 | 162p |
| 꿀양집 \| 고양시 \| 양대창구이 | 193p |
| 어디로가든 \| 고양시 \| 마라떡볶이 | 265p |
| 진밭국수 \| 고양시 \| 잔치국수&녹두전 | 294p |
| 요리소녀파스타앤슈니첼 \| 김포시 \| 슈니첼 | 303p |
| 평가옥 \| 성남시 \| 불고기 | 074p |
| 전라도벌교고흥소문난집 \| 시흥시 \| 꽃게찜 | 038p |
| 한탄강강변매운탕 \| 연천군 \| 잡어매운탕 | 138p |
| 오두막골식당 \| 연천군 \| 가물치 불고기& 민물새우탕 | 138p |
| 고기리막국수 \| 용인시 \| 막국수 | 125p |
| 원조옛날보리밥집 \| 의왕시 \| 보리밥 | 120p |
| 신갈미 \| 이천시 \| 생선국수 | 136p |
| 파주닭국수 \| 파주시 \| 닭칼국수 | 083p |

| 남도술상 | 파주시 | 삼합 | 090p
| 행복한밥상 | 파주시 | 나물정식 | 104p
| 민바리고추장매운탕 | 파주시 | 잡어매운탕 | 135p
| 임진대가집 | 파주시 | 참게매운탕 | 135p
| 정성곱창전골 | 파주시 | 소곱창전골 | 194p
| 이태리식당 | 파주시 | 매운갈비파스타 | 226p
| 괴흥엉관 | 파주시 | 족발쌀국수 | 248p
| 고도05 | 파주시 | 육회 | 257p
| 에이플랫 | 파주시 | 햄버거 | 311p
| 미스리버거 | 평택시 | 햄버거 | 309p
| 뜰 | 포천시 | 산채정식 | 105p

### 인천

| 솔밭집 | 강화군 | 간장게장 | 039p
| 부암갈비 | 남동구 | 젓갈볶음밥&돼지갈비 | 052p
| 사곶냉명 | 남동구 | 냉면 | 176p
| 송도갈비 | 연수구 | 갈비/솥밥 | 031p
| 젠버거 | 연수구 | 햄버거 | 311p
| 경인면옥 | 중구 | 평양냉면 | 175p
| 한판떠조개구이 | 중구 | 모듬조개구이 | 113p
| 잉글랜드왕돈까스 | 중구 | 돈가스 | 301p

### 충남

| 서해꽃개장 | 공주시 | 꽃게장 | 038p
| 춘산메밀꽃 | 공주시 | 막국수 | 129p
| 황산옥 | 논산시 | 황복탕 | 211p
| 풍미식당 | 보령시 | 게국지 | 039p
| 울엄마영양굴밥 | 서산시 | 영양굴밥 | 031p
| 간월도별미영양굴밥 | 서산시 | 영양굴밥 | 171p
| 16호집시조식당 | 서천군 | 새조개 샤브샤브 | 111p
| 대흥식당 | 예산군 | 어죽 | 139p
| 고덕갈비 | 예산군 | 한우갈비 | 226p
| 지구대표족발 | 천안시 | 족발 | 249p
| 솔반가든 | 태안군 | 게장 | 037p
| 서해수산 | 태안군 | 꽃게찜 | 039p

### 충북

| 선광집 | 옥천군 | 도리뱅뱅 | 139p
| 외갓집 | 제천시 | 빨간오뎅 | 273p
| 실비집 | 충주시 | 참매자조림 | 137p
| 삼정면옥 | 충주시 | 동부부침&냉면 | 234p
| 장모님만두 | 충주시 | 김치만두 | 281p

### 강원

| 숙초문어국밥 | 속초시 | 문어국밥 | 021p
| 범부메밀국수 | 양양군 | 막국수 | 128p
| 상동막국수 | 영월군 | 막국수 | 126p
| 고바우해장국 | 원주시 | 선지해장국 | 023p
| 송암막국수 | 원주시 | 막국수 | 126p
| 김가네원주추어탕 | 원주시 | 추어탕 | 155p
| 철원막국수 | 철원군 | 막국수 | 127p

| 동해막국수 | 춘천시 | 막국수 | 127p |
| 북한강식당 | 춘천시 | 메기매운탕 | 137p |
| 미가연 | 평창군 | 막국수 | 125p |
| 강산막국수 | 태백시 | 막국수 | 126p |
| 평양냉면 | 태백시 | 냉면 | 176p |
| 장가네막국수 횡성군 | 막국수 | 129p |

### 경남

| 약초샤부샤부 | 산청군 | 약초버섯샤브샤브 | 105p |
| 생초모아식당 | 산청군 | 잡어매운탕 | 138p |
| 하연옥 | 진주시 | 육전&냉면 | 233p |
| 이층횟집 | 창원시 | 미더덕 회덮밥 | 044p |
| 동작그만조개구이 | 창원시 | 독도새우회 | 147p |
| 부림상가 | 창원시 | 명태전 | 234p |
| 수정식당 | 통영시 | 졸복탕 | 210p |
| 동해식당 | 통영시 | 도다리쑥국 | 097p |
| 지리산대박터고매감 | 하동군 | 산채비빔밥 | 104p |
| 병곡순대 | 함양군 | 피순대 | 069p |

### 부산

| 금소리갈미조개 | 강서구 | 갈미조개 샤브샤브 | 113p |
| 미소오뎅 | 남구 | 오뎅 요리 | 271p |
| 원조범일동매떡 | 부산진구 | 매운떡볶이 | 265p |

| 이원화구포국시 | 북구 | 잔치국수 | 295p |
| 신창국밥 | 서구 | 돼지국밥 | 020p |
| 밀양집 | 중구 | 돼지국밥 | 021p |
| 부일양곱창 | 중구 | 양곱창구이 | 194p |
| 할매집회국수 | 중구 | 회국수 | 295p |
| 속씨원한대구탕 | 해운대구 | 대구탕 | 185p |
| 해운대암소갈비집 | 해운대구 | 소갈비 | 227p |

### 대구

| 일억조고디이탕 | 남구 | 다슬깃국 | 023p |
| 묵쳐먹고가는집 | 동구 | 도토리묵국수 | 296p |
| 복어잡는사람들 | 수성구 | 복어요리 | 211p |
| 윤옥연할매떡볶이 | 수성구 | 떡볶이 | 265p |
| 방천찌짐 | 중구 | 배추전 | 091p |
| 상주식당 | 중구 | 추어탕 | 091p |
| 왕거미식당 | 중구 | 오드레기 | 219p |
| 낙영찜갈비 | 중구 | 소갈비찜 | 227p |
| 방천찌짐 | 중구 | 배추전&부추전 | 235p |
| 녹양 | 중구 | 뭉티기 육회 | 257p |
| 교동할매양념오뎅납작만두 | 중구 | 양념오뎅 | 272p |
| 태산만두 | 중구 | 비빔군만두 | 281p |

###  울산

| 공원불고기 | 울주군 | 언양불고기 | 075p |

## 경북

| | |
|---|---|
| 외남반점 \| 상주시 \| 우거지짬뽕 | 091p |
| 망양정횟집 \| 울진군 \| 해물칼국수 | 112p |
| 천년한우 \| 울진군 \| 송이요리 | 163p |
| 의성식당 \| 청도군 \| 추어탕 | 155p |
| 철규분식 \| 포항시 \| 잔치국수 | 297p |

## 광주

| | |
|---|---|
| 해남식당 \| 동구 \| 조개해장국 | 110p |
| 팔도강산 \| 동구 \| 보리밥 | 120p |
| 육전명가 \| 서구 \| 육전&홍어전 | 233p |

## 전남

| | |
|---|---|
| 월포가든 \| 고흥군 \| 매생이굴칼국수 | 171p |
| 곡성한일순대국밥 \| 곡성군 \| 선지순대 | 069p |
| 청룡식당 \| 광양시 \| 재첩국 | 023p |
| 금목서 \| 광양시 \| 광양불고기 | 075p |
| 광양만횟집 \| 광양시 \| 도다리쑥국 | 097p |
| 옴서감서 \| 광양시 \| 민물매운탕 | 136p |
| 진선 \| 광양시 \| 재첩국 | 113p |
| 진우네집국수 \| 담양군 \| 비빔국수 | 294p |
| 장터식당 \| 목포시 \| 꽃게장 | 037p |
| 황금족발 \| 목포시 \| 족발 | 248p |
| 도청한우 \| 무안군 \| 육회 | 257p |
| 순심원 \| 여수시 \| 옛날 볶음밥 | 053p |
| 시골집 \| 장흥군 \| 계란말이&백반 | 061p |
| 불금탕 \| 장흥군 \| 불금탕 | 163p |

## 전북

| | |
|---|---|
| 서원반점 \| 군산시 \| 잡채밥 | 045p |
| 할매추어탕 \| 남원시 \| 추어탕 | 154p |
| 큰손식당 \| 무주군 \| 쏘가리매운탕 | 134p |
| 2대째순대 \| 순창군 \| 피순대 | 069p |
| 다올콩나물국밥 \| 전주시 \| 콩나물국밥 | 020p |
| 전일갑오 \| 전주시 \| 갑오징어구이 | 243p |
| 운암콩나물국밥 \| 전주시 \| 콩나물국밥 | 059p |
| 권씨네족발 \| 전주시 \| 족발 | 247p |
| 동락 \| 전주시 \| 오뎅탕 | 272p |
| 새참국수 \| 전주시 \| 잔치국수 | 296p |

## 제주

| | |
|---|---|
| 채훈이네 \| 제주시 \| 몸국 | 022p |
| 동귀리 갈칫집 \| 제주시 \| 갈치 정식 | 030p |
| 월령작야 달의객잔 \| 제주시 \| 닭새우회 | 145p |
| 부두식당 \| 제주시 \| 갈치국 | 090p |
| 자매국수 \| 제주시 \| 아강발족박 | 249p |
| 춘자멸치국수 \| 서귀포시 \| 잔치국수 | 296p |
| 춘미향 \| 서귀포시 \| 보말미역국 | 112p |

**오늘 한 끼 어떠셨나요?**

2022년 7월 31일 초판 1쇄 펴냄
2022년 10월 15일 초판 2쇄 펴냄

**지은이** 이우석 놀고먹기연구소 소장
**발행인** 김산환
**책임편집** 윤소영
**디자인** 제이
**펴낸 곳** 꿈의지도
**인쇄** 다라니
**출력** 태산아이
**종이** 월드페이퍼

**주소** 경기도 파주시 경의로 1100, 604호
**전화** 070-7535-9416
**팩스** 031-947-1530
**홈페이지** blog.naver.com/mountainfire
**출판등록** 2009년 10월 12일 제82호

ISBN 979-11-6762-023-1-13980

지은이와 꿈의지도 허락 없이는 어떠한 형태로도 이 책의 전부, 또는 일부를 이용할 수 없습니다.
※ 잘못된 책은 구입한 곳에서 바꿀 수 있습니다.